從邪念到暴行

跟蹤騷擾、人質挾持、校園槍擊、無差別殺人，鑑識心理學家的當代犯罪診斷書

Evil Thoughts

Wicked Deeds

克里斯．莫漢迪、
Kris Mohandie, Ph.D. ABPP
布萊恩．史柯洛夫——著　鄭煥昇——譯
Brian Skoloff

獻給我的母親琳達・茉莉・羅伯茲
與父親，盧克・馮斯華・莫漢迪

對於摯愛的雙親為我所做的一切
乃至於一路上許多貴人
包括諸位恩師給我的教誨
或是貴人示範的為人之道
言語都不足以表達我的感激於萬一

目錄

寫在前面：我的感謝

我要致意的對象真的很多，他們每一位都以各自獨特的方式對我的生活與工作產生了影響與貢獻，才讓本書得以由無到有，呈現於世人面前。

首先——也最重要的，是我的母親與父親，因為雙雙從事教職的他們，在養育我的過程中格外重視教育、學習、提問與閱讀能力。媽媽做為啟蒙者，引我進入了閱讀的世界，尤其是《哈迪男孩》（*Hardy Boys*）那系列少年偵探小說！身為單親媽媽，她含辛茹苦把兩個男孩撫養長大，但仍能騰出時間去感動許多人的內心。我爸爸出身貧寒，故鄉是法國海外行省瓜德羅普（Guadeloupe）的小村聖馮索瓦（Saint-Francois），但他十來歲就克服了重重難關移民到美國，為的就是接受教育，追求更理想的生活。

我外婆艾琳・羅伯茲（Irene Roberts）是我最忠實的支持者，她的關愛與身教，讓不可能的事情也彷彿變得可能了。直到今日，她的言語跟智慧都繼續帶給我讚嘆與啟發。她身為虔誠的基督徒，內心深信：「我活在俗世，但並不屬於俗世。」[1]，我至今都常於腦中咀嚼這番道理。

我有幸能擁有諸多恩師成為我的貴人，他們即便在仙逝之後，留下的教誨也依然是我的明燈。馬諦・萊瑟博士（Dr. Marty Reiser）給了我機會接受教導與訓練，最後更在我身上委託了許多重任。他對我在職業生涯上的提攜，我一輩子都感激不盡。如果說手把手領我進入警務心理學世界的人是萊瑟博士，那在他打好的堅實基礎上，進一步努力幫助我大功告成、讓我成功把威脅與暴力風險評估、乃至於作戰心理學（operational psychology）的各個面向都完成概念化的老師，就是克里斯・哈契（Dr. Chris Hatcher）。這兩位恩師都讓我十分懷念。

J・瑞德・莫洛伊博士（Dr. J. Reid Meloy）向來是個優秀又體貼的老師，如今則搖身一變成為我的好友。我很慶幸自己有機會能先是以學生的身分向他請益，現在又能以多年合作夥伴的身分與他一起努力。在鑑識心理學的世界裡，再也找不到有人的腦袋比他更銳利了。關於這個世界上最黑暗、也最十惡不赦的罪犯，我們所掌握的知識基礎裡面，都有他自往至今令我充滿驚嘆的貢獻。

麥可・阿爾伯尼（Mike Albanese）如今已榮陞助理局長，但他在我心中永遠是洛城警局霹靂小組[2]的10-David（軍事化的特殊代號，代表在霹靂小組中位階相當於陸軍中尉的**小隊長**），他從全美第一支、也是最菁英級的霹靂小組內部，協助發展出了一款強大的危機談判模型。跟麥可聯手從零開始做起，就如萬丈高樓平地起。不論是跟他一起研究案件或進行教育訓練，都是我生涯中非常美好的回憶。

我結識了警務心理學家暨危機談判先驅麥可・麥克曼恩斯博士（Dr. Mike McMains）並就教於他，進而與他合作，最後相交為友，令我十分榮幸。

我要感謝先後主持過洛城警局威脅管理小組的約翰・連恩（John Lane）、葛雷格・波里斯（Greg Bolles）與傑夫・鄧恩（Jeff Dunn）這三位組長。由於他們的慨允，使我有機會針對有趣的跟蹤狂或威脅案例進行研究或了解。我特別要感謝威脅評估從業人員協會（Association of Threat Assessment Professionals）與加州人質談判從業人員協會（California Association of Hostage Negotiators）多年來的支持。我衷心感激蕾諾拉・克萊兒（Lenora Claire）與凱瑟琳・加拉格（Kathleen Gallagher）勇敢站

---

1 典出聖經約翰福音十七章十五節。神的意思是說祂已將自己的道路賜與某些人，而這些人被俗世所憎恨，但這些人並不於這（邪佞）的俗世，一如祂也不屬於這個俗世。他們所屬的，是基督的天國。

2 縮寫為SWAT，全稱Special Weapons and Tactics Team（特殊武器戰術小組），俗稱霹靂小組。

出來分享她們可怕的經驗，並在她們不間斷的推廣工作中幫助了許多人。

給付費電視網「調查探索」（Investigation Discovery）的貝絲・希爾沃曼（Beth Silverman）、朗妲・松德斯（Rhonda Saunders）、亨利・史萊夫（Henry Schleiff）與蘿爾娜・湯瑪斯（Lorna Thomas）、哥倫比亞廣播公司（CBS）新聞雜誌節目「四十八小時」（48 Hours）艾琳・莫里亞提（Erin Moriaty）、安德森・古柏（Anderson Cooper；CNN主播）、史達・普萊斯（Star Price；實境秀編劇）、史考特・高登（Scott Gordon）與傑米・福克斯（Jimmy Fox；好萊塢男星）：我要感謝你們每一位提供的機會、案例、新鮮經驗，也要感謝你們幫助我在生涯上獲致了原本難以想像的成長。你們每一位都親身示範了身為一位明星要怎麼走出自己的路，身處各行各業要如何培養遠見，還有什麼叫做百分百的投入跟十成十的敬業。

洛城警局的助理局長法蘭克・皮爾索（Frank Piersol）是一位忠誠的朋友，以創新者之姿主導了洛城警局自水門案時代以來的革新蛻變，並拓展了心理學在執法程序中的角色。對於你的指導、帶領與友誼，我永遠感激不盡。你不僅對我，也對執法單位中的諸多心理學者多有提攜。

對於讓我得以進行相關的訪談，替我打開各種蹊徑，還有讓我成功取得案情資料的許多貴人，我要致上謝忱，尤其是被害人，尤其是那些活下來並繼續高舉案件之記憶與遺緒火炬的倖存者，以及那些不分男女，同樣英勇、無私、正直的執法人員，感謝他們夙夜匪懈，日復一日地主持著正義。我要特別感謝格倫岱爾警局（Glendale Police Department）的「死亡天使」專案小組調查員，包括約翰．麥可基洛普（John McKillop）、威爾．庫里（Will Curie）與東尼．傅俠（Tony Fuschia）。他們是那件案子的英雄。

對於同屬聯邦調查局菁英行為科學部門（Behavioral Science Unit）的洛伊．黑澤伍德（Roy Hazelwood，已故）、勞勃．瑞斯勒（Robert Ressler）與約翰．道格拉斯，我衷心感激有機會認識令我受益良多的各位，懷著大無畏精神披荊斬棘的你們可敬可佩。

同樣地，精神科醫師約翰．麥唐諾（John Macdonald）為威脅評估思考的未來奠定了基礎。多年前與年屆八旬的他在科羅拉多共處的時光，是我生涯中很值得大書特書的一段——這位好奇的老人家至今都還求知若渴，他的下一本書也在如火如荼進行中。

安潔拉．唐納修博士（Dr. Angela Donahue）與傑拉德．史維特博士（Dr. Gerald Sweet）是我多年來推心置腹的同事兼好友。在我最需要的時候，他們總能給我最寶貴的建議與支持。我同時想向大衛．K（David K.）、葛雷．F（Gary F.）、安潔拉．B

（Angela B.）與莫夫．S（Merv S.）等人致意，感謝他們多年來的支持與友誼。沒錯，「忠於自我，擇善固執」是對的。比克．M（Bic M.），感謝你在我初入社會時的鼎力相助。羅榭爾．卡洪（Rochelle Calhoun）從我研究所二年級起就很支持我的生涯選擇——感激不盡！蘿拉．K（Laura K.），謝謝妳鼓勵我擁抱屬於自己的風格。我要特別感謝在SoundCloud網路廣播平台上製播「德克斯特行車道」（Dexter Drive）podcast節目的夥伴：亞倫（Aaron）、麥特（Matt）與潔西（Jessie）。

德瑞克．拉瓦梭（Derrick Levasseur）作為與我合作過兩個調查節目的搭檔，跟如今的好友，感謝你的鼓勵，謝謝你讓我有跟你合作的榮幸，也謝謝你教導了我對社群媒體非常有限的所知。對於在推特上廣大的新朋友與粉絲們，我是說那些問題都很難回答，看事情的角度又時而奇葩時而幽默的粉絲，謝謝你們讓我意外感到十分有意義的支持與鞭策。

給我的版權經紀人法蘭克．威曼（Frank Weimann），還有我的經紀人哈利．葛德（Harry Gold）——我不知道要從哪裡感謝起你們多年來對我創作計畫的支持與協助。哈利，你年復一年扮演我的工作支柱，我除了感謝還是感謝。

我不知從何感謝起的還有隸屬於特殊訓練服務公司（Specialized Training Services）的德魯．李文斯（Drew Leavens），要知道直到今日，他都還盡心盡力在推廣我身為心理學菜鳥時幾乎沒人聽過的心理訓練體驗。若非經由德魯所精心提供的訓練、工作坊、研討會，我豈能親炙許多心理學界的巨擘丰采，並從他們身上獲益良多。日後德魯大力支持並推廣我講演校園暴力、職場暴力、乃至於大規模屠殺的主題，還替我出版了我的處女作《校園暴力威脅管理（暫譯）》（*School Violence Threat Management*），包括幫我一字一行進行了鉅細靡遺的編輯。我一直自以為文筆不弱，但德魯讓我又更上了一層樓。

我要特別感謝小犬喀什米爾（Kashmir），他對我的生命是獨一無二的啟發。

我知道我還有很多人沒感謝到，畢竟值得我在這提到的名字實在太多，不吝助我一臂之力的人也實在太多。

那就謝這一切的來源吧。謝謝祢，主啊，謝謝祢賜我以生命，賜我以生命中的種種體驗，更謝謝祢讓我周遭有這許多人的陪伴，讓我腦中有不曾中斷的靈感。

自序

時間推回一九八八年，當時我有著二十四歲年輕人該有的一切。我一半時間在進行第二年的實習，下班後則在私立心理診所兼差。在這個階段，我認識了一名會夢到自己殺人、然後被腦中的影像嚇得心驚膽顫的男子——現在回想起來，那多半就是個還在萌芽中的性變態殺手在嘗試抗拒內心的想像與衝動吧。我訪談了一個因為多年遭到恐怖性虐待而真正產生了多重人格異常的女子，而她一個新認識的可憐男孩則會縱火鬧事，曾被鎖鏈綑在地下室，被餵狗食，被他父親跟一幫戀童癖朋友當成洩慾的工具，這些全都是他被救出來之前經歷的實情。但我大部分的工作仍是圍繞著正常人，而他們的難關不外乎焦慮、失戀失婚，還有在學校裡的一些不當行為。

有一天，我在私立診所裡收到一張協談資訊表：「**勞勃．P**有支烏茲槍，法院判案不合他意就會想殺人。」我排定了要在當天跟這位案主見面，但我實在不知道該作何想法。下午稍晚，祕書打了電話給我，通知我說人到了。我到候診室跟他打了招呼，然後請他移駕到我舒適的門診辦公室。

他年約四十，已婚，是兩個小孩的父親，受過高等教育；他在郊區有一棟漂亮的房子，任職於地方上一間科技公司。坐定之後，他娓娓道來了自己的故事。

他任職的公司握有一些油水頗肥的政府國防合約，而他則以吹哨人的身分舉發了一些成本超支的問題——你知道的，像是一把鐵鎚要五千美元，或是一只馬桶座要一千美元。在他當時的認知中，自己成了被報復的對象，他覺得日子過得水深火熱，都是因為老闆對他懷恨在心。

事實上，勞勃的壓力大到他請了一星期的病假，而收假上班後，他心裡開始有了疙瘩。「為什麼我要用自己的病假？這應該在勞保給付的範圍內吧。」於是他提起了勞保訴訟。他一心只想把七天病假要回來，然後別再被找麻煩。

他的老闆把這事鬧大成聯邦層級的訴訟案，弄得勞勃不得不在開庭前的程序中遭受各種不懷好意的質疑。包括他的誠信、他申請理賠的正當性，乃至於他的人格，都被打上了問號。隨著這場官司眼看要進入最終的聽證階段，勞勃的壓力大到他吃不下、睡不著，他怒火中燒地心想，「他們憑什麼？」

他打定了主意要做出回應。他列出一張清單，上頭全是背叛了他、污染了他的腦海，還有——按他的話說——「毀了他」的人。他接著黑市上找到並買下了一把烏茲衝鋒槍，外加一大堆的彈藥。勞勃跟我說，要是聽證會的結果不合他的意思，他就要把名單上的人都殺了。

我問他把烏茲衝鋒槍放在何處。他說在他的小木屋裡。

自認被毀掉了的他，有一間小木屋，還有一間漂亮的房子，外加一個美滿的家庭。喔對了，他在上班之外還有兼差。沒錯，撇開正職那份在一九八八年算是相當漂亮的十萬（美元）年薪不說，他還另外在不動產市場插花，而這一插又是一年十萬。

但由於認知上的侷限，他滿腦子只想得到自己人格被質疑、被冤枉。這不是幾天病假的問題，而是道德正義的問題。

我嚇壞了，腦袋一片空白，我確信我的——還沒展開的——職業生涯就要在這天告一段落了。我會失去我還沒拿到的學位，會永遠也拿不到執照，更別說我的職業責任保險根本還沒來得及申辦。我跟勞勃說，「我去去就來。」

不知道各位有沒有去過治療師的辦公室，要是有，然後他或她在你分享完一個沉重故事後的反應是「我去去就來」，那你就要懷疑是不是有哪裡不對勁了。為此我真的要給勞勃一個讚，他在我逃去主管辦公室的期間，都一直很安分地待在原地。

我把我剛剛告訴各位的故事說給了主管聽。他說，「我跟你過去。我想我們應該幫得了他。」

於是我們一起跟他坐了下來。我主管告訴勞勃說我們幫得上忙，肯定他主動就診想解決問題，然後把重點放在了勞勃內心那個還在猶豫的自我。距離勞資聽證會還有兩個星期，時間還是有的。

勞勃那天後來回了家。我之後跟他又見了幾次面。他最終總算擴大了視野，看出了自己的人生並沒有毀掉，看出了自己的意見已經得到清楚表達，由此他也決定接受聽證會的結果，不論結果能不能合乎他的期待。

在我們最後一次的訪談中，勞勃謝過了我，然後主動表示他已經處理掉了那把烏茲衝鋒槍。他說他上了一艘朋友的帆船，然後在洛杉磯跟聖卡塔利娜島（Catalina Island）之間的海面上，他偷偷把槍從手提包中拿了出來，將之沉入了海峽深處。

我說，「勞勃，但那支槍可是花了你一千八百塊錢買的，你怎麼不把它拿去轉賣呢？」

他回答說，「我可不想讓槍落到哪個神經病的手上。」

他主動表示願意讓我使用他的故事跟真名，甚至表示我若想進一步了解他的心路歷程，我想找誰訪談都可以。在此我決定保護他的隱私，但我很感謝這次的經驗，很感謝勞勃做了這麼勇敢的決定，也很感謝命運之神的出手干預。我偶爾還會想起勞勃，希望他一切安好，也希望他的人生能一遍又一遍地向他證明，活著是一件多麼開心的事情，並讓他更堅信自己當年做了正確的決定。

事情最後能夠喜劇收場，並不是因為我卓越的臨床技巧。我們應該將他送醫觀察，直到他能放下自己的自殺傾向與計畫為止。我們應該警告被他鎖定為目標的人。我們應該報警讓他們知道有這樣的威脅存在。但那是一九八八年，我們對該怎麼處理這種局面，真的沒概念。以上該有的正確反應，我們一樣都沒有履行。

但我就是走了狗運。

後來我跟主管提起，洛杉磯警局有一個博士後的實習機會；那則廣告指名說要聯繫行為科學服務課（Behavioral Science Services Section）的主任馬丁·萊瑟博士（Dr. Martin Reiser）。我主管鼓勵我去應徵，畢竟每個人都需要找到一個起點，而真正屬於我的旅程也將就此展開。

第一章

人性的淵藪

「我雖然行過死蔭的幽谷，也不怕遭害。」

聖經《詩篇》第二十三章第四節

這些年下來，我也算研究過並認識了不少殺人凶手與五花八門的罪犯，來自世界各地的都有。

窮凶極惡之徒幹出了人神共憤的行徑，將邪念化為罪行。我記得六歲的我曾帶著對周遭世界的憧憬與好奇，走過沾有晨露、恣意生長的高草。那時的我天真而自由。那是一個充滿毛毛蟲、蜥蜴、蛇跟鳥的世界，運氣好一點還可以看到啄木鳥或隼鷹在頭頂盤旋。我會躺在草地上看著白雲飄過藍天。那時節很常下雨，但那是帶來希望的甘霖，每樣東西都是那麼地美麗而蓊綠。

一九八九年，二十五歲的我拿到了博士學位，臨床心理學是我的專業。

最早，我就讀加州州立理工大學波莫納分校（California State Polytechnic University, Pomona），主修的是政治學，志願是有朝一日能成為一名律師，但我在大學一年級時轉到了心理系。

我一直算是還蠻福星高照——總是在對的時間待對了地方——比起那個年許多同齡的年輕人，我對自己的將來並不是那麼有規劃。我自小在南加州長大，也從來不曾打算要去其他地方念書，於是我也沒怎麼多想，就申請了兩所在地的學校。拜託，那可是一九八〇年，放輕鬆才是王道。

在加州理工大學，我一點也沒把那些政治學的教授或是課程放在心上。除非你誠心認同那些老師的觀點，否則想拿到好成績或是真的精熟那些課程的內容，感覺真的有點強人所難。而回想起來，那些課程主張的往往是馬克思主義或社會主義的各種囈語，我完全抓不到那當中拐彎抹角的邏輯。

當年青澀的我年幼無知，否則我應該要在課堂上挑戰老師，質問他們為什麼史達林或毛澤東之流受到這些主義的啟發後成為鐵桿信徒，進而拿著這些思想當成武裝，葬送千百萬人的生命。我想知道為什麼有人會被槍抵著，強迫灌輸這些教條——要嘛皈依，要嘛送命。

但別誤會，哲學課程在我整體的受教經驗裡，是很棒的。我曾在高中時期的一堂宗教與哲學課上初嘗了哲思的體驗。而從那之後，我的熱情就投注於研究人類心理，釐清是什麼東西在幫我們上緊發條，還有其背後的原因。十七歲的我終於想清楚了自己要往哪兒去，至少大方向是確定了，而我也為此梭哈了一切。破天荒頭一回，我把全副心力用在課業上。我知道我不能就此打住，因為如果你決定了要走上心理學之路，那你就非得一路拿到博士學位，否則你就接觸不到那些真正有趣的東西。我跟很多人討論了上研究所的計畫，最後也申請了幾間，不過真正讓我眼睛為之一亮的，還得算是加州專業心理學院（California School of Professional Psychology）——精確地說是該校洛杉磯校區——的一則簡單的廣告，上頭顯示這所學校有經過美國心理學會

（American Psychological Association）的認證，而且更加分的是它就在加州！這是一所非典型的專業心理學院，別無分號，特點是輕研究而重實務。我成功進了這所學校，並感覺非常值回票價。

在那裡就讀的五年中，我得到了好幾次的實習機會，也都順利完成。而說巧不巧，我的第一次實習就是在安納罕警局輔導青少年犯罪的初犯者。隔年，我服務的地點換成波莫納一間社區心理衛生中心，我在那裡加入了嚴重精神疾病與精神科急診團隊的輪值，並同時進行一些例行性的門診。最後一年，我以實習者的身分對有發展障礙的孩子與其家人提供協助。其間，我還在一家私立診所兼差，地點在阿普蘭（Upland），而也就是在那裡，我的人生第一次與危險有了交集——還記得自序中那名打算在職場上大開殺戒的案主嗎？

一九八九年以不支薪的實習人員身分加入洛杉磯警局，是我找到自身利基的開端。當我距離取得博士學位愈來愈近，我在研究所佈告欄的一小角看到洛城警局提供兼職實習的廣告。我當時覺得，去磨練一下、發展一點專業，會有助於我未來的生涯。畢竟我當年選擇研究所，契機正是一則簡單的廣告，而先前在安納罕警局的體驗，也已讓我對警方文化並非全然陌生。

於是我傻不隆咚地打了電話給馬丁．萊瑟博士，一點都不曉得他可是在一九六〇年代一手創建警務心理學的大師，更是全美第一位以全職身分進入警方編制、服務於洛城警局的心理學家。

他最終雇用了我當他的心理學助理。鬆了一口氣的我既開心、又感激，但也有點覺得我的生活將會排山倒海地塞滿各式各樣的事件。我會跟真正的警察一起學習如何進行心理治療、人質談判，會隨行處理危險狀況，會當個小老師教人東西，說不定能做點研究，更會從這門獨特專業的祖師爺手中獲得入室的指導。搞不好我還可以順便把學貸還掉！

就這樣，我們不論在外頭的研究田野裡或局裡的辦公室，都一起工作。我從萊瑟博士身上學到了第一手的專業技能，並在一九九一年正式成為有照的心理學家，持續與洛城警方並肩作戰。

人會什麼會犯罪、為什麼會採取暴力，是我從懂事以來就有興趣的問題。《哈迪男孩》少年偵探小說系列是我的兒時讀物之一，也點燃了我內心對於如何破案跟如何理解罪犯的那一把求知之火。我的童年天真無邪而寧靜無波，裡頭有滿滿的溫暖回憶來自於對戶外的探索，我會往濕漉漉的草原上一躺，仰望著天上的雲朵與蝴蝶飄過。但我心中總割捨不了那股對人性黑暗面的嚮往。不知為何，我總是想讓自己縱身一躍，看看那淵藪究竟有多深。

青少年時期，我感知到了逐漸興起的反社會動盪。不同於一般的孩子，最能牢牢抓住我的注意力的是那些偏離正軌的社會與政治暴力事件，或是如劫機、瓊斯鎮集體自殺事件[1]、乃至於曼森家族[2]與共生解放軍[3]所從事的犯罪活動。

我長大的地方是洛杉磯郡（Los Angeles County），那是加州兩大幫派瘸幫（Crips）與血幫（Bloods）剛開始在我家附近成氣候的年代。我的全名叫做克里希南・拉吉・莫漢迪（Krishnan Raj Mohandie），身在阿爾塔迪納（Altadena）一個堪稱治安死角的區域，長相又讓人「摸不清是哪個族群」，由此我體驗到了各式各樣的繽紛綽號——有時我會被誤認為外人，有時又會被另一個族群誤認是自己人。

但我總歸是活下來了，而我能在這個談不上安穩的世界裡適應，靠的是腦袋，靠的是三寸不爛之舌，還有聆聽並與各種迥異人物對話的能力。我有一定的觀察力，有隨機應變的能力，並憑藉伶牙俐齒而得以在一條由種族衝突鋪成的天堂路上趨吉避凶，曾經，我的日常生活就是如此。

等到我加入洛城警局並開始與萊瑟博士共事的時候，他的單位——行為科學服務課——的主要職責包括：治療歷經重大衝擊，罹患近來所謂「創傷後壓力症候群」（英文縮寫為PTSD）的警員；催眠受害人來強化他們對於駭人重大犯罪情節的回憶；利用心理學知識來幫助化解人命關天的人質挾持事件。

人質談判團隊在一九七〇年代初期如雨後春筍般出現，主要是當時美國與全世界歷經了媒體大幅報導的兩次危機，一次是紐約阿蒂卡（Attica）州立監獄的囚犯暴動對峙，以及一九七二年慕尼黑奧運期間的以色列運動員遭劫持殺害事件。經過這兩次慘痛教訓，執法部門開始思考有沒有其他可行的辦法能夠取代駁火攻堅，因為子彈不長眼，硬碰硬往往會在當下造成人員的傷亡，並在事後引發廣泛的質疑甚至法律訴訟。

自一九七〇年代開始，紐約警方把人質談判技巧應用在一般家暴、圍捕罪犯、應對狀況不穩的精神病患，諸如此類的情境中。

我在警務心理學領域中所卡位的專業，搖身一變成為了警察工作現場的操作型心理學（operational psychology）——應用在警察戰術與調查行動中的實務心理學。而在這些應用情境中，我以現今簡稱ＣＮＴ之「危機談判小組」（Crisis Negotiation Team）成員身分所愛上的「初戀」，是人質談判。名稱的變動所反映的現實是，國內多數危

---

1 Jonestown mass suicides。一九七八年十一月十八日發生在南美洲蓋亞那叢林深處的集體自殺慘案，死者為數百名美國邪教人民聖殿教的信徒。該聚落被稱為瓊斯鎮，是因為該教教主名叫吉米・瓊斯。

2 Manson gang。一九六〇年代崛起於美國加州的邪教組織，由查爾斯・曼森（Charles Manson）主導。

3 Symbionese Liberation Army。共生解放軍，美國一個激進的共產主義組織，活躍於一九七三到一九七五年間，最後被洛杉磯警局殲滅。

機事件中並不牽涉到把人質當成肉票來勒索金錢、或要求政治變革，但比較常圍繞著某個精神狀況不穩或失去理智的個體，他們要嘛酗酒吸毒而神志不清，要嘛情緒激動到脫序，再不然就是因為人生遇到瓶頸而考慮一死了之。

我在一九八九年以社會新鮮人之姿加入的洛杉磯警局人質談判小組，在當時僅僅是全美第三個同性質組織，前例只有分別屬於紐約跟舊金山的兩個團隊。而這也代表我加入的是一個新興的領域，並且得從草創階段幹起。

我會前往現場觀摩萊瑟博士如何及時給予建議，來協助避免自戕或凶殺的慘劇。他第一次放手讓我獨當一面，是在一九九〇年，當時是有一位假釋期間的前科犯拿著把AK-47挾持了他的同居人與孩子。我抵達現場時，第一時間趕來處置的巡佐正在電話上對對方大吼大叫，情況看起來不是很妙。

根據萊瑟博士的指導、和從近期CNT課堂上學到的東西，我給了一些建議，像是「嗓門小一點，語速慢一點」跟其他一些基本的談判訣竅。

在某個點上，我們從電話上聽到金屬撞擊牙齒的聲音，原來是對方把槍托放進了他的嘴裡。我建請巡佐請他把槍托拿出來，主要是我們不希望發生什麼意外。沒想到，他真的照辦了！我一整個喜出望外。

經過數小時的對談，屋內的男子終於願意出來投案。就這樣在驚滔駭浪但又讓人欲罷不能的過程中，我在真實世界中完成了對罪惡人性淵藪的第一眼窺探。嫌犯沒有做出傻事，保住了一命，我也一起活了下來。然後我就上癮了。

洛杉磯警局初代CNT的執行模式，不同於「紐約市／美國東岸」，後者是把戰術警力或制服警察跟負責談判的人——就是我這種人——區隔開來。

當時洛杉磯警局早已擁有各國第一支對內的特種部隊，也就是俗稱霹靂小組的SWAT警力，而且這支部隊放眼全球不僅僅是資格最老，素質也普遍被認為是最好。洛城警方的霹靂小組成軍於一九六〇年代，當時的指揮官是達洛·法蘭西斯·蓋茲（Chief Daryl Francis Gates）。蓋茲後來遭到嚴厲批判，一來是他採用準軍事風格來執行警務而招致失敗，二來是他的指揮幕僚未能斷然採取行動，進而導致由羅德尼·金[4]事件引發的一九九二年洛杉磯暴動一發不可收拾。

從一開始，像我這樣的心理學家在洛杉磯警力編制中，就隸屬於由各霹靂小組分隊率領的人質談判小組。我的角色定位是對情報進行評估，然後把結論提供給全體的

4 Rodney King。非裔的羅德尼·金於一九九一年三月因超速被洛杉磯警方攔停後拒捕，遭到警方用警棍暴力制伏。隔年美國法院判決逮捕羅德尼·金的四名白人警察無罪，從而引發了一九九二年的年洛杉磯大暴動。

現場團隊，這是一個被稱為「心理情資彙集」（psychological intelligence gathering）的過程。

我要負責判定警方跟某個人「能不能談」——亦即他或她能不能被勸下懸崖，乃至於能談的話，又該怎麼談？此外我的職責還包括在這類緊繃的脅持過程中設計具體的策略與對話，並在談判現場進行監看，做出即時的分析。

時間來到一九九二年，我以二十九歲的年紀在洛城警局身兼三職。我一來以執業心理學家的身分治療患有ＰＴＳＤ的警員等各式各樣的病人，二來我是警局內部諸多單位的顧問，這當中包括菁英級的洛杉磯警局人質談判暨霹靂小組團隊、威脅管理小組，以及各自負責性犯罪、強盜搶劫、凶殺案的不同調查組別。我的第三個身分是訓練課程的講師，負責在洛杉磯警局內外分享上述提到的種種知識。

經過二十餘年，我扮演的角色又更多了。我在這一路上習得了一定的鑑識專業，於是我開始協助其他需要諮詢的警察機構，或是提供威脅與風險評估的服務給包含娛樂產業在內的私部門。在二〇〇二年前後，我發現自己想同時兼顧各執法單位與私人客戶的顧問工作、處理刑事與民事案件、並以約聘的方式在聯邦調查局的行為分析專案（Behavioral Analysis Program）中協助經手全美各種反情報與反恐事務，實在是有點分身乏術了。

兒子出生後，我便再沒有以員工的身分重返洛杉磯警局，並於二〇〇三年正式從局裡退休。

不過退休只代表我不再以全職的方式受雇於洛城警局，不代表我退出了職場。那之後我仍持續以臨床、警務與鑑識心理學家的身分常駐洛杉磯，並為了工作跑遍北美洲的各個角落。

這樣的日子，每天遭遇的挑戰都截然不同。有天早上我還在協助一名娛樂圈的客戶處理一個具有潛在危險性的跟蹤者，下午就有大學來電表示他們擔心一名情緒不穩的學生會威脅到旁人安全。相隔一天，我為了替嫌犯的精神狀況作證而參與了一宗命案的開庭。再相隔不到二十四小時，我有另外兩筆謀殺跟一筆警員遭槍擊的案件資料要開始過目，而在後頭等著我的還有再一宗槍擊案跟另一件凶殺案。

惟在這些忙碌的工作中，我仍沒忘了把兒子叫起來上學、做早餐、跟家人享受一下天倫之樂、檢查兒子的功課、幫他蓋好棉被，然後把一個家庭熄燈前要跑的流程跑一遍。對於自己從事的工作，我滿懷著感激，但話說到底，家長才是我最樂於扮演也最重視的人生角色。

到了一周的尾聲，我先是要針對多個威脅風險案例與一家大型企業客戶開場馬拉松式的電話會議，然後要待命為一件聯邦警察槍擊案提供證詞，壓軸的則是有間大學來電表示他們擔心一名學生構成了潛在的校園暴力威脅。

我這就叫做欲罷不能！我做到進入忘我的狀態了。

當然，我有接不完的案子，代表著世上很不幸地永遠需要有人去從事與威脅評估、極端暴力、受害者研究有關的工作，其中受害者研究聽起來很了不起，但這說白了就是一種社會科學，而其研究的是受害者與加害人之間的關係，以及歷劫經驗對受害者心裡所造成的影響。包括創傷羈絆（tramatic bonding）、斯德哥爾摩症候群與反直覺的受害者反應等，都在受害者研究的範圍內。

我面對過的歹徒不乏各式各樣的狠角色，合作的客戶則包括警方、聯邦與國際執法機構，還有民事及刑事的法庭。我出庭作證的經歷包含刑事案件七十餘次、民事案件二十五次，外加庭外作證四十餘次；辯方與檢方都曾接受過我的諮詢，至於我曾提供過專業意見的死刑判決曾廣見於美國各州或其他的司法轄區，當中包括加州、阿拉斯加、華府、內華達州、內布拉斯加州、奧克拉荷馬州、德州，甚至於是加拿大政府。

偶爾我也會上廣電媒體插插花，這包括我曾以特別來賓或主持人的身分登上過好幾個真實犯罪紀錄片風格的電視節目，像是探索頻道的《罪犯二十二級剖析》（Most Evil）與《驚天殺人（暫譯）》（Breaking Homiside）。

我從大學以來所嘗試過、見識過與學到過的一切，都增進了我對邪惡罪行的認識，也讓我知道了在社會上的各個角落，是哪些人在犯下這些行為。

我的希望是，能在這個日復一日更加黑暗也更加危險的世間，以專業的眼光帶大家一窺犯罪人性的幕後真相，讓大家有一個機會能夠深入這些惡徒的內心，並同時提供給大家兩樣東西：一樣是「這些人為什麼這麼做」的剖析，另一樣是「為了能遏止或至少減少流血，我們作為一個社會可以學到哪些教訓」。

放眼全球，現今的美國已經儼然是大規模槍殺案的指標性國度。曾經是「山丘上耀眼的光明城市」[5]，現在的美國卻往往令人聯想到槍口的駁火，外加登上全球各大

5　典出「山上的城」（City upon a hill）或「山巔之城」，通常是指約翰．溫斯羅普於一六三〇年一場著名的佈道「基督徒慈善的典範」（A Model of Christian Charity）中提到的一個慣用語。當年溫斯羅普購買了英國新成立的麻塞諸塞公司股票，舉家搬到麻塞諸塞，溫索普本人甚至當選為殖民地總督，然後在一六三〇年的那場佈道中，他引用了馬太福音第五章第十四節，耶穌登山寶訓中關於鹽和光的隱喻：「你們是世上的光。城立在山上，是不能隱藏的。」來提醒在新英格蘭麻塞諸塞灣殖民地的清教徒殖民者，他們的新社區將成為一座「山上的城」，以各種慈善行為受到全球的矚目。在一九八九年的卸任告別演說中，總統雷根也比喻美國是「山丘上閃亮的城市」，藉此要美國人保持樂觀與自信。

報紙頭條的死亡人數。雖說並非所有的槍擊案都發生在美國，但我們的罪犯似乎在啟發著世界各地的惡人。

造成大規模死傷的槍擊案會如此頻繁地發生，是因為精神異常的槍手會隨機在全美不同的鄉鎮或都市對無辜的群眾開火，如佛羅里達州的帕克蘭（Parkland）、內華達州的拉斯維加斯、德州的薩瑟蘭（Sutherland）、加州的聖伯納迪諾（San Bernardino）等地，都曾經遭受槍擊犯肆虐。

學童或老師為了躲避槍手的獵殺而躲進櫃子裡的情節，已經讓人聽到都麻木了，但受到震撼之後的我們除了一貫的「痛心與祈禱」，也幾乎沒有採取任何行動去遏止這些瘋狂的殺戮。

也難怪近年一名罹難者的母親沒有再提到祈禱，而是沉痛地呼籲社會大眾，要拿出具體的行動來避免這類悲劇一而再、再而三重演[6]。

事實上近年來事態的惡化，已經導致有人覺得最好的辦法是發槍給學校老師，並把校園打造得跟軍事基地或監所一樣的門禁森嚴。我們真的希望配槍給老師嗎？第一線的老師希望自己有槍嗎？要知道，即便是訓練有素的警員，都偶爾會發生槍枝走火的憾事。

第一時間進行應對的警員，又要怎麼知道同樣拿著槍的人，哪一個是英勇的老師、哪一個又是匪徒？我們難道不怕有暴力傾向的學生只要壓制了某個老師，就可以輕鬆拿到槍嗎？我想這個答案很明顯了。人家當老師就是想春風化雨，如果想跟匪徒硬碰硬，他們當年就會去讀警校了，不是嗎？所以說這些無稽的建議無濟於事，只會製造更多問題。

具有針對性、刻意性，且為了某種動機而鎖定特定目標，背後有認知或幻覺在推動的暴力行為，會將把怒火轉換成計畫性的冷血復仇，這曾經是只屬於刺客暗殺的範疇。

而現在，我們可以看到各類型的人都站到了鎖定攻擊的平台上，而在背後推動他們做出計畫的，是五花八門的意識型態或私人恩怨。

關於針對性的暴力行為，我們已經有了一定的認識，包括實施者往往會採取特定的行為或思考序列。這樣的認識，有助於我們早期發現、早期阻止暴力的遂行，也有助於專家去區分出哪些是只會出一張嘴嚷嚷的紙老虎，哪些是真正具有危險性的狩

---

6 作者註1。1 “Distraught Mother of Mass-Shooting Victim Says She Doesn’t Want ‘Thoughts’ and ‘Prayers,’” Women in the World, November 9, 2018, https://womenintheworld.com/2018/11/ 09/distraught-mother-of-mass-shooting-victim-says-she-doesnt-want-thoughts-and-prayers/.

獵者。

「洩漏天機」在這些暴力犯的反應模式中，是最顯而易見的一種，因此也是我們在推廣「看到了，就要說」（see something, say something）的觀念時，一個重要的基礎。準暴力犯很常會把他們的計畫洩漏給親友，或將之發布在社群媒體平台上，而這創造出的時間窗口正可供我們參透他們瘋狂的念頭，進而未雨綢繆地阻斷他們的邪惡行動。

若遇到有人事物讓你覺得不舒服、覺得惶恐或是擔心有不好的事情要發生了，請你用手機截圖或以任何一種辦法做成紀錄，然後立刻報警。

萬一，第一時間接受你通報的窗口好像搞不清楚狀況，請你再接再厲找第二個人報案。也許是你大驚小怪了，但就怕你是對的，而你又沒有追下去，那也許就會導致不可挽回的悲劇。

你會忍不下心大義滅親，通報自己好像已經失控的至親嗎？你會覺得不論自己選擇怎麼做，不好的結果都已經注定了嗎？某種程度上，你一旦有這種想法，就代表你關心的人需要外力介入來避免他或她傷害自己，也傷害別人。

難道你會覺得，讓有潛在危險性的個體繼續對自己跟周遭的人構成威脅，會是比較好的做法嗎？真正比較好的做法是長痛不如短痛，用現在相對輕微的代價去避免日後難以抹滅的創傷，也避免在這已經滿溢著鮮血與苦痛的大地上多添一件慘案，避免更多的墓碑上銘刻著無法平撫的哀愁。

沒有哪兩個暴力犯是同一個模子刻出來的。每個人都對他們自詡為正義的怒氣有著不同的託辭與理由，但話說回來，至少有三條共同的絲線可以將這些罪犯串聯起來：**權力、恐懼、成名的渴望**（即便是惡名）。說得更直白一點，這些人的共通點是：對全能的渴望、失控地想要向人灌輸或施加恐懼的慾望，還有無論如何都想要自己的事蹟被人記住的心情。

在這些人的心裡，他們就像佈道者一般站在講壇上，而整個世界都在聆聽他們震懾人心的演講。

然而，真相是，隨著社群媒體的普及，加上網路能夠瞬間吸引粉絲注意而讓人爆紅的魅力，很多人會覺得自己不光是在心裡對人佈道，而是真正在對現實中的人傳道。

許多犯罪者自認他們的訴求必須要大聲告訴世界，也必須被世人所認可，如果說他們內在的自戀——極端的自私與自我中心——是一團火焰，那社群媒體就是把火搧大的扇子。他們會因此覺得取走自己該擁有的東西天經地義，索討該報的冤仇也是剛好而已。

現代科技讓他們可以留下虛擬宣言、自拍照片、臉書貼文、YouTube影片、各種為他們的暴力之道留下的資訊足跡，供社會大眾永世憑弔。這種在世上無法抹滅的印記，會讓罪犯感覺彷彿他們已經名留青史。

現實裡的他們惡名昭彰，但他們要嘛不能、要嘛不情願去明辨什麼是美名、什麼又是惡名。還有些時候，他們並不在乎那是惡名或美名，只要出名他們就滿意了。

很久以前，在許多自殺成功的案例裡，我們就已觀察到了一種認知侷限（亦稱隧道視覺），認為人生的問題除了一死了之以外無法解決。殺人傾向的個案與自殺傾向的個案其實有很多共通處，事實上這兩個族群往往有一定程度的重疊。取走一條性命，不論是取走自己或別人的性命，都同樣代表生命的消逝。

在許多大規模槍擊案中，槍手最後的一槍都是給了自己。對於人生種種無解的煩惱與困難，死亡是在他們心中根深蒂固的答案，而這也讓他們可以把心思專注在罪行執行的技術層面上。

許多犯下這些罪行的人，都是從自我憎恨與自毀的想望展開這段黑色旅程，然後他們會得出一個結論，就是那些「逼他們走到這一步」的人要先為此付出代價。

話說到底，惡意殺害其他人類也是自我毀滅的一種變形，不是嗎？

對許多人而言，殺人可以讓人感覺自己掌握一種無上的權力，而在光榮之火中沉沒，則更能放大他們從對無辜群眾發動終極攻擊中得到的滿足感。

有些最窮兇惡極的連續殺人犯會認為，他們之所以犯下這些罪行，是受到某種更高權威的召喚，或是出於某種所謂「悲天憫人」的行為準則。以艾弗蘭・薩爾迪瓦（Efren Saldivar）為例，身為所謂「死亡天使」型殺手的他，在一九九〇年代初期於加州擔任呼吸科治療師期間，奪走了高達兩百條住院病人的性命[7]。由此他也被認為是美國當代最「多產」的連續殺人犯。

我很仔細地對薩爾迪瓦進行過訪談，所以我可以很篤定地告訴各位：他的行為一點也不悲天憫人，而他也沒有真正謹守他拿來當成犯罪動機的行為準則。他之所以下毒手，只是因為每多殺一個人，那種想要控制他人生死的飢渴就愈發讓他欲罷不能。

相對於此，挾持人質就得歸為另一種完全不同的犯罪類型。在人質遭挾持的案例中，我們會看到綁匪自身的無助與憤怒在充滿挫折感的人生中爆發，然後以充滿戲劇性的方式把一切發洩出來。簡單來說，這就是一個一錯再錯的過程。警方會很快抵達現場，然後展開談判來營救生命。這徹頭徹尾是一個生死交關的場合。

---

7 作者註2。Paul Lieberman, “Saldivar Admitted to Possible Role in ‘100 to 200’ Deaths,” Los Angeles Times, January 13, 2001, https://www.latimes.com/archives/la-xpm-2001-jan-13-mn-11940-story.html。

另外，跟蹤狂則可細分為四種獨特的類型：親密型跟蹤狂、熟悉型跟蹤狂、素昧平生的跟蹤狂、公眾人物的跟蹤狂。

不管是被前任伴侶上網報復的平民百姓，或是被精神不穩的個體幻想成交往對象的名人，誰都可以被他們搞到崩潰。身為前美國第一千金的伊凡卡．川普（Ivanka Trump）就曾被一名危險的跟蹤狂糾纏了許多年；事實上除了伊凡卡，這同一名男性還騷擾了很多其他的受害者，這些人很倒楣地與他在茫茫人海中有了交集，進而成為他的關注對象，承受他可厭、誇張且暴力的幻想。

真相是，一般的跟蹤狂受害者，都是普通人——常見的組合的是一名想恢復自由之身或表示「我對你沒興趣」的女性，跟一名接受不了被拒絕、聽不懂「不」字的男性。我們生活在一個每個人都在自我膨脹的時代，而愈是病態自戀的人就愈會對別人的拒絕耿耿於懷。

遭到拒絕之後，跟蹤狂會接續展開一連串騷擾、復仇，甚至是扭曲地想要強迫被害人與其交往的行動。事實上，這些都是極其危險的案例，要知道釀成受害者慘遭殺害的家暴案悲劇，大多都是從跟蹤開始的。

幻覺纏身的人，會在虛擬的社群媒體上找到一個小天地，滋養他們錯亂的誤解與內心各種密謀的計畫。同溫層的成員會認證並慫恿這些跟蹤狂的癡心妄想，用團體的迷思去替這些罪犯壯膽。

各式各樣的變態表現，包括令人匪夷所思的食人行為與其他各種獸行，都可以在網路上找到支援的聲音。網路空間與社群媒體就像一張變態的溫床，醞釀著以往會在大氣中自然分解的異端想法；脫離現實、居心叵測，且懷著滿腔憤恨不滿的個體，在二十一世紀的現今有了一個基地可以激化他們的想法，只要進了這個溫暖的基地，他們就可以摀住耳朵，不去接受親友或心理衛生專業人士的當面糾正。

所謂的「暴力狂信者」（violent true believer），是我的朋友兼同事莫洛伊博士，在九一一恐攻之後我們合著的一篇學術分析中，所創出的名詞，而這種狂信者可能是本地民眾，也可能是外國人。他們會根據自身的不同信仰體系犯下暴力罪行。二〇〇九年，不折不扣是名精神科醫師的美軍少校納達爾·馬利克·哈桑（Major Nidal Malik Hasan）在德州胡德堡（Fort Hood）開槍，造成了十三死三十傷的慘劇，死傷者主要是沒有武裝的平民，而這也成為了有史以來發生在美軍基地中傷亡最慘重的大規模殺人事件。

「啟發」哈桑犯案的，是他主要在網路上找到的伊斯蘭極端主義信條。技術上他不屬於任何恐怖主義團體，也未曾參加過以這種暴力攻擊為目標的訓練。他是以虛擬化的方式，從網際網路跟社群媒體上汲取養分，最終完成了自身的極端化，但如此虛擬養成的凶手，其殺害生命的過程卻真到不能再真，而這也突顯了我們已經進入到一個新時代，對某信仰體系的認同不需要建立在與人面對面互動，只要透過一台電腦就可以完成。

暴力狂信者認同極端主義的信仰體系，並接受了——或應該說擁抱著——一種觀念是要達成信仰體系所連結的目標，暴力是不可或缺的一環。

實情是，在美國，雖然眾人的警覺目標都擺在伊斯蘭教上，但其實我們最可怕也最多見的暴力狂信者，是土生土長的憤世分子，而他們心頭會如此憤恨難消，要嘛是出於某種恐懼、要嘛出於被拒絕或排斥的心情，再不然就是他們自認有人貶低了他們選擇的生活方式。他們有一部分人自稱「非自願禁慾仇女者」（involuntary celibate woman-hater），縮寫為incel。

像這樣的「處男仇女者」，有一個例子是二十二歲的艾略特．羅傑（Elliot Rodger）。二〇一四年，他在加州大學聖塔芭芭拉分校的校園周邊殺害了六名學生。在網上的貼文中，他火力全開地狂罵那些拒絕他的女性，還有那些女性後來選擇發生關係的男性。

在殺戮發生當天，最後一篇手寫的日記中，他是這麼寫的，「就是今天了。再過一個小時，我就可以對這個殘酷的世界報仇雪恨了。我恨你們所有人！去死吧。」他的筆電後來被有關當局發現開在一段他不久前上傳，令人頭皮發麻的YouTube影片上，影片的標題是：復仇之日。

像在執行任務般，他要的是以牙還牙，甚至是血債血償，沒有人攔得住他。但其實羅傑也完美地符合「大規模傷亡槍手」的類型。許多這些暴力犯都同時符合好幾種不同的犯罪類別特徵。

這些人往往還具備另一種雙面性：一方面他們非常能意識到，別人不認同他們的黑暗思緒與幻想，所以他們會在與他人互動時自我審查掉這些內容。但另一方面，他們也往往能不假思索、毫不懷疑地相信那些讓他們犯下滔天暴行的邪佞與惡意，都是合理且可行的解決方案。

他們在描述自身想法與衝動時，那種並不罕見的冷靜與煞有介事，任誰看了都會坐立難安。

即便一個人有心理衛生問題，那也不妨礙他們在深思熟慮後做成某些決定，而且他們在思考這些決定時，還往往會展現出令人膽寒的周密。人絕對可以內心極其扭曲，但又同時在行為上非常理性。這樣的人會在罪行執行前深謀遠慮，然後在犯罪完成後毫無悔意。

面對這些明顯有著心理問題的個體，美國吃虧的原因正是我們視若珍寶的各種自由。在某些情況下，我們會出現無法強迫這些個體就醫的窘境，而也是因為如此，只有在悲劇發生後，大眾才會高聲疾呼要求心智失常者接受強制的專業治療。

我們有人認為這是槍枝的錯、是政治口水的錯、是仇恨、種族歧視或宗教的錯。但話說到底，我們究竟該怪罪於什麼？

在若干案例裡，這其實是不只一項因素以不同比例共同分擔的責任。但自由意志與選擇的自由，是美國民主社會賴以運作的必要價值，而這也讓我們陷入了一個難題：我們要如何在事前遏止這些暴力犯罪，但又不侵害到千百萬守法正常公民的重要權益呢？

一路走來，我以鑑識心理學家的身分，協助回應了一些亟需解答的問題：嫌犯為何行凶？這樁犯行是否與心理疾病有關？這個人有什麼毛病？他或她的精神狀態正常嗎？他們是瘋子嗎？有沒有易於理解的緣由，可以在他們遭到定罪之後主張從輕量刑？在校園裡大開殺戒的未成年者，應不應該比照成年人受審？連續殺人犯如此摧殘這個社會，背後是什麼樣的動機在驅使他們？

這些問題都很難回答，但追尋答案的過程卻讓人很有成就感。

這個領域裡，有一大票按件計酬的專家會配合他們客戶的論述，去扭曲自身的意見，畢竟客戶花錢要買的不（見得）是真相，而是他們想聽到的答案。這些「收錢辦事」的專家會用各式各樣的藉口來合理化他們對於事實的扭曲。

我們經常可以在刑事審判的過程中，看到真相被扭曲的實況。在法庭上，辯方與檢方都會把像我這樣的專家送上證人席來進行攻防，彷彿在進行一場專家大戰，誰勝誰敗端看哪一邊能說服陪審團。

但我是不吃這一套的。不管誰花錢請我，我都會跟對方說，「我一定是心裡想什麼就說什麼，你愛聽也好不愛聽也罷。」

我常把自己的工作想成是在探究人性墮落、痛楚與苦難的淵藪，而那是多數人死都不願意去的地方。

活了大半輩子，我深知人什麼事情都做得出來，也明白人不可貌相，看外表是不準的。這當中我有很多難忘的回憶：經歷了數小時的談判後，一名有自殺傾向的男子在八十二公尺高的平台上助跑然後一躍而下，那一幕讓我感受到地震般的震撼；安非他命吸到茫的當事人把住處整個擋起來不讓人進入，攻堅用的催淚瓦斯隨風向一轉而散發濃濃的辛辣味；一個小男孩的血手印在窗玻璃上拉出兩條拖痕，這個小男孩的父親持開山刀把兒子劈死，自己割了腕，然後縱火把公寓燒了。

由一條條人命與一次次慘絕人寰的現場所鋪陳出來的，是讓人眼界大開的社會研究進修課程。

幸運的是，我鮮少為了案子做惡夢，甚至普通的夢也做得不多。擁抱工作的意義，讓我找到了安全感與內心的平靜。

沒人硬逼我來做這份差事，一切都是我的心意。

第二章

「去死的好日子」：人質劫匪的最後立錐地

「死了，睡著了——僅此而已——睡眠的意思是說我們終結了心中的痛，也終結了此身必然得承受的上千次打擊……」

——莎士比亞，出自《哈姆雷特》

那不是我希望看到的結果，不是我絞盡腦汁想像得到的結果。一條生命斷送了，另一條生命得救。這種交換公平嗎？這叫兩害相權取其輕嗎？不論怎麼說，無辜者重獲了自由，犯罪者被打倒了，所以我們可以像打了勝仗似地去看待這一切。但我在感到勝利之餘也覺得惶惶不安。我手上沾染了人血嗎？我有窮盡一切力量去讓兩個人都活下來嗎？我有把自己的工作做好嗎？此時是我展開冀望中的一生志業後不久，但這塊生涯之初的工作拼圖卻以一條人命的失去作收——就算這條命屬於一個神志不清、自以為在幹大事的毒蟲，也改變不了有人在我當班時被送進太平間的事實。

那是個星期二的上午大約九點半，在洛杉磯都會區的繁忙通勤車流中，顯著的威脅正在聖費南多谷（San Fernando Valley）蠢蠢欲動，而我們只能想辦法儘快趕到現場。

根據往例——尤其是跟家暴有關的對峙案例——可以得知，死亡的陰影正在不斷逼近。

我在位於唐人街的辦公室裡聽見電話響時，已經動起來忙著工作：「（洛杉磯警局）大都會分局[1]霹靂小組西谷分隊，申請談判人員。嫌犯個頭不大，越南裔男性，吸食快克藥效未退，持有手槍。」

我匆忙抓起手寫本，還有兩條全穀巧克力棒，跟上司說了聲我去出外勤，然後鑽進一輛沒有黑白塗裝的巡邏車，沉著冷靜地以約一百英里的時速飛馳。

超級放鬆的我滿懷自信，一心只專注在眼前的任務上。只准成功，不許失敗，我對自己說。成功以外的結果都不及格。我一部分的任務，是要協助警方判斷事件的性質是屬於可以談判的那種、或是會升高成暴力或傷亡的那種——如果是後者，那指揮官就會毅然決然採取反制措施來避免嫌犯兇性大發，最嚴重時不排除將其格殺。

三十二歲的越南難民屈譚（Tan Khuat，音譯）持槍脅持自己的幼子當作人質，並受困在公寓中與警方對峙。現場的狀況早已不是緊繃二字可以形容，連還沒到場的我都不難感受到那一觸即發的張力。

一開始在洛杉磯，像我這樣的心理學家是隸屬於人質談判小組，而統御這些小組的則是像霹靂小組主官麥可．阿爾伯尼警佐這樣的人。以麥可．阿爾伯尼為例，他是一個粗獷的壯漢，但也多才多藝。他生得一對深邃的藍眼睛、剃著一顆大光頭，還頂著南加大的碩士學位。雖然是個粗人，但他腦袋聰明而且能言善道，對談判工作也非常投入，是一位讓我十分尊敬的長官。當時我們已開始四處巡迴簡報，當作給警局同仁的教育訓練，而他是個非常顧家、非常正直，而且敬業到不行的男人。他說起話來

1 Metropolitan Division of LAPD。

有許多極具特色的用詞，都是由馬術、重度健身與閱讀懸疑小說等各式興趣中所交織出來，屬於他下班後的另一個世界。

時至今日，跟家暴相關的人質狀況大致有兩種解決之道，一種是經由談判（動口），另一種是透過戰術作為（動手，手段的致命程度不一），當然也可能既動口也動手，雙管齊下。

聯邦調查局的資料顯示，全美國在過去二十年間所統計到的大約八千次人質挾持與對峙事件中，約百分之五十四在只靠談判的狀況下得以和平落幕，百分之十三以雙管齊下的方式解決——談判加上在催淚瓦斯與致命程度不等的武力掩護下強行攻堅，百分之二十一的案件只靠戰術作為劃下句點（武器的部署與武裝人員的派遣），百分之三的事件在嫌犯自殺（或自殺未遂）後結束。最後，脅持人質的嫌犯有百分之七會逃之夭夭[2]。

在出差各地提供不同警察單位諮詢的過程中，我有一次在科羅拉多州的利托頓（Littleton）警局斬獲了一個戰利品，那是該警局人質談判團隊用來裝咖啡的馬克杯，杯子其中一邊印著的字樣是：人不倒地，談判不停，但倒地的辦法不拘，另一邊的圖案則是瞄準的十字線，也就是狙擊的準星。現實中，靠一張嘴來化解局面當然是談判團隊的第一志願，但警方永遠會隨時做好動武的準備。動口跟動手是團結在共同的任務目標背後，互不相斥的兩種選擇。

開「交叉教育訓練」的概念之先，第一個讓警員學習人質談判技巧，並兼修當中各種心理學、戰術技能與武器知識的警察單位，正是洛杉磯警局。到了一九九二年十月，洛城警方的人質談判專家不僅英語跟西班牙語非常流利，甚至有專門人員通曉波斯語、阿拉伯語、法語、中文暨其他外語。

只可惜在我接到電話要處理屈譚的案子時，第一批越南語的談判人員還要幾星期後才能完成認證。

這立刻讓我有一股不祥的預感。

人的某些感受、想法與情緒，總是要用母語才能最適切地表達出來，而且表達問題姑且不論，光是知道你在跟說家鄉話的人對談，就能立刻給人一種安慰，那是一種彷彿回到家的反射反應，也代表著一種連結、一種理解。更別說這還能排除掉重要的想法與感受會在翻譯過程中流失的壓力。

2 作者註3。"Incident Statistics," Hostage/Barricade Reporting, Critical Incident Response Group, Crisis Negotiation Unit, California Association of Hostage Negotiators Training Conference (Burbank, CA), September 7, 2018.

乍看之下再單純不過的一樣東西，卻可以傳達出千言萬語。一種共同的語言，或許就反映了一種共通的文化與類似的人生經驗，更可以讓關係的建立變得順遂，讓現場可以少擔心一樣溝通不良的來源，畢竟人際互動真的非常容易產生誤會。說得更實際一點，用母語溝通可以避免漏聽綁匪說了什麼，或聽不懂對方為什麼這麼說。當輸贏攸關人質的性命時，你可最好不要聽錯「我說『我有把槍』，而不是『我沒有槍』！」這種話。

那天首先抵達現場的警力遭到猛烈的子彈伺候，沒能成功把嫌犯勸降，於是在雙方又互射一番之後，警方決定先向後拉出縱深並圍起封鎖線，以免看熱鬧的民眾被誤傷，然後便呼叫了霹靂小組與危機談判小組過來。

屈姓嫌犯是越南裔難民，居住在聖費南多谷，位置在洛杉磯市區北邊大約十五英里。如同許多逃離戰火的越南同胞，他也是以船民身分渡海到美國。在他於越南度過的青少年歲月中，屈譚曾被迫替越共政府工作。他後來拋棄專制政權給他的任務、但潛逃失敗而被捕服刑，在一九七八到一九八〇年間過起了隱姓埋名的日子，直到一九八一年他才終於來到了美國，並改名換姓，變成了基恩・摩根（Gene Morgan）。

來到美國後，屈譚在一間職業學校拿到了電器方面的證照。他最近的一份工作是擔任音效工程師，之後他提出了勞保理賠申請，並宣稱他因為工作上的騷擾而身心受創。

在接受一名精神科醫師朱立爾斯・葛瑞芬（Julius Griffin）的評估與治療過程中，屈譚表現出了威脅性的行為，並自承他除了喝酒，也會習慣性吸食古柯鹼與大麻，而這一點也多少導致了他的勞保理賠申請敗訴。

我拿到了屈譚鉅細靡遺的背景與生活史，而提供者葛瑞芬醫師也正是致電洛城警方、通報屈譚具有潛在威脅的人。我透過電話與葛瑞芬醫師直接溝通，除了取得重要的嫌犯背景資料，我還跟他要了一份他的看診報告。經由安排，報告會送到現場給我。

讓現場談判團隊中的心理學者能夠進行這樣的聯繫、取得寶貴的資訊，始終都是一個非常重要的步驟。我記得在辛普森案剛展開民事審判時，一個炎熱的一月天，曾有個無法接受婚姻失敗的男人威脅要從有線電視新聞網（CNN）的樓頂跳下來尋短。他宣稱自己有槍，然後拿跳樓威脅著所有人。他拒絕透露自己的姓名，而為了知道如何與眼前這個疑似持槍的跳樓者交涉，盡快打聽出他的底細便成了當務之急。根據他透露的心理醫師姓名，我連絡上了對方，得知了犯嫌的身分，而知道身分後，我們就順藤摸瓜去查他的背景。我們查出他沒有襲警的前科，沒有武器登記，也沒有持有武器的歷史——這些情報當然保證不了什麼，但聊勝於無。事實證明，他說有槍是虛張聲勢，所以還好我們沒有對他開槍。萬一沒有拿到情報的警方對著一個手無寸鐵、只是嚷嚷著要從好萊塢其中一棟高樓跳下來的傢伙開槍，我們事後肯定顏面無光，何況這棟身分特殊的大樓還是CNN的好萊塢總部。最終在幾小時的談判陷入僵局後，他在倒數著要掏出他那把「國王的手槍」之前被殺傷力較弱的沙包子彈（一譯豆袋彈）制伏，然後安然無恙地遭到了羈押。

來到居譚挾持孩子的現場，我面對的是個真的有槍的準暴力犯，而數十名警力則以最危險的攻堅警力核心「聖壇」為起點，拉出了寬歸寬但有其必要的警戒範圍，延伸到鄰近的街角，那兒只有一位不知道裡面在搞什麼鬼的巡邏警員。

數千名市民開車路過，有人咒罵起造成塞車不便的根源，而有些好奇寶寶則傻傻地四處張望，但他們的提問只換得聳肩，或一聲「請往前開喔，謝謝。」

屈譚的手頭十分拮据，吸毒更讓他的家暴行徑變本加厲。他已經跟家人鬧翻，包括他的妻子、小姨子，還有兩名幼子，都對他心灰意冷。很快地，屈譚就淪落到以車為家。

他的家庭關係來到真正的谷底，是因為他在病榻前對罹患愛滋病而垂死的小叔出言不遜，親族全都在場，而這也成了壓垮他家族情誼的最後一根稻草。對親戚來說，屈譚的存在讓他們蒙羞。

我們對於他所處的慘狀，有一個術語叫做「情緒打擊三連發」，也就是毒癮問題、家庭關係、跟就業都極不順利的三合一。他心裡應該會覺得自己玩完了，就像人生online最後一次登出，遊戲結束了。而既然如此，他索性拉著自己的至親，陪他下地獄。

我用電話聯繫並訪問了他的一些親戚，藉此取得更多的資訊來分析該如何切入他的心理，看是不是能救屈譚一命、也救被他當人質的孩子一命。親戚們告訴我說，屈譚因為急於讓親人重新接受他，曾一氣之下從南加州開車到在明尼蘇達州的海瑟頓治療中心（Hazelden Treatment Center），為的是接受物質濫用的勒戒——海瑟頓確實是世界知名的戒斷機構，但對於決心不夠的人來說，再專門的機構也愛莫能助。

接受治療不過短短五天，他就覺得這裡太像他在越南老家待過的拘留營。他於是開車回到加州。親戚給他貼上半途而廢的標籤，然後將他排斥於家族圈以外。在家族中仍然不受歡迎的他，只能絕望地又把車開回明尼蘇達州，但海瑟頓這次不收他了。只能重返加州的屈譚急得像熱鍋上的螞蟻，但他卻再也看不到希望，再也無計可施。

在加州等著他的，是徹底崩潰的生活。他開始吸食快克，開始有殺意湧上他的心靈。古柯鹼等各種興奮劑，都與暴力性質的發洩行為和自殺有強大的正相關。這樣的他開始籌備起我們所謂的「滅門」行動。他打算先殺死自己的妻子、小姨子（在他眼中是很多問題的罪魁禍首）、他六歲的兒子，還有他三歲的女兒，然後壓軸的是自己。至少他是這麼計劃的。隨著他的抑鬱愈來愈惡化，屈譚用電話連繫了替他的勞保申請進行過心理評估的葛瑞芬醫師。

「我完了。」屈譚告訴他。「今天是去死的好日子。」

屈譚接著把他的奪命計畫告知了葛瑞芬醫師，所幸他的計畫執行並不順利。

在聚集於現場周邊街道的人群裡，有幾個人是屈譚的親友，其中一個人叫哈洛·布雷許（Harold Blaisch），他是屈譚在一場輕微車禍案件中的律師。

當天稍早，屈譚從已經用雜物擋起的公寓裡，撥了通電話給布雷許辦公室的接待員。

「他說他對一輛警車開了槍……還說若是他走出去投降，等著他的就是十五年的刑期。」據《洛杉磯時報》報導，接待員是這麼說的。「他說如果他要完蛋，那他想要找五個人墊背。」

一開始因為吸了快克還在嗨，屈譚從位於洛杉磯里希達（Reseda）一帶的家中公寓對外頭胡亂開了幾槍。他的妻子、兒子跟小姨子安然無恙地逃了出來，被留在公寓裡的是三歲的珍妮（Janet）。

屈譚接著便把自己跟珍妮一起困在了這間二樓的住宅裡。他除了手中有槍，心理狀態也不穩定到一個極致。換句話說，他是一枚定時炸彈。

這棟住宅位於薛曼大道（Sherman Way）上的公寓社區，而我去向開設於社區裡的臨時指揮所報到。我對那裡的第一印象是：典型美國隨處可見的公寓社區，外加一座標準規格的停車場；臨路的成排店面跟看不到盡頭的公寓群邊上，就是社區的路街，裡頭除了有一大群每天為了生計打拼的善良老百姓，就是空氣中持續的車聲。

指揮中心與談判小組在二〇四號公寓建立了據點，隔三道門就是屈譚與珍妮所在的二〇一號。此時我腦中閃過一個問題：**子彈穿牆可以飛多遠**？但我想了想，又把這念頭咬牙吞了回去。我想我們在這裡，就是為了當長官們的人肉盾牌吧。

一般來講，我來到對峙現場都會先評估一下情形：對方有武裝嗎？有自殺傾向嗎？他有活下去的動機嗎？他有暴力行為的紀錄或是精神疾病嗎？他對於對話持開放態度嗎？

屈譚雖然挾持小女兒堅守在二〇一號公寓，但他也會從窗口對外大吼。他說他有他有兩把手槍，還說他不但下定決心要自殺，還打算「帶人陪葬」。他把話講得很清楚，那就是他完全不打算讓自己或女兒活著出來。眼看著，我的任務變得非常困難。

我推測，他是在歷經了戒毒失敗與家族的斷絕關係後，看不到希望、覺得自己已經窮途末路，所以不會願意放棄抵抗。他短短幾天就在勒戒中心待不下去，而且還覺得那裡很像越南囚營的事實，也被我納入重要的考量。由於監獄絕對不會是他能夠接受的選項，所以我推測他應該不會考慮投降。

我們的團隊的頭，是現場指揮官兼我的好友，麥可．阿爾伯尼警佐。而壞消息是，如前面提過的，我們現場能說流利越南語的結業談判專家，一個都沒有，所以麥可只好找來隊上兩名越南裔的巡邏警員——分別名叫隆昂（Long）跟道格（Doug），都姓阮（Nguyen），但不是親戚。諷刺的是，他們已經排好了要去上我說的下一期談判訓練。沒錯，是下一期。這個意思是，面對糟糕到不能再糟糕的對峙現場，我們只有兩個打鴨子上架、沒接受過任何訓練的談判人員。

通越南語的人員必須要有兩名，因為一個人要跟屈譚對話，另一個要同步替我們翻譯。時間並不站在我們這一邊。

很多人對霹靂小組的一個誤解是，他們一到現場就很想「大展身手」、開槍破門，然後把嫌犯帶出來。這基本上是一種錯誤的想法；非不得已，鮮少有觀念正確的警察會選擇讓自己或弟兄們去冒生命危險。但話說回來，一旦決定攻堅，那他們絕對有能力採取最致命的手段。當時，在隆昂與道格的協助下，我想採取的策略是，跟屈譚用他的母語對話，以便建立起他與越南同鄉的情感聯繫。這是為了灌輸他人生的希望，削弱他尋死的決心與意圖，讓他冷靜下來，想起其他非暴力的選項。

眼前這個瘋狂的局面，或許並不直接關係到我，但我也無法事不關己似的完全公事公辦。當時的我有一個交往進入第二年的越南裔女朋友，事實上她不但是我的未婚妻，也是我未出世兒子的母親。

因為這段關係，我跟她的家人走得很近。她來自一個飽經磨難的移民宗族，族裡的成員都經歷過迫於戰亂而離鄉背井的痛苦。處在她的家人之間，我體驗到了他們說話的方式，還有越南裔家族內部的運作方式，父母輩只說母語，而孩子們則背負著學會英文來當家裡翻譯的期待。這次的任務，深深衝擊了我內心的某處。

總之就這樣，我跟這兩名年輕的越南裔巡邏警員湊在了一起，而我必須說，眼睛大得像盤子的這兩個年輕人很讓我敬佩，因為他們都是莫名其妙地在這場人命關天的危機談判中，被捲到了最緊繃的前線。在任務進行前，十分沉著的阿爾伯尼警佐拉了張椅子，一臉正經地開始對警員耳提面命。他絲毫沒有手下留情。

「OK，現在是這樣，兩位。你們要打電話給這傢伙，跟他聊，然後務必要照聽命行事，不准脫稿。也不准給我砸鍋！」他們當時可能沒有意會到，但這已經是阿爾伯尼警佐在故作幽默與輕鬆了。

我可就沒有這麼樂觀了。

在聽完屈譚一陣亂罵跟槍聲大響後，我開始覺得我們要交上天大的好運，才有辦法把小珍妮活著救出來。說好的樂觀跟衝勁呢？但我還是把悲觀的心情從骨子裡抽了出來，不受影響地繼續執行任務，當務之急是把我學過應該留意的感覺牢牢記住。

而我留意到的是一種無助，但這無助感不論是在當下或之後，都肯定不是從我而來。在與葛瑞芬醫師談過之後，我們展開了把屈譚的電話「封鎖」的流程，意思是我們會切斷二〇一號公寓的正常電信服務，使該號碼其成為與指揮中心之間的專線。屈譚沒法打電話給我們以外的其他人，這支電話被我們接管了。

在那個年代，你是可以這麼做的。現在的話你還是可以試試，但我必須說難度很高，因為現在的通訊裝置實在是五花八門，社群媒體的接點也太多。哪怕來現場朝聖的閒雜人等貢獻了一點什麼網路內容，或者原本就算是當事人的其中一人跑來蹚渾水，我們對現場資訊的封鎖就會破功。

媒體很快就趕到了現場，然後就七手八腳地開始卡位架攝影機，來捕捉這現實上演的警匪片。

「各位可能真的要往後退一點喔。」我們給的是良心建議。但記者很反彈，他們照例抱怨著警察總是不想讓他們好好報新聞。

「好吧，那就隨你們。」我們說。

接著，就像聽到出場指令一樣，屈譚氣沖沖地衝出了公寓，對愈聚愈多的記者方向開了兩槍。從那之後，媒體朋友對我們是言聽計從，完全不敢討價還價。我們終於可以專心工作。不只一名警員苦中作樂地噗嗤了兩聲。

在此同時，我們嘗試先禮後兵，但也預備開戰。霹靂小組已經在對面的樓房屋頂安插了狙擊手，藏身於帆布下。「緊急攻堅小組」（Emergency Entry Assault Team）也已經在二〇四號公寓的兩側就位。

但我們立刻就遇到了一個後勤方面的大問題。對面屋頂上的狙擊手被一棵大樹擋住視線，看不到屈譚的前門。那就意味著我們得派人去綁條繩子在樹上。所幸那棵樹的樹身還算軟Q，我方得以將樹拉低，來淨空狙擊手的視野。這耽誤了一點時間，但讓屈譚忙著跟警方對話，給了我們這點空窗。

「談判」二字牽涉到很多事物。在最最理想的狀況下，我們可以讓所有人都活著出來，但至為關鍵的目標，永遠是要降低無辜旁觀者與受害者的傷亡風險。但這就代表壞人……嗯……可能要大禍臨頭了。

該來針對小珍妮的性命跟劫匪交涉了。

在設定好電話的通訊後，我們發現屈譚與阮隆昂警員的對話讓人樂觀不起來。屈譚激動地懊悔著沒有把逃掉的家人都殺死。再者，他很堅持要用槍打在珍妮跟自己身上，然後他就把電話掛了。我們後來改用擴音器溝通，是因為他出乎意料地從公寓裡探出頭，還開始發出了讓人彷彿置身叢林中的詭異叫喊。

派駐於封鎖線上的若干警力是越戰的老兵，而屈譚的挑釁喊聲讓他們彷彿回到了記憶中的叢林戰。

「來抓我啊，笨蛋！」如此叫囂著的他看來精瘦，且渾身充滿毒品誘發的桀驁不馴。

「你們五百個一起上吧！來跟老子單挑，你們這些混蛋！讓我看看你們都是幹什麼吃的。」屈譚繼續出言不遜。「把他媽的FBI、CIA通通給我叫來！幹，來啊，俗仔！來幹一場吧！」

「寶寶在我手上！寶寶在我手上！我他媽的要殺了她！你們想要開槍打我？來啊，還等什麼！」

屈譚那副豁出去了的兇狠模樣，加上他那多半前言不對後語的喉音演講，讓我後頸寒毛直豎。他很顯然一心求死，而且整場騷動從頭到尾，他都沒有喊過親生骨肉的名字。

他太看得起自己了，竟然以為自己可以單挑五百個警察，或者該說他竟然以為警方會在他身上砸下那麼多警力資源。至於他提到聯邦調查局跟中央情報局？嗯，他們對這種案子可沒興趣。但會從警察扯到FBI跟CIA，是有文化因素在底下運作，要知道在他老家越南，「officer」一詞不單指警察，而是泛指所有類型的執法者，尤其是基層的低階執法人員。

隨著事件繼續開展，我意會到或許屈譚並不想要談判。更糟糕的是，他好像跟女兒之間沒有那種切身的、人性的連結，不然他也不會像在叫一樣東西似地只管珍妮叫「寶寶」。我心想這樣下去，他先殺了女兒再自殺只是時間問題，包括他可能會逼著警方開槍將他擊斃——也就是所謂「假警察之手自殺」。

阮隆昂警員重新打了通電話給他，但屈譚只是重複了一遍他要殺人跟要跟警察火拼的狠話。他告訴隆昂說他絕對不坐牢，然後電話那頭傳出了很不得體的笑，這很顯然是他精神狀態極不穩定的代表，而我也因此重新陷入了思考。

但很快地，屈譚就開始稱呼隆昂是他「在執法單位裡的兄弟」。

只能說這是好消息。問題是就這點好消息夠嗎？這能讓今天沒有人濺血嗎？

隆昂用越南語問話，而屈譚則以英文回答。看起來屈譚是慢慢跟阮警員建立起關係了。

隆昂一邊講電話，一邊接過我遞給他的紙條。「繼續這麼跟他講話，用越南語——他反應不錯。輕聲細語一點。你也跟他以兄弟相稱。跟他說『你跟我都知道這樣大家都難過……我們一起想想辦法好嗎。沒什麼大不了的，兄弟。』」

我們盡量不語帶威脅，也很小心不讓他知道有狙擊手隨時會撂倒他的細節。**事情**

或許還沒絕望，我開始這麼想。

幾個小時過去，我們一心只想看到平安無事的收場。

但要是他不打算跟我們談解決方案，讓事情有個和平的結尾，反而還是堅持要殺人然後自戕，那我們就必須要以拖待變。

但即便如此我還是極其冷靜，我沒有讓自己陷於情緒。我的思緒非常清明，也對任務保持著專注。身為警方的一員與鑑識心理學家，成功的關鍵在於能夠充分浸淫在當下的狀況中，排開所有會讓人分心的事情，一心一意地只著眼於要達成的任務目標。

保持冷靜、沉著與敬業，是幹這一行最重要的能力。那是一種心境，你必須要藉此達到老僧入定，八風吹不動而且心無旁騖的狀態。那種境界我一向能夠信手拈來。

我們特別希望小女孩能夠平安而不受到傷害，但做爸爸的屈譚始終威脅與狂言不斷。

「我要做個了斷，不見血就不罷休，順便把你們最厲害的幾個人拖下水。」他叫囂著。

在那當下，時間因素對我與團隊而言還算在控制之中，而我們也持續嘗試著要與嫌犯建立關係。但若繼續拖下去，屈譚身上很快就會出現負面的效應。一如吸食自由基（加熱純化版）古柯鹼與快克之人的常態，他整個人正處於亢奮而不可一世的狀態中，所以我們同時也在打一場進行於屈譚體內的化學戰爭，因為興奮劑與暴力之間有著密不可分的關連。

我與吸毒者談判的經驗是，他們非常難以逆料，且極具危險性，而且隨著毒品的藥性開始退潮，這樣的不穩定性與危險性也會變本加厲。因此我們是冒著極大的風險在與時間賽跑。此時的屈譚或許正在躁動地經歷被毒品強化過的暴力衝動，但如果稍後毒品藥效消退，他的毒癮再次發作而沒有古柯鹼可以繼續讓他嗨下去，我們知道屆時還會有更糟糕的狀態。

很快地，他就會覺得抑鬱、懊喪、絕望。不過我們掌握到另外一則情報，屈譚除了吸毒，也是個老菸槍，而這一點於我們是既憂亦喜，喜的是他現在會想要香菸，而這又能替我們爭取一些時間，甚至運氣好一點，抽根菸還能讓他的狠勁消退一些，或者為我們創造某種機會。但除了香菸，屈譚對什麼都沒興趣。他不想吃東西，不想喝酒，一整個非常虛無。他只想死，帶著女兒去死。

外界對於危機談判中另一個常見的誤解，是脅持人質的嫌犯一開口要什麼，警方就會任其予取予求。這一點明顯與事實不符。滿足嫌犯的需求，只會助長他或她的氣焰，讓對方更加無法無天。再者，這一答應下去，如何安全地交付物品會是一個很複雜的問題。尤其在對方有槍的情況下，派人送過去無異是在玩命。

我們安排了人把香菸放在他的門外。他原本想要一整包，我們跟他談到三根。當然，我們不會連一包菸都弄不到，但我們希望的是他能為了菸而不停跑來找我們要，進而在不知不覺中依賴起我們，靠我們來滿足他的需求與想望，而這就能為我們爭取到時間。我們在他四面八方都安排了眼線，滴水不漏地看著他如何取菸。萬一不得已要對他進行狙擊，以香菸為餌不但能分散他的注意力，也可以讓他與無辜的女兒拉開距離。

我們送了菸，狙擊手也待命等著屈譚出門取菸。結果你知道屈譚都做了些什麼嗎？他把珍妮當成人肉盾牌，抱在他的面前。誰會拿自己的親生骨肉做這種事情啊？我暗暗在內心想著。真是長見識了。他並沒有跟這小女孩特別親。他已經不拿她當人看，而把她物化成某樣東西了，操。他手握著槍，屈身往前撿起了菸。要不是他拿小珍妮擋在前面，大家現在已經收工了。早已各就各位的警方會一擁而上進行攻堅與逮捕，萬一屈譚拒捕，也有狙擊手提供致命的武力。但實際上這些都沒有發生。

重新接起阮隆昂警員的電話，屈譚知道自己這牢坐定了——或者應該說他肯定了自己死也不想去坐牢，因為任何的監禁他都不可能受得了。我請阮警員轉告他說，警方或許可以幫他協商到一個提供心理治療的監所。參考以往的紀錄，這麼做或許不是一個很好的選擇，但我們總是得姑且一試。屈譚還是不斷重提他想要自戕的慾望，於是我們的對話開始鬼打牆。我察覺到我們進入了一場僵局，這場紛爭似乎愈來愈不像可以透過談判來化解的樣子，因為屈譚的死意可謂堅若磐石。

屈譚即便閉嘴不講話時，也不會把電話掛上。他會將電話按成擴音，由此我們都能聽到他自言自語對著三歲的女兒解釋他要怎麼把他們兩個人都弄死。那是讓人聽了心神不寧的恐怖對話。究竟誰會這麼跟自己的親生骨肉說話？

指揮中心的警官們都還很樂觀於我們可以把屈譚的火氣磨光，但阿爾伯尼警佐跟我都不這麼想。

「你必須要對霹靂小組的戰術執行開綠燈。」阿爾伯尼告訴我。

然後我就被指揮中心叫進房間裡了。

「好咧，博士。現在是什麼情況？你給我說說。」

長官們想從我這兒知道的是，我們跟屈譚到底「有沒有得談？」。這對我來講也是前所未有的經驗。在這個案子前，我不是沒有應對過第一線的殺警案，也不是沒有處理過其他對方比較願意互動的人質挾持與對峙事件，甚至我還曾花時間輔導過焦躁而想尋短的警官。

曾經有另外一個案子，是犯嫌把妻子殺死後，獨自把所有人擋在汽車旅館房間外，然後逼著霹靂小組與他對峙，最後導致他橫死在催淚瓦斯煙霧裡的亂槍之中。但這天是我第一次親身參與有實質談判過程的人質事件，而且我還慢慢察覺，這事件若要收場，可能只剩下致命攻擊這一個選項——以狙擊手為首對屈譚進行格殺。

用心理學去終結一條生命，符合倫理嗎？在有無辜幼童可能遭到波及的狀況下採取致命武力，沒有爭議嗎？我知道我一旦從心理專業出發去判嫌犯死刑，可能會遭到很多鍵盤心理學家的群起圍攻。對他們我只有一句話：回去當你們星期一早上的明星四分衛[3]吧，繼續替各種暴力犯找理由開脫吧，我們在現場有無辜的孩子要救。

不論在大學或研究所的所學，都沒有告訴我要怎麼處理這種狀況。我在洛城警局接受的人質談判訓練還算幫上了點忙，但真正讓我能在關鍵時刻做出決斷的，還得算是我一次次跟著萊瑟博士出任務的耳濡目染，還有就是我內心強大的道德羅盤。永遠要實事求是地有什麼說什麼，是我職業生涯自始至終都謹記的真言，我不管是哪個天王老子出的錢，但既然你用了我，我就要告訴你我真實的想法，我不會因為擔心後果而瞻前顧後。

在這個問題上，我不該考慮到自己：我不是我了嗎？我這是怎麼了？我的生涯會不會因此斷送？這些問題都不會出現在我腦中。我會將目標鎖定在當下，我一心只盼望可以事情可以有個結果，小珍妮可以平安獲救。

阿爾伯尼警佐設想了兩種情境。一種是以兩具屍體做收——屈譚一具、三歲小女孩一具。另一種，如果我們能成功，意味著小女孩可以毫髮無傷地回來，死的只有屈譚。所以簡單講，就是看要死一個還是死兩個？

指揮的警官們猶豫了起來。畢竟沒多久前由羅德尼・金事件引發的暴動，才剛撼動了洛杉磯，大家都還記憶猶新。此時我挺身而出，斬釘截鐵地給出了意見，畢竟那是我的職責所在。

「各位，屈譚沒辦法談判。我們已經嘗試了所有做法。他正在嗨，但毒品藥效已經慢慢消下來。他的抑鬱愈來愈明顯，又不斷地進行威脅。他有強烈的他殺暨自殺傾向與計畫。他手上有槍跟彈藥，而且過往的紀錄也排除了與他溝通的可能性。」

我深吸了一口氣，攤開了我的結論。

「在我看來，屈譚肯定會殺死女兒，然後會想辦法了結自己，包括假警察之手自殺。這事很難善了。」

我做此判斷的主要認定基礎，在於我們沒有觀察到他執行殺人計畫的決心有任何變化。

---

3 Monday-morning quarterbacking。有些人喜歡在星期一早上批評星期天晚上的美式足球賽，說昨晚的四分衛表現不好，也就是在放馬後炮，事後諸葛的意思。

指揮的警官湊在一起開會，而隆昂、道格跟我則繼續在電話上與屈譚奮戰。雖然使用致命武力的授權已經下來，但在開了綠燈的執法路口前，我們還是得繼續與嫌犯對話，以防他會在最後一刻懸崖勒馬，給我們收回成命的機會。那才是我們真正內心所願。另外我們也不想因為停止對話而讓屈譚發現事態有變，所以我們還是繼續假裝跟他在各種要求上討價還價。

「香菸不夠，這次我要一整包。」

屈譚還開口說，他要面對面與他的越南「兄弟」兼新朋友阮隆昂警員談話。我第一時間就否決了這種接觸。沒帶武器的談判人員傻不隆咚地跑去嫌犯面前玩命，是電影裡才會有的事情。在我們這一行裡，這是絕對的大忌。在現實世界裡，警察會因為這麼做而丟掉小命。

「我想吃最後一餐。寶寶要睡午覺。我會先吃飯，然後再來幹這事。」

屈譚的精神狀態正在快速惡化。

但話題扯上食物倒是個好消息。聊到吃，我們就又可以拖點時間。

「但我想要漢堡王，不要麥當勞。絕對不要麥當勞！」

我們一般都會在點餐這件事上大作文章，再小的細節都不放過。這是用來拖時間的大絕招，會拖的人可以點個餐二十分鐘起跳。

「你主餐要搭配薯條嗎？還是要換成起司？洋蔥？熟度有特別的要求嗎？還有漢堡王分店比較少，我們得找找。」

屈譚非常強調他不要麥當勞。另外他可樂要喝百事而不要可口可樂。最終與食物有關的談判過程耗掉了近一小時，主要是每件事都得經過指揮中心的批准，而且速食聽起來簡單，但在對峙現場遞送速食卻一點也不簡單，我們還是必須以保證不會有人中彈的方式完成送餐。

屈譚的漢堡王訂單第一站先來到了在附近街角站崗的一個巡邏警員手上——就是前面說過那個不知道發生什麼事情，也不知道自己突然變得多重要的員警。他收到很明確的指示要去漢堡王，但好死不死，那個街角就開著一間麥當勞。

去你媽的霹靂小組。有麥當勞我幹嘛不去，這名員警心想。漢堡就是漢堡，還不都一樣。

或許員警沒有意會到這漢堡不是要給霹靂小組吃的，同時我猜他應該是覺得麥當勞比較就近。

在此同時，屈譚愈來愈不耐煩。

「我他媽的飯呢？我餓了。我的百事（可樂）呢？我的最後一餐呢？」

速食終於送到了，只不過來的是麥當勞！我心一沉。我們怎麼連點個餐都能他媽的出包！阮隆昂警員好不容易跟屈譚建立起關係，這下子他該如何是好？怪現場太過一團混亂——說「那些該死的白人，他們成事不足敗事有餘」嗎？

我叫阮隆昂老實招了。

「真的很抱歉。」他告訴屈譚。「他們搞錯買成麥當勞了。我知道你很餓，但我們可以重買。」

「不用了，幹，我就吃這個吧。」

「請隨心享用。」我引用漢堡王的廣告詞，低聲酸了屈譚一句，雖然漢堡王的原本的意思是指餐點可以客製，但我只想用各種辦法讓自己保持冷靜。

接下來，我們得決定如何送餐才能聰明又安全。客房服務基本可以排除，所以霹靂小組的人員決定把食物放在有滾輪的書桌椅子上，然後拉條繩子讓餐點可以抵達屈譚的門口。

「你們為什麼不能直接派人送到門口？」

我們向屈譚保證不會有人接近他。我們不想冒衝突的危險。我們只想讓他拿到他的餐點。屈譚似乎覺得用滾輪椅送餐的點子還挺妙的，然後在公開的電話上向我們保證珍妮沒事，在睡覺。

「我不會現在叫醒她。」他說。「我會等到她醒了之後再來辦好這事。你們最好不要有人對我開槍。」

滿八個小時，一翻兩瞪眼的時候到了。屈譚的時間也到了。他即將走出門外，拿起食物，而我們則會在一旁聚精會神地看著，也在震耳欲聾的靜默中聽著。

高潮緊接開始。現場有了動靜。門露出了縫隙。隨著屈譚踏出門外，我們靜靜等待的是狙擊手發射子彈。那是我一生中最長的四秒鐘。

我們期待中的劇本是砰的一聲槍響，然後某名警員會出聲宣布，「狀況代碼四，嫌犯完成壓制，受害者獲救。」

實際上的狀況是長槍響了一聲，然後屈譚竄逃回公寓裡。屈譚原本出來的時候，手上拿著槍，而就在他彎下身來拿食物時，狙擊手原本該打在他眉宇之間的子彈，射中了他的耳朵。接著的一聲巨響，乍聽之下好似是第二聲槍響，但那其實是屈譚逃回公寓內之後的用力甩門聲。耳朵上挨的一槍，讓他心有餘悸且更加生氣。「你看到了嗎？他們他媽的竟然開槍打我！」

接下來我們原以為會在公寓內聽到連發槍響，心想被惹毛的屈譚可能會先一發子彈了結了女兒，再給自己一槍。心跳不停捶打著我的胸腔，血液的陣陣激流在我耳邊迴響。

砰。砰。砰。

在那漫長得感覺宛如永恆的一瞬間，B計畫啟動了。麥可．阿爾伯尼常在我們做簡報時說，「我們是最後的那通電話。我們手握能阻卻犯罪的資源。我們的任務是拯救生命，我們對人命懷抱絕對的崇敬。」沒有哪句話，比這說得更有道理了，也沒有哪個團隊比起洛城警局霹靂小組，這個美國國內執法單位中首見的SWAT團隊，更屬菁英中的菁英。緊急攻堅小組以身犯險來捍衛無辜市民安全是家常便飯，而在此案中被部署於現場左右兩側的，是一群隨時蓄勢待發的英雄——他們衝進了公寓。屈譚在匆忙中退到了浴廁中。在電話上，我們聽到了玻璃碎裂，那是攻堅小組一腳踹開浴室門的聲響。浴室裡，屈譚躺在浴缸中，小珍妮被他像肉盾一樣抱在胸前，同時間兩名員警分別在門口兩側待命。屈譚用點三五七口徑麥格農手槍抵住女兒的頭，邊吼邊從浴缸中起身。

「我要殺了寶寶，我要殺了寶寶，我要殺了寶寶！」

「你他媽的不准殺她！」一名員警吼了回去。

這對話當然不太文雅，但已足以讓屈譚的非語言行為被不自覺吸引到字句的所指處，而就在屈譚下意識低頭要看女兒的那個剎那，肩上抵著槍的員警一發正中其左眼窩。屈譚在第二名員警衝進浴室時鬆開了小孩，但珍妮並沒有落地，而是像燙手山芋一樣被第二名員警一把抓住，立刻帶離了現場。她被一名名員警接力傳到了安全處，全身毫髮無傷。

就這一轉眼，屈譚已經沒了氣息。

就在樓下的親戚們對我們感謝個不停，因為我們救下了珍妮，沒人因為屈譚被擊斃而有一絲不悅。事實上，屈譚死了反倒讓他們開心地鬆了口氣。至於我嘛？珍妮平安無事讓我放下了胸口一塊大石。但論及真正的英雄，自然是屋頂上的狙擊手與所有衝破公寓門口、闖進未知的地獄、從原本必死無疑的命運手中救下無辜生命的霹靂小組。

後來吃的東西送來，我們全都餓壞了。現場所有同仁都已經幾小時空著肚子作戰，但我吃了漢堡之後感覺不是那麼舒服。一九九二年十月二十日，是我最後一次吃紅肉的日子。參與一場取人性命的行動，感覺說不出的怪，尤其喪命的人還神似我與未婚妻的大家庭成員。這是我的專業第一次在事件中被利用來終結他人的性命，而這只是開始而已。

回首一九九二年，我看見的是身邊許許多多的死亡與暴力。洛城大暴動、警察自戕、嫌犯斃命，還有人因公殉職，現在又多添了這一筆。我那年不過二十九歲，卻已經接受了多數心理學者一輩子都沒見識過的混亂與血腥洗禮。

但我也體悟到了瞬間的明晰。需要我的地方，我義無反顧地去了，未來我也將會繼續勇往直前。屈譚之死證明了我對這份工作不可等閒視之的投入，也彰顯了這些事件是如何的真切，乃至於我一字一句的意見會如何成為事態發展的分水嶺。

這個案子的部分失敗，讓我們付出了一個人的死亡作為代價，但也因為這一死的代價，一個孩子方得以存活下來。這是一個我必須要學著去接受的現實；我會慢慢理解到有的時候，一條命必須用另一條命去換取。今天的我知道，那一天付出的代價，是值得的。作為父親看著自己的兒子長大，我會不禁想起珍妮。不知道她現在過著什麼樣的日子？成為了一個什麼樣的人？別人是怎麼跟她說這個故事的？她是否安然無恙地過著充實而有意義的生活？我一點也不懷念屈譚，就算想起也只當他是小珍妮光明前程上的一枚障礙。我希望珍妮一切安好，過著被愛、夢想與希望包圍的富足生活。

那一天教會我的寶貴一課是：不是所有事件都能以談判解決，有時候兩害相權取其輕是可以接受的結果。至於怎麼樣叫做可接受，就要看我的臨場判準與決斷了。

我告訴自己要擁抱這項現實，將之揣在懷裡，也告訴自己這工作只有少數人能勝任，而我就是其中之一。這或許是種重擔，但也是我必須要承擔的重擔，一份與這項職業是一體兩面的重擔。

算是事後諸葛，但這次任務只有一個地方可以改進：狙擊手應該準備兩名來預防萬一。

第三章

獵人們：藏身於人群中的連續殺人犯

「我就觀看，見有一匹灰色馬；騎在馬上的，名字叫做死，陰府也隨著他。」

——聖經《啟示錄》第六章第八節

前面說過，我從小就對《哈迪男孩》少年偵探小說愛不釋手。我就想要解決看似解決不了的案子。

我會進現在這一行，跟這種想望脫不了干係，只不過我沒有投身執法部門，而是遠遠更受另外一條路的吸引。比起把惡徒追到窮途末路後加以逮獲，我更想去了解他們的內心的運作。

我更想成為一名與人類大腦周旋的偵探，深入挖掘他們的心理狀態，進而掌握人腦是在什麼東西的驅使下運作。

在大概十歲的時候，我讀到了《哈迪男孩》系列中的《戴帽兜的老鷹之謎（暫譯）》（*The Hooded Hawk Mystery*），故事說的是幾名年輕偵探獲贈一隻經過人調教的遊隼，而這隻遊隼很快就抓到一隻身上攜帶兩枚寶石的鴿子。以這兩枚寶石為開端，小偵探們一頭栽進了一個擄人勒贖的事件，而我的青澀心靈也跟著一頭栽進了那引人入勝的情節。

兒時的我曾在寵物店打過工，而最吸引我的總是那些最猛最悍的掠食者。我十幾歲時養過牙齒利得像剃刀、無肉不歡的食人魚，還有電鰻。我總是會情不自禁地去接近鯊魚、獅子，還有猛禽，牠們那種殺戮的本能使人著迷。

成年之後，我發展出了一項嗜好是「鷹獵」，也就是用馴服並訓練過的獵鷹去掠食小動物。有些人可能會覺得這挺奇怪，畢竟我白天的工作是在協助警方緝捕並理解人類當中的掠食者，但我就是覺得獵鷹那種掠食的天性非常引人入勝。掠食小動物，不是因為獵鷹覺得摧殘或支解獵物可以帶給牠殺戮的快感，而是牠要透過獵捕的行為去進食、求生、存活。牠不會無謂地濫殺，更不會透過殺戮來求取刺激。

這樣的獵鷹所代表的，是生命循環裡一種生猛、自然而可接受的致命力量，是一股想要克服萬難活下去的意志。

這會讓人思考，在人類的世界裡，什麼樣的殺戮行為符合自然的目的，什麼樣的殺戮又是扭曲了自然。

在自然的秩序中，殺戮自有其一席之地。可以透過我的猛禽去捕捉並近距離觀察那股原始的奪命力量，是一種很酷的日常活動。但也有一點危險性，我左眼上方那半公釐的傷疤，總會在我每回照鏡子的時候提醒我不能大意。因為我本身的疏忽，宙斯（我的愛鷹）的利爪差點從我眼睛劃過。但牠不是存心想把我弄瞎，牠只是想要降落而已。

在獵鷹這種動物界裡最聰慧也最有效率的殺戮機器上，存在著一種自然的目的。這種自然的目的，可以與某些人類展現出的邪惡並列。這種比對，能讓我感受到一些安慰。

艾弗蘭．薩爾迪瓦不是什麼天殺的獵鷹。事實上，他是一隻綿羊——但他的致命程度一點也不輸會聽從號令、在我手臂上放下利爪的獵鷹。

那是二〇〇二年，被控六條謀殺罪的薩爾迪瓦剛認罪不久。與檢方協商的條件讓他免於極刑。

六個連續的無期徒刑，會讓他在牢獄之中度過餘生。

能有這個結果，是先經歷了一條漫長、艱辛而痛苦的路程。千辛萬苦，才讓這頭怪物從外界消失，不再出現於他以社會上最弱勢的一群受害者為獵物的醫院裡——病患與長者來到醫院，為的是求助，而不是求死。事實上，此事人神共憤，掠食者如此虎視眈眈地潛伏在悲憫的天使間，拿每日替病患排解痛苦的醫護人員當掩護。

但如今我終於得以好好地去研究他這個人。注視他的眼睛，試著得出一些可以避免憾事再度發生的結論。對已經放棄上訴的他而言，成為我的研究對象其實沒什麼損失。

而我的工作在某個程度上，也就是希望對殺人者獲致更深入的理解，藉此來拯救生命。

薩爾迪瓦曾有九年的時間在洛杉磯郊區的某醫院走廊間來來去去，當時的他的身分是院內一名呼吸科的治療師。就在這九年間，薩爾迪瓦確立了他身為歷史上最「多產」連續殺人犯的名聲。

確立名聲，好像殺人很光榮似的。但老實說，還真的很多連續殺人犯對自己的行徑引以為榮。自戀，是常見於連續殺人犯身上的人格特質。

手握「神奇注射筒」而有著「死亡天使」稱號的他會經常選排大夜班，因為深夜裡他可以隻身一人待在幅員遼闊、控管鬆散的葛倫岱爾復臨醫學中心（Glendale Adventist Medical Center），位於洛城市區以北約十英里，就在文圖拉高速公路（Ventura Freeway）旁的宗教醫療機構裡，他在此為所欲為。

這樣的地方，真的不太適合裡頭待著一名既想要證明自己、又不惜扮演上帝的傢伙。

「黯淡無光且鴉雀無聲。」薩爾迪瓦就是這樣形容他的工作時間，毫無警覺的受害者就這樣待在像墓園一樣的死寂之中。

偶爾他會宣稱自己殺人是出於惻隱之心，他想讓久病不癒或垂垂老矣的病人獲得解脫。

但他既不是哪門子天使，也絕對沒有什麼惻隱之心。他的受害者都死得悽慘而痛苦，因為被困在無法動彈的身體裡，受害者的認知功能都還完好無損，只有身體因為被他注射的藥劑而癱瘓，肺也因此吸不到空氣。

受害者只能徬徨無助地陷入虛無中。就像在病床上溺水一樣，前方在等著他們的是心跳停止與眼前的一片漆黑。這樣的死亡毫無安詳可言。

這人是一頭怪獸，躲在面具之後，乍看之下是個輕聲細語、教養良好的普通年輕人，但其實內心完全不是那麼回事。這樣的人走在大馬路上，你可能根本不會多看兩眼，走在醫院裡，他也不像是個會手拿裝著毒藥的針筒，俯瞰著病床上受害者的凶手（確實他也不可能隨時都拿著針筒啦）。

我跟他對話的時候，口氣和緩而冷靜（像我前面說過的嗓門小、語速慢），人則僵直地坐在硬背的椅子上，身處在像小箱子般防衛森嚴的監獄戒護室裡。此時的他才剛被判刑不久。

「我們開始吧。你是怎麼來到這裡的？」

「誤判情勢。」癱坐在椅子上的薩爾迪瓦身著橘色的監獄上衣，在緊繃的笑聲裡對我這麼說。監獄上衣有著低懸的圓領，下方看得到一件褪色發白短T恤緊緊擠在他的脖子周圍。

他時不時會空洞地瞪著眼，視線在房間裡上下左右地遊蕩，彷彿是我的某些問題讓他感到困惑，他只好四處搜尋準確的字眼來滿足他，也滿足我。他那煞有介事的口氣引起了我的注意。

「問題就出在這；我想不起來自己在過程中是怎麼想的……我內心有某樣東西想要解放很多，嗯，也不是很多，應該說一些這種人吧——嗯，這些年下來好像變得很多，但其實都是一點點累積出來的——我想讓他們從末期的狀態得到解脫。」

他依舊發自心地保持著那個上帝代理人的人設，一副好像自己是在對瀕死者日行一善的樣子。他簡直以為自己跟有「死亡醫生」之稱的美國病理學者傑克・凱沃基安（Jack Kevorkian）一樣，都是秉持著人性的關懷在替人安樂死。事實上，凱沃基安於他，也真的是某種英雄一般的存在。這類罪犯中，確實不乏有人會設法合理化自身的行為，而薩爾迪瓦算是在這一點上做到了極致。

「對我來說，我看不出這麼做有什麼錯。」

他的細框眼鏡，分毫不差地卡在他的鼻樑上；他的黑色頭髮，整整齊齊地由前向後梳去。在正常人眼裡，薩爾迪瓦怎麼看都不像個凶手，而這正是如此致命的他可以橫行無阻這麼久的其中一個原因。

他接著便開始冷靜地敘述起他奪走第一條人命的過程。那年是一九八九，十九歲的他是醫院裡的新人。

時間接近午夜，醫院幾乎已經淨空。他工作的樓層有某個癌症病人的幾名家屬在病房裡進行最後的訣別。

薩爾迪瓦記得醫師很快就來到了現場，卸除了病人與維生系統的連線，並簽核了死亡證明書，然後就離開了病房。但這之後病人並沒有馬上死去，他仍舊胸膛一起一伏地在呼吸。

「我心想，『嗯，這不合理。』」他告訴我，並再一次在臉上顯露出怪誕而緊張的微笑。

「而護士的反應就是，『誰來處理一下，這樣不行，這樣不行。』然後因為還是菜鳥，所以我說了，『原來，現實世界就是這麼回事啊。這就是大家對我的期待囉？』我不想被討厭。我已經喜歡上這個地方了。所以我就義不容辭做了當下我該做的事情。」

他這些話說得一點都沒有不好意思，反而好像自己像救世主一樣拯救了不知所措的家屬與護士——宛若身披閃亮盔甲的黑暗騎士。

「我想到病人的親屬，在他們完成了最終的道別後。病人卻還在呼吸！」

薩爾迪瓦詭異地睜大了眼睛，帶著被回憶撩起的興奮之情，他鉅細靡遺地描述起了那彷彿於他才剛發生的事情，但那其實已經是將近十五年前的往事了。

「他們（親屬）會是怎樣的心情呢？對於沒有盡職地確認病人還有沒有心跳，就把死亡證明給簽下去了的醫師，臉上不會掛不住嗎？」他記得自己當年是這麼想的。

「於是我想到了那個辦法。加上護士跟我說話的口氣，那就像是……沒什麼大不了的。所以我認定了這就是現實世界的運作。我人已經不在教室裡了，所以我最好別繼續把球卡在我這裡。」

他說他用了病房裡的某條管線，了結了那名病人，確切做法是他以特定的方式把管線連到病人身上，讓病人只能接收到二氧化碳的反覆循環。這麼做完，他便站在那兒，眼睜睜看著病人窒息。什麼樣的人做得出這種事情？我心想，然後默默地聯想到有些小孩會無聊地把蒼蠅的翅膀拔掉，或是拿放大鏡讓陽光在蟻窩上聚焦──三番兩遍而且饒富興味。

「我會說那實實在在改變了我。」

「那改變了你什麼？」

「不好說，但我感覺得到。」

一種頓悟、一次覺醒，或一道開關被撥了開來，我心想，我知道有一就有二，他的殺慾只會就此開啟，而且胃口會愈來愈大。

他長長地頓了一拍，字斟句酌地思考起接下來要怎麼說，然後他微微笑了。

「就像某種天真的消亡。」

這種頓悟我在其他案子裡見過。一瞬間，某個曾經只在夢裡幻想著行凶的殺人犯——那些原本把嗜血念頭鎖在內心深處某個安全空間裡的傢伙——會突然意會到那些想法不再是虛無飄渺的念頭。精靈被從神燈裡放了出來，回不去了。這是一種不可逆的機關——只能打開，無法關閉。在我跟這類罪犯交手的經驗裡，他們都是被抓了才會被迫住手，否則就是至死方休。

薩爾迪瓦接續解釋，他的殺人手法如何一年年有所演化；他最終摸索出最好用的藥品，名叫「巴夫龍」（Pavulon），他會在醫院裡裡外外蒐集這種藥，然後儲存起來以備不時之需。

巴夫龍，或稱泮庫溴銨（pancuronium bromide），是一種強效性的肌肉鬆弛劑，會用來與另外兩種藥品共同組成執行死刑時的注射用藥：戊硫代巴比妥（sodium thiopental）可以引發意識喪失、巴夫龍造成肌肉癱瘓與呼吸中止、氯化鉀（potassium chloride）讓心跳停止。作為這種死亡雞尾酒療法的一員，巴夫龍的藥效並不殘酷也不值得大書特書；這東西會讓人在安詳中「往生」。但若單獨使用而沒有另外兩種藥的配合，那巴夫龍就會導致人在完整的認知意識中窒息——那是一種悄然無聲但殘酷至極的死，一種包裝在無法行動的人體容器裡，狂風暴雨般的死亡焦慮。若要把最慘的死法列一張清單，當中一定有這一款。

「依你的理解，巴夫龍會如何引發死亡？」我問他。

「巴夫龍會讓他們立刻進入呼吸中止的狀態，再過不久心跳就會停止。」

薩爾迪瓦說，截至一九九四年，他已經以這種方式「釋放」了超過六十名病人，至於那之後還有多少，他數不出來，可以確定的是他又繼續下手至少三年。

我們認為實際的受害者應該在數百人之譜。有些連續殺人犯會鉅細靡遺地追蹤死者的編號，因為那是他們的「戰果」，但也有一些像薩爾迪瓦的連續殺人犯會只抓個大概的數目。雖然風格相異，但這兩種罪犯都很冷血地在草菅人命：前者殺人像是在打計分的電動遊戲，又像是獵人在收集戰利品；後者懶得記錄，是因為個別的人命於他根本不值一哂。

一九九八年三月，在有關當局接到密報稱醫院裡有人手拿「神奇注射筒」後，薩爾迪瓦便為了接受偵訊而進了警局。

測謊鑑識人員爾文・楊布拉德（Ervin Youngblood）與格倫岱爾的警探威爾・柯瑞（Will Currie）並沒有花什麼力氣，就讓薩爾迪瓦開了口，還認了罪。

在第一次偵訊時，薩爾迪瓦就提及他使用了巴夫龍，而這一點也是他最終心防被突破的缺口。

但此外他也提到許多病人死亡，是因為他刻意的不作為，像是看著危急的病人而不施以心肺復甦術。

「這種案子有超過一百人嗎？」楊布拉德在雙方那第一次的面對面偵訊時問道。

「我想應該有。」薩爾迪瓦說。「從一百到兩百之間都有可能。」

「OK。但肯定沒破五百吧？」楊布拉德試探了一下。

「喔，當然。肯定的。」薩爾迪瓦回答。

有關當局固然沒有證據證明院內有共犯協助他殺人，但他表示有人確知他在幹嘛，甚至會鼓勵他。這種幻想有一群粉絲在看著他的認知，有可能就只是一種自我滿足的想像。這一方面可以讓他獲致更大的使命感——二來可以合理化他的殺人衝動。

「我們從來不會去選擇健康的人……還有明天的人。」薩爾迪瓦告訴楊布拉德。

「我們會拿這一點來開玩笑，而我也會藉此來消除罪惡感。」

長達數小時的偵訊來到尾聲，知無不言的薩爾迪瓦自認已經提供了充分的內情。

「我想這些應該夠我被關了吧。」

很不幸地，他很快就因為罪證不足而獲釋，並隨即否認了所有的自白。此時現實中還不存在任何一具屍體可以坐實他的口供，而這也就是辦案實務中所謂的欠缺「犯罪事實」（corpus delicti）——沒有直接事實或間接條件構成可以起訴的犯法行為。

這之後，薩爾迪瓦在媒體的連線訪談中說他被調查人員騙了。他說對方讓他誤以為警方已經掌握了所有將他定罪會需要的證據。這當然是胡說八道，任何時候你回去重看他的自白，都可以讓事情的真偽沒有任何疑義。

他另外還宣稱自己捏造了這整個故事，理由是他一心尋短但又沒有勇氣自裁。他說他原本想被關，想被判死刑，但現實慢慢讓他清醒過來。

於是他徹底地翻了供。只是說加州監獄裡固然關著近七百五十名定讞的死囚，但薩爾迪瓦宣稱他捏造故事是想要製造冤獄，進而借政府之手自殺的說法，實在是相當牽強，畢竟比起伏法，加州的死囚更可能在牢裡壽終正寢，主要是他們可以不停地上訴再上訴，外加有反死刑團體透過遊說來阻止死亡的執行。

就在我跟被定罪有一年了的他坐著討論那些他犯下的謀殺時，我想起一本他說他十幾歲讀過的書：皮爾斯・安東尼（Piers Anthony）所寫的《蒼白的馬（暫譯）》（*On a Pale Horse*）。這是一本奇幻故事，講的是有個男人失手殺死了死神，因此他必須取而代之來擔任死神。

「你是新任的死神。」命運之神告訴主角。「這就是世間的輪轉。誰殺了死神，就得成為死神。」[1]

---

1 作者註4。Piers Anthony, On a Pale Horse: Book One of Incarnations of Immortality, (New York: Random House, 1983).

薩爾迪瓦馬上就為書中提到的這種想法感到興奮不已。「所以這本書講的是有個傢伙接下了一份沒得選擇的工作，然後開始四處蒐集將死之人的靈魂。」薩爾迪瓦解釋說，並提到他讀這本書的時候才十六歲。與我面談這時的他是三十二歲。

他對故事情節的記憶非常清晰，清晰到就像那是經年累月在他腦中不斷重播的佈道內容，彷彿那是本領著他走上毒殺之路的嚮導書。他似乎覺得書中主角象徵著他天命所歸要去承擔的身分，而這個身分也給他犯下的罪行賦予了意義。

他滔滔不絕地詳述起故事裡更多分毫不差的細節，邊說還邊露出笑容，殊不知那呼吸下發出的是有如惡魔般的笑聲。

惡魔終於找上了主人翁，薩爾迪瓦回憶說，但主人翁將惡魔推了開來。

「他把手伸了進去，扎扎實實扯出了惡魔的靈魂。然後他意會到惡魔拿他沒轍，反倒是他的力量不輸惡魔……由此他也制住了惡魔。」

事實上，相信自己制住了惡魔的人，正是薩爾迪瓦。他嘴上說書並不見得有影響到他，讓他想取人性命——「潛意識裡，或許」——但我知道他會覺得自己殺人是在做功德，這本書絕對在背後狠狠推了一把。正是這個故事深深影響了他，讓他產生了權力慾，也產生了想要像全能之神操控人生死的渴望。

我們在虛幻或真實世界中崇拜的對象，會在很大程度上反映我們是誰、我們想成為誰，乃至於我們願意為了成為這個誰而做到什麼程度。以薩爾迪瓦而言，他**認同**這本書的主題，認同主角的性格，而主角的遭遇最終在他看來並不是不幸，而是一份責任，一份必須由他扛起的責任。

所以每當他感覺到無能、失落、抑鬱或無助，薩爾迪瓦就可以進入這個角色。而最終，機運也與這道他在內心踏過無數遍的思想路徑有了交會點。他，成為了脫韁的死神。

殺人，會成為他的救贖，讓他可以藉此去中和內心的缺憾，也為他的生命注入了意義，不再一片空白。

我從頭到尾參與了本案的調查工作，能與格倫代爾警局等各執法單位合力偵破此案，是我的榮幸。

事實上，我在為了聽取第一次的簡報而走進位於醫院對街的專案小組總部，那棟一九四〇年代的三層藍色建築時，並沒有想到這會是個如此曠日廢時，而且如此需要全力以赴的案子。

我的理解是，院方會提供這棟房子給專案小組進駐，一方面是好意，一方面是在表態，他們想藉此表達支持警方的決心，希望專案小組能早日平息這樁駭人聽聞的慘案。

我步入主要的會議區，那是一個座椅走素樸拘謹的斯巴達風、但坐起來還算舒適的客廳，至於其他的擺設還有一張簡單的桌子、一面白板，白板上有幾十個用水性黑色麥克筆草草寫成的姓名。那僅僅是其中一年的部分死者名單，看著讓人怵目驚心。

我當時真的完全沒料到，這趟我們希望能最終把薩爾迪瓦關一輩子或送進死刑室的磨人旅程，會如此漫長拖沓。

我記得那通打來通知搜索令下來了，並且要去薩爾迪瓦雙親家執行的電話，是我接起來的。

那是個不甚起眼，裝潢少到不能再少的典型工薪社區住家。薩爾迪瓦的房間不大，連接一間非常陽春的衛浴。讓我比較受衝擊的是整個家的簡單至極與肅穆嚴峻。一想到這裡曾住著我們想要繩之以法的凶嫌，屋內的黑暗與壓抑似乎又被放大得更加不可等閒視之。

薩爾迪瓦爸媽的信仰是耶和華見證人，因此這個家中不時有宗教書籍與資料亮相。

在這種信仰與薩爾迪瓦的連續殺人行為之間，所存在的本質性矛盾，還有我們在他床底搜出的東西——大量的A片珍藏（大約一百片）——都讓我留下深刻印象。這麼個宗教氣息濃厚的住家，這麼大量的信仰教化，卻都沒能讓他的性慾或殺人衝動被及時攔下。難道說宗教因素反而倒過來以某種方式造成了他的變態？每踏出一個步履，或是每蒐集到一筆證據，我都在對這個人的心理側寫加上幾筆。

作為一名鑑識心理學家，我尋覓的是任何足以幫助我了解他行凶動機的蛛絲馬跡。這個家庭的宗教面向，還有薩爾迪瓦秉持的某種能將殺人行為合理化的道德信念——這當中是否存在著接點？

他殺人的動機，會不會是那扭曲的道德羅盤？他是否既有一種想要相信點什麼的需求，一種希望生命存在意義的需求，但又沒有能力去擁抱他家庭想要替他設定的價值？

或者，那動機會不會是家庭信仰中對某些醫療行為的排斥，在他內心遭到了徹底的扭曲？這些問題的答案或許永遠不會自己跳出來，但偵訊的過程往往可以替我們指出某條明路。這話怎麼說？

我們在他家中**沒有**找到的，正是我們最希望找到的東西：巴夫龍，或任何一種可以用來奪命的藥品。

但警方倒也沒有空手而歸，我們確實發現了一樣東西很耐人尋味：一張列印出來的肺部檢查結果，上頭在平常會看到病人姓名的地方寫著幾個字：薩爾迪瓦．艾弗蘭，嘿呦。

署名的醫師？傑克・凱沃基安。

但憑這些東西，連要繼續羈押他都不夠。

想要定薩爾迪瓦的罪，部分的關鍵在於幾個數字：首先是高到令人匪夷所思的死亡人數——薩爾迪瓦在職期間（可回推到一九八九年）的病患死亡總數大致超過一千人。

這數字後來被砍到剩下一百七十一人，這一方面是排除掉了年代過於久遠的死者，一方面是希望讓有機會找到鐵證的較新案件得到更大的關注。

第二個關鍵數字是一一七，一百一十七具還沒有火化的遺體。如果只剩骨灰，那我們就什麼謀殺案都別想證明了。人體組織必須要經過檢驗，才能確認化學作用後的副產物存在，而檢驗也有其模糊空間。在這個案子發生前，巴夫龍與另一種薩爾迪瓦偶爾會用的物質琥珀膽鹼（succinylcholine）都被認為非常難以檢測出來。除此之外，調查人員還得確認死者生前沒有接受過這兩種藥品的正常治療。

到了一九九九年三月，也就是薩爾迪亞首度自白（但又旋即翻供）的大約一年後，我們將這個數字縮減到了二十。

一個月後，警方取得了可以開挖遺體的搜索票。一共二十具遺體要挖、要驗、用來決定這案子辦不辦得下去。

想要找到正確時段中的正確遺骸，使其成為警方能逕行逮捕與定罪的正確證據，是一次苦功、方法與科技必須同時到位的艱苦搜尋。

我們知道薩爾迪瓦恐怕殺害了數百名病患，但我們必須鎖定那些可以坐實我們對他的指控、容不下一絲質疑的遺體。

就在大夥嘔心瀝血調查、努力把數字一天天縮小的過程裡，我也四處上路去訪問了其他惡名昭彰的「死亡天使」，主要是我們必須對他們這一類人的行為動機、作案手法和選擇受害人的方式與緣由，有更深入的了解。而這些功課，最終也確實協助了我們將需要過濾的遺體數字縮小到二十具。

專案小組的成員們早已主動伸出觸角，接洽了其他曾處理過類似連續殺人案件的司法轄區。愈來愈無疑義的局面，是我們確實必須要在薩爾迪瓦任職期間醫院內那巨大的潛在受害者總量中縮小範圍。而為了做到這一點，我必須要掌握他的各種動機。他真的是依循著某種規範在選擇要殺誰嗎？我必須對此更深入了解。

於是我提議，由我以嫌犯的行為動向、動機，還有各種能派上用場的新知為重點，去研究其他的案子。我們必須測試好手中的犯罪理論，才有辦法說服陪審團，讓他們做出薩爾迪瓦有罪的心證。

我們簡直是在大海撈針，想撈到「神奇注射筒」的那根針。我盤算著，若要得到某些答案，最好的辦法就是直搗問題的第一手根源——其他宣稱殺人理由跟薩爾迪瓦一樣的凶嫌。

我動身前往位於俄亥俄州黎巴嫩（Lebanon）的一所州立監獄，會見了唐諾・哈維（Donald Harvey）。正在服多重無期徒刑的哈維在一九八七年供認他殺害了三十七人，多數集中在他於辛辛那提市與肯塔基州的醫院擔任護士助理的期間。

他也有「死亡天使」的稱號，後來他告訴我們說他其實自一九七〇年起殺了八十六個慢性病人，為的是終結他們的痛苦。

不同於薩爾迪瓦特別選了一種藥去試圖模擬他想像中自然死亡的模樣，讓瀕死的患者看似是壽終正寢，哈維用的是砷（砒霜）與氰化物，甚至是滅鼠藥。他不時會將這些毒藥摻入食物然後餵給病人。他另外也會單純拔掉氧氣或用枕頭摀住病人的臉，讓他們窒息死亡。

哈維最後會被逮，是因為有個精明的法醫在解剖時，從其中一名病患身上嗅到了一絲氰化物的氣味。他後來承認殺人的快感，來自於他想決定誰生誰死的深切慾望。

他是一個有什麼說什麼，還蠻討人喜歡的傢伙，卻在我去俄亥俄州拜訪他的時候展現出非常明顯的心理變態，這樣的他對自身行為毫無悔意。

他迫不急待地想要訴說自己的經驗，而確實他分享起往事也顯得浮誇，還帶有種莽撞愛現的感覺。

哈維從小就熱愛阿嘉莎·克莉絲蒂的偵探小說，而不少篇故事裡的凶手都是採用毒殺。我不禁感到這與薩爾迪瓦沉迷《蒼白的馬》有種令人毛骨悚然的相仿。

此外與薩爾迪瓦大同小異的一點，是哈維也同樣招認在前、翻供在後，而哈維第一個被害者也是窒息而死。

兩個人都先自白再否認？這也是一處耐人尋味的共通點。把人悶死雖然很直接，但需要有肢體接觸。這兩個人都沒有強壯到可以壓制奮力掙扎的受害者，而是專挑無法反擊的弱者下手。

他們會需要克服的自衛行為，強不到哪裡去，但即便如此，把人悶死也應該是一種超乎這兩人所能忍受、非常切身而且硬碰硬的衝突，尤其時間拉長更是如此。由此說來，他們確實有必要將殺人手法朝比較「四兩撥千金」的風格去發展。

哈維也挑明說，他偏離了自己所謂的原則。他曾經嘗試毒害一名鄰居，起心動念是因為對方抓著他竊用公家電力的事情在吵。他會去對好端端沒有要死的人下毒，像他就對自己的同性戀伴侶下藥過，但哈維沒有要殺死愛人，而是藉此讓愛人因為生病需要人照顧而無法離開自己。

這當然不是什麼很人道的動機。而我在想那股殺人的衝動一旦被滿足後，再來的犯案就是臨時起意多於任何冠冕堂皇的原則。

哈維最後會在二〇一七年死於監獄中，原因是在舍房中遭到攻擊毆打，拖延數日後死亡。這對連續殺人犯來講，並不是一種很罕見的下場。像另一名傑佛瑞・達莫（Jeffery Dahmer）也是這麼死的。在獄所生態中，誰能送殺人魔上路，誰就走路有風，喊水會結凍。

我另外造訪了李察・安傑羅（Richard Angelo）這名紐約男護士。他跟薩爾迪瓦一樣使用巴夫龍去誘發心跳停止，受害者也同樣不只一人。

但不同於薩爾迪瓦的目的是致人於死，安傑羅是想先讓人失去心跳，然後再把人救活來扮演英雄。很不幸的是這一招並不太管用，他沒當成英雄，被害者也沒得活。

「我想人為製造出一個病人出現某種呼吸窘迫或其他問題的情境，然後經由我的介入或指點或什麼的，讓結果看起來就像是我很懂，很專業。」安傑羅在自白中這麼對調查人員說。「我欠缺自信，我覺得自己非常不足。」

在衝動、焦慮、自我懷疑的狀況下，他強烈地需要證明自己。

他看似有間歇性憂鬱症狀，社交互動於他也是個難題。

確實，在與他相處的過程裡，即便殺人已經是多年前的往事，我注意到他仍流露著一種神經質的焦慮。作為一個心事重重的悲觀者，他非常善於挑自己的毛病，而這樣的他非常倚賴英雄幻想來紓解他的負面情緒。

不同於哈維絕對非常享受鎂光燈的關注，也非常享受外界知道他的所作所為，安傑羅顯得低調許多，且看似誠心懊悔——他像是個真心想走在正道上，但卻總是會判斷失準的人。說了怕你不信，他曾經是美國童軍體系裡代表最高榮譽的鷹級童軍。

而光是身處醫護圈所自帶的普通聖光，並不足以修復他千瘡百孔的自我形象。他並沒有精神病，但覺得自身不足的感受將他推上了嚴重誤判的歧途，最終導致他背上了好幾條人命。他需要證明自己。他需要是眾人眼中的英雄。他需要急診室裡出現「急救代碼處境」[2]時的緊張與興奮感。我感覺在很多層面上，他都與薩爾迪瓦非常相似。

薩爾迪瓦並不想要大張旗鼓地招搖過市，但他確實樂於扮演暗黑的死神角色，挑起那份讓他人從痛苦中解脫的責任——而這也讓他至少在自己的心中，成為了醫院拼圖裡不可或缺的一名「幫手」。

2 A code situation。醫護人員喊出緊急代碼，意味著院內出現需要特殊因應的緊急事件。代碼以顏色區隔代表不同的意義，比方說藍色代碼（Code Blue）代表有人心臟衰竭，紅色代碼（Code Red）代表火警，黑色代碼（Code Black）代表有炸彈。

照他的說法，那個在死亡證明書上出了包的醫師應該感謝他的幫忙！

兩人會共同看上巴夫龍，讓人覺得詭異又恐怖，背後正代表了這種藥能夠讓被注射者毫無還手之力。這種藥會受薩爾迪瓦與安傑羅這種不喜歡硬碰硬的殺人犯青睞，成為他們殺人的利器，真的是剛好而已。這不是什麼天大的巧合。

安傑羅的心防崩潰過程，最終也跟薩爾迪瓦的風格近似，也是因為重新出土的遺體在經過毒物測試後，顯示出了完全不應該接受過巴夫龍的病人身上驗出了這種藥物。

一九八九年，時年三十三歲的安傑羅被控二級謀殺、過失致死與傷害罪名成立，處以無期徒刑，服刑滿六十一年方可申請假釋。我去面訪他時，他正被關押在紐約州丹尼莫拉（Dannemora）的柯林頓監獄（Clinton Correctional Facility）。

回到加州，薩爾迪瓦的案子繼續是一條漫漫長路。

我這一趟的收穫，是對所謂死亡天使型殺手的本性有了更深刻的掌握。他們並不是什麼人道主義者，他們一有機會就會殺人，他們所謂的原則並不是出於對人的悲憫，而只是他們藉此避免與人衝突的策略。

一旦啟動了，他們就會在殺人之路上揚長而去。

所以，就薩爾迪瓦的案子而言，我們要調查的不只是簽署了DNR（放棄急救同意書）或重症末期的病人，而是基本上不能放過他值班期間的任何一個死者——甚至可以說，原本並沒有生命危險的人，才是我們要調查的重中之重。

這聽起來有點反直覺，我懂，畢竟這與他自稱——或者應該說自以為——的動機背道而馳，畢竟他說他只是在幫助已經無藥可救的人離世。但從我與安傑羅跟哈維的訪談、加上對其他案件所做的功課，各種資料都顯示我們必須要對其他的可能性抱持開放的態度。

最終，在那二十具遺體經過一次次的驗屍與毒物檢測後，我們得以在六名被害人的身上驗出了巴夫龍的跡證。

二十分之六？你是他媽的在跟我開玩笑嗎？我們壓根沒想到比例會這麼高，而且這還沒算進三具屬於「搖擺州」，模稜兩可的遺體，主要是檢驗的結果沒有壓倒性地可以當成呈堂證供。

對我來說，這樣的結果隱含的意義重大。能確認出這麼多個案例，是我們技術高超還是運氣過人？抑或，恐怖的實情是，被害者遠比我們想像的多，所以才隨便驗隨便有？我在想，或許以上皆是。

就這樣，讓薩爾瓦多面對法律制裁，為自己（起碼一部分）行為付出代價的時刻到了。我就挑明說了，我相信有很多無名的被害者死在他的「神奇注射筒」下，而他卻沒有為此付出應付的代價[3]。

事實上，如果正義之鎚可以就憑著這六個案子敲下，來個速審速決，所有被這個案子捲入的人——從死者的遺族到過勞的司法體系成員——大家的人生都會輕鬆不只一點。事實是，只要再一次招認並加上這冰山一角的已知罪證，薩爾迪瓦就有機會完蛋。

由此，我們開始籌畫起了該如何逮捕他、該用什麼策略來偵訊他，還有該如何順利突破薩爾迪瓦心房，達到理想中的結果。

於是身為專案小組的我們集思廣益，擬出了一個大戰略。這個策略綜合了我對薩爾迪瓦的心理與犯罪分析，以及其他各種資料，團隊分工細密，並由我詳細地向警方說明。

逮捕他的時間要落在當天的早、中、晚哪個時段，是很重要的——我們要的是早，因為時間拉早，才能避免外部因素的影響導致節外生枝。也許可以趁他還沒吃東西，在他去上班之前將他逮捕歸案。不要讓他有機會站到任何觀眾之前，或是讓他接觸到任何堅持相信他清白、被他多年用來自欺欺人的屁話給洗腦的人。

我們計劃在高速公路上攔下他，把他的車拖走，讓他感受一下什麼叫做天塌下來了。

事情過了許久，犯案的記憶或許已在他腦海中變得模糊，但他內心深處的恐懼還在，因為他做過什麼他心裡清楚。而我們馬上就會讓他明白事情從來沒有真正過去，時間老人[4]已經追了上來，他已經山窮水盡了。屆時他內心的真相就會如火山爆發，讓他的無助感被誘發出來。

心理學是逮捕行動的一切，而我們也堅持腦力激盪到最後一個細節。「艾弗蘭，到此為止了。你也是明白人，你心裡應該清楚遲早會有這天的吧。我們是來跟你說，你狐狸尾巴是怎麼被我們抓到的。」

我們逮到了他，就跟計劃的一樣。

我們把薩爾迪瓦銬在後座，刻意把返回警察局的車程拉得很長。一股完結的氣氛，讓空氣濃重到令人窒息，也掐死了殘存在薩爾迪瓦內心，任何一點他可以很快恢復自由之身的妄念。

薩爾迪瓦被帶進來時，局裡有兩名警探，其中一名就是問出薩爾迪瓦（後來翻案

---

3 作者註5。CBSNews.com Staff, "Hospital Worker Admits 40–50 Killings," CBS News, March 27, 1998, https://www.cbsnews.com/news/hospital-worker-admits-40-50-killings/.

4 Father Time。西方文化中手持鐮刀與沙漏的長袍老人，為時間的具像化身。

的）第一次自白的庫里警探。我們手裡已經有可以逐步遵照的詳細劇本。我人跟其他警探待在鄰近的房間裡，同步監看著來自偵訊室的實況影像，隨時準備在訊問過程出現狀況時提供意見，或是在調整出現成效時給予回饋。

偵訊開始沒一會，薩爾迪瓦就針對前一次的自白與庫里警探拉鋸到了僵局的邊緣。

薩爾迪瓦需要有說話的空間。很顯然，只要給他這樣的空間，他很快就會第二次給出完整的供述。我們立刻喊了暫停，庫里也向後退了一步。他需要專注於拿下這整場戰爭，而不是贏得這場狗屁衝突。

「為什麼（這麼做）？」很快就把話題引導到了「怎麼做的？何時做的？在哪裡做的？」。最後就是薩爾迪瓦讓人通體發寒，全盤托出的真相了。

有了兩次的自白在手作為旁證，加上有驗出毒物的被害者遺體作為鐵證，薩爾迪瓦的命運已經註定。

此時已年近五旬的他仍關押在加州科克倫（Corcoran）的物質濫用治療中心暨州立監獄，永遠不得假釋。

馬克．吐溫曾寫道「在所有的動物中，只有人類懂得殘酷。也只有人類會為了得到快樂而對其他生命施加痛苦。」這正描述了史上一些最令人髮指的連續殺人犯。薩爾迪瓦口口聲聲說他是因為心中不忍而殺，但其實他沒那麼偉大，他完全就是馬克・吐溫說的那種傢伙。

奪走生命，可以滿足這些凶嫌的妄自尊大，與深不見底想要扮演上帝的慾念，但殺戮所能帶來的滿足感稍縱即逝。在犯案之後的冷卻期，嗜殺的衝動又會重新累積，不去滿足它都不行。

對於其他的連續殺人犯而言，殺人可以帶給他們原本毫無價值的生命一些意義，讓他們能在這個感覺格格不入的世間活下去。

而不論是哪一種連續殺人犯，胸中不可言說的秘密都會替他們彷彿大權在握的優越感加溫。能夠逍遙法外愈久，他們就愈感到不可一世，他們對自己眼中「無能的警方」也會益發鄙視，而這又會讓他們更加有恃無恐地鋌而走（更大的）險。

但不要看多了好萊塢拍的漢尼拔[5]，就以為殺人魔都是大銀幕上那種狡詐且精於計算的邪惡天才，就以為他們都可以用聰明才智與深思熟慮的犯罪計畫，把追凶的警察玩弄於股掌。

5 漢尼拔・萊克特（Hannibal Lecter），流行文化中的食人醫師角色，最早出現在一九八一年的恐怖小說《紅龍》，後來被翻拍成一九八八年的《沉默的羔羊》、一九九九年的《人魔》等電影作品。

現實生活中的連續殺人犯，多半都不是那樣。至少那是研究了他們一輩子之後，我的想法。

只不過經年累月，「連續殺人犯」這個渾名已經穿鑿附會地創造出一種迷思般的印象。一聽到這五個字，我們腦海中就會浮現出一個強大的掠食者佔據食物鏈的頂端，彷彿這人就是個智商破表的現世惡魔，獵殺凡人就像猛虎撲羊。

這種人設是媒體寵兒，畢竟那對媒體而言是頭條與吸引力的保證，動輒還會被改編成電影或電視的劇本。

我不否認，從開始研究這些殺人犯以來，在拜讀過聯邦調查局知名側寫專家約翰・道格拉斯（John Douglas）、洛伊・海佐伍德（Roy Hazelwood）與勞勃・瑞斯勒等人的著作，最終還訪問不只一名服刑中的著名罪犯後，我也不由自主地感受到這些致命惡棍的吸引力。

但在某個點上，就在我浸淫於這個惡夢的世界裡時，這整件事情來了個大變身。原本的神秘氣氛蒸發掉了，這些人只不過就是人渣中的人渣，為了娛樂與權力慾而殘殺。他們是在社會底層苟且偷生的垃圾，只會鑽社會的漏洞去逞其私慾，更別說他們不少人還敢做不敢當，犯案後還會像懦夫一般操弄司法體系，讓自己可以躲避掉理應接受的死刑。

鮮少有連續殺人犯想要為了自己的罪行送命。但說起死刑執行時的人選考慮，他們絕對是名列前茅，老天有眼。

他們大部分人都很清楚自己在做什麼跟為什麼，也知道那有多喪心病狂。他們在法律上完全沾不到精神異常的邊。他們殺人是因為他們想殺，而他們想殺又常常是因為那能讓他們興奮——貨真價實的性興奮。性與暴力，往往是一體的兩面。

在這群人當中，存在著五花八門的扭曲性慾，你可以稱之為各種「性偏離」（paraphilia），也就是各種偏離常軌的性衝動模式。他們當中有人是會把受害者拿來食用的吃人魔，比方說傑佛瑞．達莫就在一九七八到一九九一年間虐殺了十七名男性被害人。強暴、分屍、戀屍、食人——這些全都是他關鍵的作案手法。

這些人是施虐狂，他們可以藉著對人施加痛苦、懲罰、羞辱來獲致巨大的快感，也會一邊動手一邊因為被害者的掙扎而樂在其中。包括最終坦承先殺後姦了至少三十名女性的泰德．邦迪（Ted Bundy），與有三十三宗性侵殺人被定罪的約翰．韋恩．蓋西（John Wayne Gacy），都跟達莫是一丘之貉。

還有些人並非出於明顯的性動機，而是受到了權力慾與對生死之控制慾的牽引。所謂的死亡天使，還有那些自稱秉持某種哲學、政治或社會議題動機的人，就都應該屬於這一種類型。

我在死亡天使前面加上「所謂的」三個字，是因為「死亡天使」作為一個標籤，會讓人誤以為他們真的是秉持人道精神在「做公益」，真的是在幫助那些末期病人從死亡中獲得解脫。以薩爾迪瓦的案子為例，當中有太多死者不符合他們的原則（他們自稱篩選受害人的標準）；有些人成為這些死亡天使手下的冤魂，只是因為凶嫌覺得他們在耗費醫療體系的奶水。

實情是，連續殺人犯動輒就會偏離他們所謂的原則，殺死沒有馬上要死的人，引發被害者與其家屬的痛苦，且動機也都是出於自私的理由。

在為了某種哲學而殺人的凶嫌中，有某一類的代表性人物是被稱為「大學暨航空炸彈客」（Unabomber，其中Una是University與Airline的意思）的希奧多・約翰・卡辛斯基（Theodore J. Kaczynski）。卡辛斯基也同時恰恰符合「暴力狂信者」的類型特色，這點容我之後細說。

深居簡出的卡辛斯基住在蒙大拿森林裡一間遠僻的小木屋裡，常在言談中對現代科技充滿敵意。在一九七八到一九九五年間，這樣的他郵寄或親送了至少十六枚爆裂物到全美的大學、商家、住家或公家機關，造成三人死亡、逾二十四人傷亡的慘劇。

這類殺手中，真正有精神疾病而產生幻覺者，會宣稱他們下手是聽到腦子裡的某個聲音要他們這麼做，不然就是有其他外在的力量被他們錯誤解讀成殺人的指示。但話說回來，即便是真有精神疾病，這些人也鮮少被判定在動手的時候處於精神異常的狀態，由此他們最終的命運往往不是被送進療養院關押，而是正常地出庭受審。

就以在一九七二與一九七三年間奪走十三條人命的赫伯・穆林（Herbert Mullin）而言，他的幻覺在於他相信必須要以人命當作犧牲品，才能拯救加州免於災難性的地震侵襲。而即便脫離現實中的各種法則到這種程度，穆林還是被判定為可以受審，也被定了罪，沒有心神喪失而阻卻犯罪的問題——他的下場是為了犯下的罪行被送進牢裡。

派翠克・奇爾尼（Patrick Kearney）是個不折不扣的禽獸與性虐待者。與其愛人聯手，他綁架並凌虐了至少二十一、或可能高達四十三名的青少年，性侵並殘害了這些孩子，然後胡亂將他們沿著公路邊緣棄屍，就像他們是人形的垃圾一樣。

他在我面前對自身的罪行絕口不提，看起來就像個精神高度病態且極度自戀的傢伙。望進他的眼裡，就像望進無底的深淵；他目光中有一種宛若掠食者，令人心生畏懼的虛無。他似乎不懂得什麼叫做悔意，與他同處一室，會讓我納悶起自己在他眼裡是什麼樣的存在。一名心理學者不論如何身經百戰，都很難真正理解這些凶嫌散發威脅性的心靈中藏著些什麼。

我曾見過的另外一頭怪物，是「洛杉磯游民區殺手」（The Skid Row Slasher），馮恩．葛林伍德（Vaughn Greenwood），目前已知他奪走了十一條人命，並在現場留下了飲用受害者鮮血的證據。沉默寡言而不太尋常的他拒絕在交談中對我透露太多，頂多就是他會嘗試駁斥案件調查期間針對他建立的犯罪側寫。

「他們說我是白人且性無能。」事實上他是非裔美國人。當時年輕氣盛的我按捺不住，在離開房間時回嗆了一句。「也就是說側寫的打擊率還有五成囉。」我打趣說。

屬於種族主義者的連續殺手喬瑟夫．保羅．富蘭克林（Joseph Paul Franklin）身兼暴力狂信者，自行數算他從一九七七到一九八〇年殺了二十三個人，為的是替社會滌清猶太人與黑人，也就是他認為必須要被剷除的低等族群。他看不起普通的變態連續殺手，誇耀著自己的手下亡魂人數，甚至還想把沒被起訴的案子都攬成自己的「功勞」。但同時他也害怕自己所面對的死刑，為此他不惜在與我的書信往來中進行了某種程度的「數秘術」（numerology；一種認為數字與世事間有某種對應關係的信仰），乃至於把我姓氏的最後三個字母die（死亡）視為一不吉之兆。

當他對我提起姓名問題之時，我告訴他說我原本的法文姓氏——我父親出生於加勒比海的法屬瓜地洛普——是莫漢迪耶（Mohandir）。從那之後，他就都改用法文版的名字來稱呼我了，而這也促進了我們之間的關係建立。

我還另外為了二〇一六年的死刑審判評估了小隆尼・大衛・富蘭克林（Lonnie David Franklin Jr.）這名「沉睡殺人魔」（The Grim Sleeper）。

從一九八〇年代中期起的二十餘年間，他在洛杉磯與市區周邊性侵並殺害了至少十二名女性受害者，並在犯案後將她們棄屍於小巷與垃圾桶裡。有關當局相信他其實可能背負著二十五條以上的人命。富蘭克林會被叫做「沉睡殺人魔」，是因為他在一九八八與二〇〇二年之間「沉睡」了十餘年。

他順利遭到謀殺罪起訴的重要意義，在於那是家族DNA技術第一次在優秀的地區檢察官貝絲・希爾曼（Beth Silverman）手中被用來比對資料庫的犯罪現場基因跡證。比對出的近似符合資料會連結到某個家族，然後調查人員便可以對家族成員進行訊問，來縮小罪嫌的鎖定範圍。在富蘭克林的案子中，隨著調查方向日益模糊，線索慢慢降溫，警方便是採用了家族DNA技術來尋求突破，而他們也確實從部分吻合的DNA找到了一名在二〇〇八年因為槍枝與毒品案被捕的男性。警方發現這個人是富蘭克林的兒子，並循線找到了住處與主要棄屍地點有地緣關係的富蘭克林本人。

在當時，警方稱呼這種新的技術比指紋分析更勝一籌，是破案工作上的革命性發展。洛城警局局長查理・貝克（Charlie Beck）則稱本案是「刑案中的里程碑」。

「這將讓警察工作在美國脫胎換骨。」貝克宣稱[6]。

富蘭克林將所有責任推得乾乾淨淨。他嘗試宣稱自己只是恰巧與多名受害者兩情相悅，而這些人又正好死在了別人手中。

麥可・休斯（Michael Hughes）是另一名以洛杉磯為根據地的掠食者，而我評估他是為了二〇一二年的審判。這個當年五十六歲的連續性侵暨殺人犯，最終因為在一九八六與一九九三年間殺害了三名女性而被判死刑。這之前他已經因為在同一帶的四起命案而被判無期徒刑且不得假釋，已經在服刑當中。

除了自認是「多重殺手」且很不高興被跟連續殺人犯歸為同類的喬瑟夫・保羅・富蘭克林以外，這些人多半都是性侵與殺人的二合一罪犯。他們都符合公眾認知中的原型，而這類原型的標誌性人物包括泰德・邦迪、「午夜跟蹤狂」李察・拉米瑞茲（Richard Ramirez, the Night Stalker）與縮寫為ＢＴＫ的「綁虐殺」（Bind Torture Kill）代表丹尼斯・雷德（Dennis Rader）。

然後就是那些死亡天使——像艾弗蘭・薩瓦迪爾那樣殺人如麻的傢伙——把權力慾反映在無法自拔的奪命慾望上。迄今我們未知有性慾的成分存在於死亡天使的行為模式中，他們只是單純追求殺人的興奮感。

或許對我們最有用的做法，是記住在三大類連續殺人犯當中，沒有哪兩類是完全相同的，但他們也確實經常呈現出近似的特徵。

他們有人會反覆以性暴力的風格殺人，譬如奇爾尼；有人會為了不涉及性慾的權力需求來殺人，像薩爾迪瓦；還有人像穆林一樣重複殺人是基於思覺失調，這種凶嫌的思想與情緒已經嚴重受損到與現實徹底脫離。

所以到底什麼是連續殺人犯？有一種定義是他們會每一輪殺害三名以上的受害者，然後在行動之間穿插著冷卻期。但要是有凶嫌在滿足這個定義之前，就被阻止了呢？引發連續殺人的幻想與衝動都好端端地還在，只是這些慾望的執行與滿足遭到了阻礙。我們要怎麼稱呼這些人呢？

我無意嘗試將問題的答案定於一尊，因為沒有人能用單一的詮釋或分類來容納所有的這類凶嫌。只是很顯然的，在能起而行之前就被打斷的這種人，絕對不在少數。而這些人比起那些已經把扭曲幻想變成現實的人，一點也沒有比較安全。

我們還要記住的一點是，某些凶嫌或許已經遭到逮捕跟定罪，但他們往往並沒有

6 作者註6。Lauren Effron and Barbara Garcia, "Cops Trying to Taint Jury Pool 'Grim Sleeper' With Photos Attorney Charges," ABC News, December 17, 2010, https://abcnews.go.com/ TheLaw/grim-sleeper-serial-killer-victim-photos-released-los/story?id=12424559.

為了所有因他們而死的無辜生命付出代價，而且或許永遠不會。薩爾迪瓦就是其中一例，他只是冰山一角。

讓事態更加複雜的是，許多這類凶嫌都很享受誤導辦案的過程，他們正是希望透過這種做法來維繫自身的權力。他們還喜歡夸夸其談，所以也難怪他們很多人最後都會自白。他們的自戀需要獲得回應與肯定，而為了滿足虐待狂式的需求，他們會不惜重述自身的經歷來對社會造成二次傷害。

因此，他們所造成的有形與無形損害，往往遭到低估，而且可能永遠沒有辦法水落石出——這些令人髮指的連續殺人犯，有史以來究竟殺了多少人、害了多少條命，恐怕會是一本永遠算不清的爛帳。再者，許多我們對連續殺人犯的認識，都僅僅來自於那些落網的嫌犯。這些凶手跟那些成功逍遙法外的殺手，確定是同一種人嗎？那些逃之夭夭的、那些繼續在犯案的、或是那些出於某種理由永遠或暫時歇手的凶嫌，會不會是城府更深的一群變態呢？我們絕對有必要假設那些人跟已經接受法律制裁的這一群人，存著各種本質上的差別。只是巧婦難為無米之炊，我們永遠無法知道自己不知道什麼。

這話聽起來很恐怖，但很可能還有很多連續殺人犯就沒沒無聞地潛伏在我們當中。他們會繼續殺人，然後把他們的罪行帶進墳墓，就這樣度過沒被追訴也沒被關押的一生。事實上，專家估算出的結論是，美國在任何一個時期，都有從數十到數千名不等的連續殺人犯處於活躍期。

研究顯示，美國的連續殺人犯人數，比美國以外的各國總數都多[7]。我一點都不懷疑這話的真實性，因為美國原本就儼然是各種暴力的世界第一。但話說回來，這樣的判斷仍舊是出於已知的案例，沒有抓到的凶手我們無從對比。

關於美國何以會有這麼多精神異常的惡魔肆虐，幾項因素或許能給我們一點線索。大眾傳播讓準殺人魔的幻想之火愈燒愈旺，而犯罪被浪漫化的狀況更是美國說第二，沒其他國敢說第一，畢竟我們有好萊塢把罪犯的惡行惡狀翻拍成一部部的「傳奇」電影。再者，極端的性暴力刺激內容唾手可得，這是軟體，執行犯罪需要的硬體工具也可以從網路得到充分的供應，而這又會毒害那些容易受到煽動的心靈。但這些狀況其實並非美國的專利；只不過作為一個自由開放的社會，犯罪在美國被美化得比較徹底。

對於連續殺人犯的研究與認識，讓我們了解到一點，那就是我們必須更努力去創

---

7 作者註7。M. G. Aamodt, Serial Killer Statistics, September 4, 2016, http://maamodt.asp.rad-ford.edu/serial%20killer%20information%20center/Serial%20Killer%20Statistics.pdf.

造一個不一樣的世界。在那個世界裡，我們的青少年跟孩童會更富同理心，會在鼓勵中變得更加謙遜，也會因我們灌輸的價值觀而相信人與人之間應該用更多溫情來拉近距離。但這些殺人魔的存在，也提醒了我們另外一件事情，那就是我們之間確實出沒著豺狼。我們必須保持警醒，必須相信自己的直覺，必須畫清界線，必須留意別讓自己陷入危險的局面。這些話聽來使人不寒而慄，卻很不幸地字字都是實情。

艾弗蘭・薩爾迪瓦利用了司法系統的漏洞，躲掉了他心狠手辣施加在受害者身上的死亡命運——要不是他願意認罪，那根可以將他正法的針管早就插下去了。他這麼做，證明了他是個懦夫，就像許許多多被捕的連續殺人犯也都是一旦有了某種控制他人的權力，就去殘害人命，事後又為了保有那股權力而千方百計地苟活。這些人，都是薩爾迪瓦之流的孬種。

薩爾迪瓦從未真正看出自己的行為中的邪佞。在帶走那麼多條生命後，他看待自身犯行的態度仍是那麼地幼稚跟自以為是。他甚至會嘗試用幽默來舒緩內心的罪惡感。這一點非常明顯，是因為在二〇〇三年，也就是他入監服刑大約一年後，薩爾迪瓦給我寫了封信。他在信中重提起那本我認為部分啟發他走上冷酷殺人之路的書籍。

「嘿，克里斯，我希望收到這封信的你一切安好。我這邊日子也沒有意外地還算過得去。」他寫道。「你知道嗎，我突然有股跟你分享的好奇心。」他接著提到自己看到一則說《辛普森家庭》（The Simpsons）將有新集數要播出的電視廣告。

「嗯，其實新的那一集，其故事靈感就來自於你在偵訊時向我問起的那本書，皮爾斯·安東尼寫的《蒼白的馬》，書裡的主角恰巧殺死了死亡的化身，進而被迫出填上出缺的死神之位。」他寫道。「看來《辛普森家庭》的製作單位裡也有這本書的讀者，而且也跟我一樣覺得內容有趣……你能想像辛普森家的荷馬爸爸擔起死神的重責，會搞出多少狗屁倒灶的烏龍嗎？

「還好那只是卡通而已。」

第四章

科倫拜效應——放大鏡下的校園槍手

「毫無建樹的名氣……」

——克里斯・莫漢迪與J・瑞德・梅洛伊（J. Reid Meloy）

（出自《暴力與自戕：當代趨勢（暫譯）》（*Violent and Suicidal: Contemporary Trends*）威脅分析從業人員協會（Association of Threat Assessment Professionals）之二〇〇九年年會專題報告

「能得到我們遲早應該獲得的尊重，不是挺棒的嗎？而且其實我們也無所謂，反正這事我們做了就是死。」這個世界虧欠他們，他們這麼做是天經地義，他們深以冷血無情的自己為榮。

這則令人毛骨悚然的後記，存在於事發前長達數週的影帶紀錄裡，而這裡所說的事件，是標註在美國歷史上的一道恐怖分水嶺——一九九九年四月二十日的科倫拜高中大屠殺[1]。

高三的艾瑞克·哈里斯（Eric Harris）跟狄蘭·克萊伯德（Dylan Klebold）已經準備了幾個月。他們囤積了槍械與彈藥。他們用汽油、瓦斯桶跟金屬管做出了土製炸彈。他們再也不想被當成邊緣人忽略。他們會在惡名當中活過來——也在惡名中死去。

這種現象，我們稱之為「毫無建樹的名氣」。這類年輕人覺得自己在日常生活裡無足輕重，彷彿自己毫無成就，只是漫無目地在各種社會主流的外圍漂浪，怎麼也打不進去，更找不到對未來的真正期許。拚命想獲得肯定的他們有幾種特徵：自我膨脹、欠缺對人的同理心、以一種散發敵意的優越感覺得很多人虧欠他們——簡單講，他們是含苞待放的自戀者。

為了孤注一擲、讓自己聲名大噪，他們想到的辦法是作弊。那是他們給這世界的終極遺言。

「大導演會搶著把我們拍成電影。我知道我們會有一堆人追隨，因為我們他媽的跟神沒有兩樣。」克萊伯德在調查人員事後發現的影帶中說。感謝老天爺，我沒看到哪個導演拿他們拍片。

這對搭檔第一次提到要大開殺戒，是在一九九七年的十一月，當時他們在筆下指稱兩人選定的日子是「NBK日」。NBK作為縮寫，指的是一九九四年由奧利佛·史東（Oliver Stone）執導的電影《閃靈殺手》（Natural Born Killers），而這部電影被校園槍手奉為經典，早已不是第一回。

《閃靈殺手》本身的靈感來源，是現實中邦妮·帕克（Bonnie Parker）與克萊德·貝洛（Clyde Barrow）兩人的事蹟，這對惡名昭彰的犯罪鴛鴦在上世紀初經濟大蕭條期間殺害了至少十三條人命，最後才在一九三四年被警方於雙方駁火中擊斃。

蓄意殺人在《閃靈殺手》裡被賦予了一種休閒、有趣、且性感的形象。同時在劇情中，新聞媒體的報導也讓這兩個虛構的角色瞬間爆紅。於是藝術創作模仿現實人

1 作者註8。"Transcript of the Columbine 'Basement Tapes,'" transcribed and annotated by Peter Langman, Ph.D., July 29, 2014, https://schoolshooters.info/sites/default/files/columbine_basement_tapes_1.0.pdf.

生，現實人生又模仿起藝術創作。一個周而復始的循環，就此誕生。

在科倫拜一案中，我們再一次看到了這種循環裡的「現實模仿藝術」。這場元祖的慘案，並無多麼不同於近年來的許多件校園槍擊。我們看到的是一種無形的傳染病，在我們的孩子心中肆虐——我願這種心病能有徹底被根除的一日，只是以目前的狀況看來，我這樣的目標恐怕是太過樂觀。

哈里斯與克萊伯德的目標，則是要以突擊隊的方式奇襲自己的學校，並用無差別的憤怒與惡意殺害多達兩百五十名同學，藉此讓自己被傳誦許多年，甚至被模仿許多年。就跟很多這類案子一樣，計畫趕不上變化。他們原本的如意算盤是在學校自助餐廳裡引爆炸彈，先讓幾十人沒命或至少斷手斷腳，順便把驚慌失措的同學趕出來，然後再由已經拿槍守株待兔的他們一個一個解決。只是學餐的炸彈不知為何沒有引爆，逼得他們只好直接提槍上陣，並在舉槍自盡前造成了十三死二十三傷的慘劇。這當然是慘絕人寰，但事情原本還可能更慘。

他們到底為什麼要這麼做，眾人爭論了許多年都沒有結果。他們顯然覺得委屈，覺得自己以各種方式被家人、同學、被每天身邊一堆自以為了不起的同齡孩子，甚至於被整個社會當成空氣。但這並不表示這種解釋不是空談。

仔細研究過後，外界發現他們以這麼大的力道復仇，其實背後他們並沒有真的多麼逆來順受。反倒是他們本身很愛挑釁，很不能忍受不同的聲音，而且對事情的意見很多。但當同儕對他們的看法不表認同，或以其人之道還諸其身時，這兩個臉皮薄、被溺愛、平日又養尊處優的自戀年輕人，會深感遭到冒犯。綜合起來，他們完全不是被虐待、被剝奪了權益，或是吃了什麼苦的孩子，一點也不是。

自戀者與各種具有人格異常的個體，都鮮少會注意到自身在人際衝突或人生難題中所扮演的角色。他們只會把責難外部化，只會怪東怪西，他們心中完全容不下旁人的情緒感受與思考方式。在哈里斯與克萊伯德的認知中，自己是沒有未來、沒有明天的，所以他們把一切都押在了死亡上，並幻想著自己的黑暗衝動與欲求一旦在現實中兌現，惡人之名就會歸他們所有。他們用鮮血在哺育著扭曲的自我。

哈里斯與克萊伯德會相互交流這些幻想，並以莫洛伊博士口中「不足為外人道的興奮」（clandestine excitement）現象去建立彼此的羈絆，那是一種禁斷秘密所內含的刺激感，就像一層額外的控制力被織就進「要是你知道就好了（可惜你不知道）」的權力優越感裡。他們人生僅有的希望，就是透過暴力與死亡來獲致永生。

「如果你能看到我這他媽的四年累積了多少怒火（你就會懂）。」克萊伯德在錄影帶裡說。我們之後會說這種作法叫做「收集不公不義」（injustice collecting），而這是許多大型槍擊案的凶嫌與準殺手都會做的事情，而他們這麼做是為了煽動他們內在的怒火，而這種怒火又會被轉化成預謀殺人的冷血計畫。

這種憤怒的感覺，會伴隨著一種權力感，而從暴力想像所衍生出的優越感與掌控感，會是一種解藥，可以化解他們內心深處的無力感，或是一種整體而言，別人對他們有種種虧欠的感覺。他們會覺得別人應該更努力地哀求他們，即便他們並沒有為得到想要的東西，付出一丁點努力。

這些凶手不僅會把他們胸中的怒火轉成復仇的行動，更會提前很久就開始幻想。他們會在腦中預習，將來某一天，自己能實現血肉橫飛的暴行。有朝一日幻想執行出來時，他們早已在腦中的黑暗深淵裡搬演過數十次、甚至數百次殺戮，且起訖的跨度可能長達若干年。這就是何以倖存者在描述這些恐怖的攻擊時，都會提到說凶嫌「看起來非常冷靜」，而且「不發一語」，給人一種「開啟自動導航」的感覺。

哈里斯在手寫的日記裡滔滔不絕，講的都是要報仇的事情。他把滿腔怒火，都表達在對地表上所有無腦靈魂的評論，並表示想跟那些冤枉或虧待過他的人們算帳。「惹到過我的人最好別被我看到，否則你小命不保。你惹到別人，或許可以大事化小小事化無，但遇到我可沒這麼好，誰欺負過我我都記得。」[2]

這種態度，在很大程度上說明了哈里斯的問題——他對於自認被人小看過的事情或許是放不下，或許是不願放下。而這，也是最終會成為校園槍手的他一個關鍵的戳記。克萊伯德也感覺在很多方面受到不公的待遇。想起自己人緣好又會運動的兄長與其朋友是如何把他當成笑柄，他撂下了一句話：「我是你們創造出來的。」

怨天尤人是槍手的另一大共同特色，因為這有助於他們合理化自己向外訴諸暴力的行為。他們認為自己內心的怪物會被創造出來，那些該死的被害人要負最大的責任。

科倫拜高中不論怎麼說，都不是第一所發生校園槍擊案的學校，但美國人的良心會深受撼動，是因為科倫拜是科羅拉多州一個中產偏上且白人為主的郊區城鎮，一個全美其他優質郊區無甚差別的社區。之前的舊案多發生在像肯塔基州的帕迪尤卡（Paducah）、密西西比州的珀爾（Pearl）、阿拉斯加州的伯特利（Bethel）等非白人、社經位階偏低或者天高皇帝遠的地方，但科倫拜不一樣，科倫拜就在丹佛都會區的外圍，怎麼還會發生這種駭人聽聞的事件？這粉碎了一種迷思，一種根深蒂固且一廂情願的階級區別。部分美國人曾經以為線內的「我們」很安全，因為「他們」在那條看不見的線外面。

2　作者註9。"Eric Harris's Journal," transcribed and annotated by Peter Langman, Ph.D., October 3, 2014, https://schoolshooters.info/sites/default/files/harris_journal_1.3.pdf.

但這種事若能發生在科倫拜，那它就能發生在美國的任何地方。

科倫拜的攻擊事件，接續誘發了一代又一代的殺手預備軍——他們很多人都是在科倫拜事件之後才出生，但卻以迅雷不及掩耳之速，為我們這一代人苦惱不已的現行校園槍擊問題揭開了序幕。直到今天，我都未曾停止輔導各種青少年——或甚至成年人——的相關個案。案主的共通點，是他們都把哈里斯跟克萊伯德這兩個殺人狂當成偶像崇拜。他們會一天到晚去看致敬這兩個人「理念」的網站，會巴不得跟他們做愛，會希望時光可以倒流，在命運之日來臨時加入他們的陣容，還會想要去他們的墓地走走。

在後續的年歲中，經由社群媒體暨網路的傳播，科倫拜大屠殺持續影響了一整批暴力犯，並被還不懂事的孩子奉為文化腳本中一種暗黑版的鯉躍龍門、一夕成（惡）名的捷徑。

最後的大爆點。跟世界討回公道。染血的下台一鞠躬。

但等等，且讓我們退後一點，退後一大點。回到一九二七年的密西根鄉間。

就在密西根州治蘭辛（Lansing）不遠處有個不過三百人口，名叫貝斯（Bath）的小小村落。而也就是在這裡，美國歷經了歷史上最血腥的校園大屠殺，迄今仍屬空前絕後。貝斯事件之所以鮮少再有人提及，一方面是近年來校園槍擊一再於全美發生，更新的速度快到後浪早已淹沒了前浪。二來，這件事距今將近百年，真的也太古早了。

務農的安德魯．科荷（Andrew Kehoe）是當時學校委員會的財務，也是地圖上這個恬靜小聚落裡卸任的村幹事。由於附近的孩子都會來這裡就學，所以貝斯的白天人口會是普查數字的兩倍；而這些學生作為農家子弟，不少人相互都是多年的舊識。貝斯綜合學校（Bath Consolidated School）建於大約五年前，為的是取代田園鄉間東一個西一個、各自只有一間教室的小不點學校。

五月十八日，學年最後一天上課的上午八點四十五分，爆炸聲響劃破了空氣，三層樓的校舍應聲裂開，方圓幾英里都聽得見那轟然巨響。科荷安放炸彈之處是學校地下室。他花了大半個春天，才在校內完成了「佈雷」。

被問到在地下室幹嘛，他都說自己是為了替學校省錢，而在親手弄水電。這話十個人聽到，十個都會相信。本來嘛，有什麼好不相信的呢？誰能想得到他這麼大費周章，目的是想害人？在這之前，美國從未在校園裡發生過重大暴力事件，至少這麼誇張的是沒有。

根據倖存者與第一批救難人員事後的描述，他們看見了自己即便在最瘋狂的噩夢裡，也想像不出來的血腥場面。孩子們被半掩埋在瓦礫堆中，染血的四肢從紅磚碎塊與斷裂木板堆成的小丘中伸出。

這樣的案件完全談不上什麼絢爛、什麼酷帥，或有任何一點知名反派的光彩。這完完全全就是沒種的懦夫、殺人凶手的偷襲行為。

隨著鄉親們衝到現場，大家都被眼前難以想像的光景給嚇到。但在此同時，科荷卻把滿載炸藥的卡車駛停到現場，自己退到安全的距離外，然後持來福槍對著車內的一箱箱炸藥射擊。驚魂未定的無辜村民，根本渾然不知去而復返的凶嫌就在他們旁邊。話說，有五百磅炸藥功能異常，沒能在地下室引爆，否則科荷會背上該校全體教職員生的血債。

我們很難確定，在已知的傷亡脈絡下，有句話該不該講，但就如同科倫拜一案，事情原本還可能更慘。

也許是科荷回到現場後發現爆炸沒有完全符合他的計畫，所以在挫敗之餘決定把剩下的炸藥都全部用上。

砰！

那第二顆怪獸一般的火球多帶走了三條性命，包括學校的管理員、一名圍觀的路人，還有科荷本人。等煙霧終於散去，現場的清點顯示有包含三十八名學生在內的四十四人罹難，外加數十人被炸傷。其中一名罹難者是科荷的妻子，她後來被發現陳屍於科荷距離學校不遠，已經被燒毀的自家農舍中。他是先殺害了妻子，把自家的每一棟建築全部燒燬，接著便來到校園。他把自己的家園燒成焦土一片，因為他知道那是他跟自家的最後一面。

接下來的幾年，這種兩地犯案的二合一事件開始接連出現，亦即凶嫌會先在一個地點殺人——通常是自家——然後再到另外一個地點去完滿他終極的計畫。

在貝斯爆炸案後，沒有人不想為這場悲劇理出一個頭緒。全美各報都以頭版頭條封科荷一個「瘋子」的名號。

「思想扭曲的學校職員造成悲劇。」

「狂人炸掀學校。」

「他在去年六月接獲通知，他抵押的農場將被查封拍賣，而那可能就是他大腦陷入失序與瘋狂的起點。」《紐約時報》如是說。

相關報告指出學校的稅務負擔愈來愈重，讓科荷十分惱火，另外他也與幾名學校委員相處不睦，但即便到了今天，我們還是不知道他究竟是為了什麼犯下這起滔天大罪——不過其實他是有留下遺書的。後來有人發現一道告示被掛在他家土地的籬笆上，上頭用鏤空鐵模漆上了完美無瑕的字樣：

「罪犯不是天生，而是被創造出來的。」

又來了，又是「都是你們害的」那一套。聽到了嗎？那熟悉的一聲「衝啊、殺啊」，又再次從自戀而悲憤的凶嫌口中喊出，他們就是愛對什麼都不知道的無辜者發動這種懦夫一般的單邊攻擊。今天所有的校園攻擊事件，其脈絡中都存在這一條共同的絲線。

作為事後諸葛，我們可以從科倫拜高中屠殺與科荷的血腥爆炸案之間找到幾處關聯。兩案都遵循如今已咸認屬實的一種模式：自覺受辱後被激發的憤慨。易碎品一般的玻璃心。滿心的自以為是裡包裹著無法放下的恨意與灼熱滾沸的敵意。而貫穿這一切的關鍵，就在於「錯都在別人」。

狄蘭．克萊伯德在他其中一支影片裡告訴世界，「我是你們創造出來的」。科荷張貼在籬笆上的最後那一句話，也講述著一脈相承的主題——本質上就是在說「都是你們害的，死在我手裡算你們活該」。科荷沒有攝影機，沒有社群媒體。他只有一些油漆跟籬笆上的手寫訊息，但兩人只有科技上，而沒有實質上的區隔。不同的人渣，相同的狂言。

貝斯發生的爆炸案，至今或許仍存有某種異數的成分，但回首來時路，那仍是風雨欲來的一個凶兆。貝斯之後的數十年間，尤其以一九九〇年代為高峰，校園攻擊很不幸地變得愈來愈普遍，只是凶器不再是炸彈，變成了槍枝，而罹難的人數也不斷如指數般飆高。還有一點，現在的校園攻擊往往是學生為難學生。

讓人心驚膽顫的一項現實是，新一代的少年殺手即便出生在科倫拜一案之後，或甚至根本生活在美國之外，這些年輕人都還是言必稱科倫拜，說他們在計劃與作案時參考了科倫拜。更讓人心裡過不去的一點，在於以一種非常真實的方式，科倫拜的兩名凶嫌還真的達到了他們設定的目標：遺臭萬年。我們稱之為「科倫拜效應」。

全球各地有至少七十四起已知的殺人計畫，是受科倫拜的靈感啟發。其中五十三起獲得執法部門成功攔胡，二十一起不幸走到了最後，並造成了起碼八十四死、一百二十六傷的慘劇，其中最後自戕的凶嫌有九個[3]。

科倫拜式的致命案件，同樣發生在芬蘭、德國、加拿大，還有距今最近的巴西，至於及時被破獲並遏阻的計畫則幾乎遍及了全美與廣大的工業化世界。我可以拍胸脯保證，世上被擋下的攻擊事件絕對遠遠不下一百件。要知道光從數據開始統計的二〇一五年起算，我個人就已經參與過六件這類未遂案件的偵辦。

3 作者註10。Mark Follman, “Inside the Race to Stop the Next Mass Shooter,” Mother Jones, November/December 2015, https://www.motherjones.com/politics/2015/10/mass-shootings -threat-assessment-shooter-fbi-columbine/.

這些準殺人犯，都會動輒提到哈里斯與克萊伯德的書寫與影像，把他們當成英雄或烈士一般的存在，試圖「青出於藍」。這些後進會走訪兩位前輩長眠的墓地與犯案的校園，選擇在科倫拜的週年犯案，並幻想他們可以「上友古人」，與這些先行者相濡以沫。對於「有志」從事類似犯罪的人而言，科倫拜的歷史可以說是必修中的必修。

二〇〇七年四月十六日，二十三歲的學生趙承熙（Seung-Hui Cho）在俗稱維吉尼亞理工的「維吉尼亞理工學院暨州立大學」（Virginia Polytechnic Institute and State University）校園裡，殺死了三十二個人。

「我沒有非這麼做不可，我可以選擇離開，也可以選擇逃避。」趙承熙在他犯案前寄給NBC新聞網的影片裡說[4]。「但如今我不再逃了。就算不為我自己，我也該為了自己的孩子、兄弟們、姊妹們……我這麼做是為了他們。」趙承熙說，並同時也提到了「像艾瑞克與狄蘭這樣的先烈」。跟艾瑞克與狄蘭兩人一樣，趙也在被捕前自盡。

二〇〇八年二月十四日，原本在北伊利諾大學（Northern Illinois University）念研究所的史提芬．卡茲米爾札克（Steven Kazmierczak）步入了學校禮堂，並用帶來的獵槍外加數把手槍對現場開火。二十七歲的他殺了五個人，傷了超過十二人，最後舉槍自戕。警方在報告中指出卡茲米爾札克曾為了做功課而研究過科倫拜案的「各種手法」，並表示他深為科倫拜槍手與其他的大規模死傷案件著迷。

說起美國歷史上更加令人震撼的校園攻擊，有一件發生在二〇一二年十二月四日，當時一名二十歲的亞當・蘭薩（Adam Lanza）在康乃狄克州紐頓（Newtown）的桑迪胡克小學（Sandy Hook Elementary School）殺了二十六人，多數是小學生。他在此前已先行殺害了自己的母親，並在遭到有關當局縮小包圍時了結了自己。

根據執法部門就本案提出的其中一份最終報告，蘭薩「十分沉迷於大規模殺人，特別是一九九九年四月的科倫拜槍擊案」[5]。警方說他們在蘭薩家發現數以百計的文件、圖片與影片，通通都跟科羅拉多州的科倫拜一案有關，包括有一份資料看似是警方對於該案的調查報告。

蘭薩的母親是槍枝愛好者，而她明知兒子沉迷於死亡與暴力，卻仍經常帶他去靶場練習。他最後殺死母親，很諷刺地正是用上了她的愛槍，殘殺小學生則是用另外的槍枝。

---

4 作者註11。M. Alex Johnson, "Gunman Sent Package to NBC News," NBC News, April 19, 2007, http://www.nbcnews.com/id/18195423/ns/us_news-crime_and_courts/t/gunman-sent -package-nbc-news/#.XTYZL5NKhAY.

5 作者註12。"Newtown Gunman Adam Lanza Had 'Obsession' with Columbine," BBC News, November 26, 2013, https://www.bbc.com/news/world-us-canada-25097127.

時間比較近，但同樣駭人聽聞的案子，是尼可拉斯．克魯茲（Nikolas Cruz）在二〇一八年的情人節攻擊佛羅里達州帕克蘭的馬喬里．史東曼．道格拉斯中學（Marjory Stoneman Douglas High School）。有關當局表示當時十九歲的克魯茲也曾在行凶前研究過科倫拜一案，而最終他是用一把AR-15半自動步槍造成了十七人死亡。

跟科倫拜案一樣的是，克魯斯留下了影片，而且影片裡也滿滿的是自我厭惡跟很顯然想出名的慾望。「我叫作尼克，我即將成為二〇一八年度的校園槍擊犯。」他喜不自勝地說。「等我上了電視新聞，你們就都會認識我了……我什麼也不是。我誰也不是。我的人生一文不值而沒有任何意義……我過著一個人的生活，我活在隔絕與孤獨裡。我恨每一個人，我恨一切。」[6]

嗯，這些話說的倒也不是全錯。事實上，他這些想用來提升自己地位，讓自己被人記得的行為，確實是一文不值而毫無意義。冷血地殺害無辜的生命，完全不會讓他浸淫在意義與崇高的光輝中。只有那些逝去的寶貴生命，才真正值得我們的尊榮、懷念、悲慟，也才值得獲得生命昇華的光芒。只有對逝者的追思，還有遺族在之後的日日月月所做的一切，才是這個等式中唯一有意義的東西。

校園槍手的名字，是一張列不完的清單。一如發生在職場上的槍擊案，現在會被說成是「發郵瘋」（going postal，postal指的是郵局，用going postal表示職場槍擊案，是因為自一九八六年的奧克拉荷馬州郵局槍擊以來，郵局就是美國輿論印象中，最常有槍擊案造成大規模傷亡的工作地點），失控的校園槍手也會被說成「重演科倫拜」。很顯然，科倫拜高中事件已不再只是某年某月的傷心過往，它已經擴大成為美國人的集體心理上，一道不曾癒合的傷疤。

我曾奔波於北美各地，一次次在演講中分享校園槍擊案的歷史、威脅評估技巧，還有談論美國社會該如何終結這種血腥殺戮。我甚至曾忝為作者，在二〇〇〇年發表了一本題為《校園暴力威脅管理》的論著。但不論再怎麼想宣布我們為了保護年輕學子與教育界同仁，讓他們不受生命威脅的努力，已經獲致了全面的勝利，我實在也是不能自欺欺人。事實就是，我們仍不斷看到孩子的冰冷遺體在堆積，也不斷看到有失去理智的年輕人用扣下扳機的方式，把扭曲心靈中的幻覺化為現實。隨著火力強大的**AR-15**與其他步槍愈來愈唾手可得，我們的生活正日復一日籠罩於死亡的陰影中。事實上**AR-15**已經儼然是在濫殺無辜的眾多槍手之間口碑極佳的愛槍。

6 作者註13。Michael James, "Parkland's Nikolas Cruz Made Chilling Videos Before Shooting: 'You're All Going to Die,'" USA Today, May 30, 2018, https://www.usatoday.com/story/ news/2018/05/30/parkland-killer-video-im-going-next-school-shooter/657774002/.

我研究這些罪犯已經有近二十五年之久，也曾與一部分在服刑中的凶嫌面對面。他們有些人會在牢裡度過大半的人生，有些則是在獄中靜待名為死刑的生命終點。很諷刺的是，在跟我有過言語交流的這些罪犯當中，讓我收穫最豐的竟是一個沒殺死任何一人的受刑人。這人所涉及的，是比科倫拜早大概十年的一場事件。他的案子，就像是預示著不斷升高的各種威脅，不論那些威脅的根源是缺人拉一把的孩子、是邊緣人對主流社會的反撲、是槍枝的取得愈來愈容易、是暴力泛濫的書籍或電影、是扭曲的童年期或雙親的忽視疏離——這林林總總，不時會成為校園殺手溫床的各種原因，如今我們都有一定程度的熟悉。

令人驚訝的是，我曾經對他的案子一無所悉，而那多半是因為我原本的研究重心是放在真的殺死了人的槍手——但很顯然這讓我產生了盲點。有次我人在洛杉磯某間學校裡主持給教職員進修的校園暴力威脅管理工作坊，結果一位老師主動跑來問我有沒有聽過傑佛瑞・考克斯（Jeffery Cox）的案子。這名女老師在一九八八年的事發當時，是考克斯在南加州聖蓋布瑞爾中學（San Gabriel High School）的同班同學。這代表這件事就發生在我家「後院」，從我住處過去不過數英里之遙。我不多了解一下說不過去。這算是比較元老級的案件，案情也相當耐人尋味。

而隨著對案情的了解愈來愈多，我也益發確定自己非得找到當事人、跟他談談不可。他才是後來一連串的發展，真正的起源。當年十八歲的考克斯衝進第四堂的社會課，手裡拿著AR-15，那是他正好幾天前達到自行買槍的法定年齡後，花錢購入的。他原本是想來挾持人質。

他其實沒有什麼周詳的計畫。他本來以為自己會死。也許殺死幾個人。也許逃之夭夭還帶走一大筆現金，就像他的偶像D．B．庫柏[7]那樣。這位庫柏在一九七一年挾持了一架從奧勒岡起飛的飛機，迫使其降落在西雅圖。他在西雅圖釋放了機上乘客，取得了二十萬美元的贖金。等飛機重新起飛後，他帶著贖金跳傘，並從此人間蒸發。

考克斯內心顯然有點矛盾衝突。「我有個想要傳達出去的訊息，」他在被捕後說，「我希望大家能脫下面具，褪去裝出來的形象，我希望大家能活得真真實實。我還是覺得自己的初衷沒錯，但我確實用了錯誤的方法去表達。我的行為確實愚蠢。」[8]我

---

7 D.B. Cooper。D．B．庫柏在登機時自稱丹．庫柏，後來是因為媒體的疏失才變成外界熟知的D．B．庫柏。

8 作者註14。Jesse Katz, "A High School Gunman's Days of Rage," Los Angeles Times, January 14, 1990, https://www.latimes.com/archives/la-xpm-1990-01-14-ga-143-story.html.

二〇〇一年四月份在亞利桑那州一間監所裡，與他見了面。關於他為什麼會在終於離開加州監獄後，又在亞利桑那二次入獄，我稍後會繞回來細說。簡單講，那就是一個人生嚴重脫軌的孩子，一錯再錯的悲劇故事。

隔著桌子跟這名一再自誤的年輕人面對面坐著，說實在你很難不可憐他。但監獄專屬的大呼小叫聲、鐵門關上時的猛力衝撞聲、還有鑰匙在監所職員的制服上晃蕩的匡啷聲，都把人拉回了現實。這，毫無疑問是一所戒備森嚴，最高安全級別的地獄。

他蠻討我喜歡。他聰明、機智、有什麼說什麼，而且想得也很多。他在獄中有了很多時間可以思索自己做過的決定，包括他顯然做了一些很糟糕的判斷，但其實他真的是被發了一手爛牌。其實他是有救的，就跟很多人一樣都是有救的，但就是一直沒人拉他一把，而人生的轉機就這樣一次次錯過了。

「關於一九八八年發生的事情，不知道你能不能把來龍去脈跟我說說。」我很溫柔地問了他，就像在跟自己的兒子說話。

「嗯，事情發生在那年四月，話說（一九）八七年的十一月，我有點在鬧自殺，還玩起了俄羅斯輪盤，結果一個同學把這些事告訴了我的高中輔導老師。她憂心忡忡地把我叫去，然後……過了幾個小時，我就被送進了南加大醫學中心（USC Medical Center）一間自殺防治病房。而當時我其實只是……那裡頭有很多問題真的很大條的孩子。我只是很傻。我覺得很不爽。所以後來……我出去之後，很顯然……我決定當個真正的白痴。」

考克斯所提到這件發生在十一月的事情，在某種意義上救了他一命，但也從此讓他落入了一條瘋狂螺旋，最終導致他做出去學校挾持人質的傻事。在朋友家中的一場派對上，抑鬱的他因為感覺到疏離與孤獨，而開始玩起了俄羅斯輪盤，工具是一把點三五七麥格農手槍。他在槍膛裡放了一顆子彈。當然，一個很明顯的問題是：為什麼家長不在場、未成年人開派對的場合上，會出現一把點三五七麥格農手槍，而且還被人拿去玩？我想各位讀者應該都知道這個問題的答案。

喀搭。喀搭。喀搭。

子彈自始至終沒有擊發，但他不一會兒就發現自己來到了洛杉磯郡暨南加大醫學中心的精神科病房床上。老天保佑，有個同學把俄羅斯輪盤一事通報給了學校的老師，輔導機制啟動，考克斯就這樣來到了醫院裡頭。在住院期間，醫師努力地想要進入他的腦中，減輕他自殺的念頭。原本應該在聖蓋布瑞爾高中繼續高三生涯的他，就這樣在醫院裡休養了兩週。

只是休養不等於好轉。因為有可能他裝出好轉的模樣，只是顧及面子，想保護他在同儕團體前的自尊。畢竟因為自殺傾向被關到醫院裡，是件蠻丟臉的事情。

我們現在知道自殺者與殺人犯的內心，其實存在著共通性。會讓人產生自殺念頭的時空環境，也同樣會讓人產生殺人的衝動，由此有自殺傾向者不僅可能傷害自己，也比一般人更可能傷害到別人。認知過於侷限、對於周遭環境與人際關係的感受能力縮減，還有遇到問題卡關欠缺另覓解法的能力，這些都會導致人在某種狀況下覺得殺人是唯一的解答。這些人所歷經的是情緒上的無助狀態，就好像人身處在另一端看不到光的黑暗隧道之中。

青少年的心靈又格外容易受到這種思考的影響——從自殺的傾向過渡到他殺的衝動——主要是青少年的大腦尚具可塑性，所以容易因為外力或同儕壓力而變形，同時許多青少年都欠缺成年人較常具備的健全推導能力，所以不容易根據各種可能性與因果關係得出理性的結論。當然我們不能一竿子打翻一船人——具備上述能力的青少年我也見識過不少——問題是不知出於何種原因，青少年就是比較無所謂於自己的行為會對旁人產生何種影響，也因此比較容易去擁抱自身黑暗的衝動。

考克斯最後被從醫院送回家，但很顯然他並沒有從這兩週的住院過程中帶回精神科醫師希望他得到的收穫。你甚至可以說這段過程反而產生了「醫源性」（iatrogenic）的效果，意思是醫院的治療反而成為他陷入病態的原因。

這都得從一本書《憤怒（暫譯）》（*Rage*）說起。這本小說是醫療中心的護士拿給他解悶的，是史蒂芬．金早期的作品——一九六五年他寫出這本書時還是個高中生，相隔約十年才以假名李察．巴克曼（Richard Bachman）出版。這本書的封面有點嚇人，上頭是一個看似生著氣的學生坐在課桌上，怒不可遏地瞪著現實中的讀者。

在封面那名學生的上方，印著一句彷彿預言了許多事件的話語：「他扭曲的心靈，讓安靜的教室變成了危險的恐怖世界。」[9]

這個故事講的是一名叫做查理．戴克（Charlie Decker）的年輕人因為恐嚇一名老師而被叫進校長辦公室，而他最終的下場則是遭到退學。

出了校長室的戴克直奔置物櫃，從中拿出了一把槍，幹掉了兩名老師，然後挾持了整間代數課的同學當作人質。挾持演變成對峙，接著學生很快地就斯德哥爾摩症候群發作，開始認同劫匪超過想要讓這場對峙落幕的校方與警方。

戴克對警察提出了一些要求，並威脅警方不照辦就要拿學生開刀。他最終被警長的子彈擊中，但保住了小命，後來還在法庭上因為心神喪失而獲判無罪，只是強制住進精神病院。

故事的收尾是戴克對讀者喊話說：「這就是結局了。我現在得去把燈關了。晚

9 作者註15。Richard Bachman, Rage, (New York: New American Library, 1977).

安。」

據稱在一系列的校園攻擊者（包括考克斯）表示他們受到這個故事啟發後，史蒂芬．金主動聯絡了他合作的各出版社，讓這本書在一九九八年逕行絕版[10]。像是在一九八九年，肯塔基州就有一名十七歲的學生挾持了同學九個小時，動機顯然就是為了重現《憤怒》小說中的場面。一九九六年，華盛頓州一名十四歲的少年在小說的啟發下，射殺了他的代數老師與兩名班上同學。事隔一年，另一名肯塔基州學生對校內的某禱告會開火，釀成三死，事後有人發現他的置物櫃裡放了一本《憤怒》。

在二〇一三年一篇名為〈槍〉（Guns）的文章中，史蒂芬．金說《憤怒》寫成於一個與當下非常不一樣的時空環境下。「我在想如果這篇故事寫成於今日，然後被某位高中英文老師讀到，他應該會抓著稿子直衝輔導室，而我則會被十萬火急地送去治療。」這位名作家寫道。「但一九六五年跟現在就像是兩個世界。那是一個你上飛機不用脫鞋，高中校門口沒有金屬檢測器的年代。」

史蒂芬．金說《憤怒》一書毫無遮掩地描繪了那些「刺眼的真實」，那些無分過去或現在，始終瀰漫在許多高中生心靈中的種種恐怖光景與情緒。但他之所以將之下架，是「因為內心的判斷告訴我這書會傷害人，而既然會傷害到人，那就只有下架才是負責任的做法。」史蒂芬．金一邊寫道，一邊趁機傳達了美國必須推動槍枝管制的訴求。「除非這個國家的擁槍勢力願意跟我一樣把事情想通，否則攻擊性的武器永遠會輕輕鬆鬆落在瘋子的手裡。他們必須把責任承擔起來，必須認清擔起這份責任，並不表示自己就會突然變成萬箭穿心的罪人。」

史蒂芬．金接著提及並闡述了一些關鍵的話題，內容都符合我們身為心理學家已然了解會誘發出校園槍擊案的真正原因。「並不是薄薄的一本小說，就會讓（槍手）做出這些事情來。他們是心理問題深重而不快樂的少年，是在校被霸凌、在家飽受家長忽視或根本被虐待，因此遍體鱗傷的少年，我的書並沒有讓他們崩潰，或是將他們變成殺手；他們會對書中的特定內容產生共鳴，是因為他們原本就已經支離破碎。但話說回來，我確實認為《憤怒》是一種催化劑，所以我才會主動將該書下架。明知道有孩子想點火的地方，我們自然不會還留一桶汽油在那兒。」

如此為大局著想與負責任的態度，令人佩服——槍枝產業，該醒醒了。確實，考克斯無疑內心支離破碎，那顆心悶燒著不滿，而最終是《憤怒》一書將他腦中的火苗

10 作者註16。Tyler McCarthy, "Why Stephen King's School Shooter Book 'Rage' Is Out of Print, and A Copy Costs $500," Fox News, May 14, 2018, https://www.foxnews.com/entertainment/ why-stephen-kings-school-shooter-book-rage-is-out-of-print-and-a-copy-costs-500.

點燃。那書對他的影響深遠。他完全可以將自己代入書中的角色心境。考克斯就跟戴克一樣，覺得自己看不到未來。

無助感正在將他的內心狠狠撕裂。他要讓所有人都知道自己錯了，他要讓所有人都知道，這種結果是他們造成的。

「書中有個很有趣的設定是，你知道，這孩子會把他的同學全都控制住，然後有點利用這個機會去打破那些牆壁，就是很多人在高中階段會去蓋起來的中二牆壁，小圈圈什麼的，大家都曾熬過的那些狗屁倒灶的東西。」考克斯對我說。「而我一看就覺得這是個不錯的主意。」

傑佛瑞·考克斯的雙親是傑瑞與芭芭拉·考克斯，而這兩人的婚姻從芭芭拉懷上傑佛瑞的那一刻起，就已經開始崩解。他們很快就走到了分居這一步。

考克斯的父親是一名造景建築師，也是他口中對他期望甚深的嚴父。這樣的父親會讓他穿上領口有兩顆釦子、可以釦到頂的牛津式襯衫、西裝褲，還有甚是講究的鞋子，盛裝打扮地去上學。他要考克斯每一科都拿A，將來還要上進常春藤聯盟的大學。

但依照考克斯所說，那完全違反他的本性。他從來不覺得自己有朝一日可以過起朝九晚五的日子，做著穿西裝打領帶的工作，只是為了父親，他還是卯盡全力演戲，直到大約十四歲那年與父親分離。

跟隨因為銀行經理工作而經常加班的母親生活後，考克斯偶爾會覺得沒有人關心。甚至於有的時候，他說，母親會莫名其妙對他發脾氣。他被困在分別由父母親所代表，兩個不一樣的世界之間，他不知道自己長大該成為爸爸希望的那種人，還是媽媽希望的另一種人。那對他來講是一段困惑到不行的時期。所以他去了這兩種世界以外的地方尋求認同與接納。他結交了學校裡最吃得開的那群人，開始跟他們夜夜笙歌。他一心想要找到，嗯，自己。

但這一切都沒有能為他的急墜踩下煞車。他，早已迷失了。

「所以我耐心地等到了十八歲，因為十八歲才可以買槍。」他在我們的監獄面談中告訴我。「於是在滿十八歲的四月八日那天，我出門去買了把AR-15外加大量的彈藥，然後我就下定了決心。」

這決心不是說說而已，他真的做了。

一九八八年四月二十六日，考克斯抵達了聖蓋布瑞爾高中的校園，蓄勢待發地要執行他的計畫。他的半自動步槍大到無法塞進運動提袋中，所以他找了個箱子來裝，而背在肩上的袋子則放著他口中的「有的沒有的垃圾」——幾本書、一些錄音帶、幾支無線電。

來到在教室門口，他先是從箱子裡拿出了步槍，完成了彈藥的裝填。「突然有人開了門要離開，而我……根本連她名字都想不起來，但我還是請她退回教室內。她照辦了。」話說到這裡的考克斯把目光轉到了地板上，臉上露出了擔心的神情，就好像是在為了接下來要告訴我的事情，尷尬了起來。

「老師馬上就問起我在幹嘛，現在是怎麼回事。而我告訴她，『嗯，你們現在是我的人質了。』她一聽非常生氣。我請她離開現場，我不希望她在這裡，但她拒絕了。後來是我威脅了前排座位離我幾英尺的一個同學，她才願意離開。」

學生開始瘋狂地衝向教室的一扇後門。

考克斯瞄準天花板，開了一槍。

「大家這才不跑了。所有人都僵住了……我記得有人打了校內的內線到教室來，我接起了電話，而另一頭不知道是誰對我說『出事了，你得把同學全部帶出教室』，然後嘰哩呱啦說了一堆，而我就回了他們一句，『你打到出事的教室了。』然後我就掛了。」

他停在這裡，一前一後地開始搖頭晃腦，然後帶著羞愧的表情，閉上了眼睛。

「然後我記得我開始口沫橫飛地高談闊論，我說槍也太容易到手了吧，還說這樣不太對吧之類的，然後大家開始問起問題：『現在是怎麼回事？』、『發生什麼事了』，我記不清楚全部的細節了，但我確實記得我說自己如果要開始對人開槍，那我會從不認識的人開始射。就好像那樣可以讓我舒服一點似的。」

這場折磨了許多人的酷刑延續不到兩個小時，期間他要求了一百萬美元的贖金，並說他想去巴西，然後顛三倒四地談論了他這麼做的其它各種理由。事件最終結束在了考克斯事後所稱的「反高潮」，主要是他先被一擁而上的學生擒抱，接著被大批全副武裝的警員衝進來制伏。他就此被順利地關押起來。在衝突當中他曾嘗試再次開槍，但不知道誰的衣物卡住了步槍。

「你原本的計畫是什麼？」我問了他。

他看著房間四周，眉毛揚起，嘴唇緊緊抿在一起。「啊，計畫。嗯嗯。我原本以為我會想在眾目睽睽下自殺。我想說，你知道的，我們來花一整個下午談談心，把一些問題說開來，然後在這個偉大的行動瞬間，我就，噗呦，把自己射一個腦漿四溢，懂嗎？我還怕吃虧嗎？

「但後來我想說，管他的呢，我來要點錢好了，我來當當看那個拿了錢逍遙法外的人好了……新時代的D．B．庫柏……我會想辦法從教室逃走，我在想我那個當下應該是見機行事，走一步算一步。」

很顯然考克斯的計畫，就是沒有計畫。他只是個聰明過人但也一蹋糊塗的孩子。

他做了一個爛得離譜的決定，而他能活到現在也算是一個奇蹟。他的世界在犯案前坍縮得太過嚴重，以至於他陷入到一個覺得自己別無選擇的心境中。而既然已經走投無路，他想說至少讓自己因為某件事被人記住吧，什麼事都好。

「其他人都前途一片光明，準備變成醫生或律師……而我的未來只能沒沒無聞。我只不過是另外一個無人聞問的蠢貨而已。這我可受不了。」他說著露出了一道緊張的笑容。「再深入往下想，我就得去觀照自己的內心，而我一點也沒有那樣的勇氣。你愈是去深思，你會愈發現自己其實條件一點也不輸別人。既然如此，那我為什麼會把事情搞砸呢？我是為了要氣死我爸嗎？那真是太好了……我就是這麼告訴自己的。所以我就想說，你知道，這樣好像也不壞。我會被記住。那會在恐怖裡帶有一絲幸福，我猜。沒有人會忘——忘得了我。確實，這樣有點自私，但管他的呢，我不就是個小孩。」

而他確實是個小孩。如今回過頭，我能看出他所了解到的，是一件我在研究其他校園槍手時所深刻感受到的事情，一種我們可以在幾乎每一件個案裡觀察到的思考模式，不論槍手最終是死是活。他眼中的世界非黑即白，毫無灰色地帶。

「除了眼前的兩個選項，我們從來不覺得自己還有第三種選擇，而那就是我在那個當下的想法……我覺得自己就只剩這一條路好走了，我沒得選了。我只能這麼做下去了。」他對我這麼說。世界非黑即白就算了，這當中還有一種令人揮之不去的想法是，計畫一旦就位並啟動，那股前進的動能就會摧枯拉朽而讓人無法停手。我們稱之為一種「宿命感」。

從沒有人問起他無線電的事情——眾人想當然耳地認為他帶著無線電，只是因為這孩子蠢。但其實其中一支無線電是準備用來跟包圍區外的一個朋友溝通。事實上，至少有六個朋友在事前知道他的計畫，也知道他取得了步槍，但就是沒一個人站出來分享情報。

考克斯被判處五年有期徒刑，但因為審判期間的羈押也算進刑期，所以在一九九〇年獲釋。在獲釋後不久，他就結交了損友。顯然在服刑期間受到若干冷血罪犯影響的他，再一次尋求融入同儕，只不過這次他的同儕可不是高中學生那麼簡單。

他最終在一九九二年涉入了與毒品交易有關的凶殺案，共犯是幾名亞利桑那州人。他被捕的時候，冰箱裡被搜出了被害者的屍塊。這次考克斯被判處有期徒刑十七年，罪名是二級謀殺。他在二〇一〇年第二度獲釋。

我知道以考克斯不只一次的犯罪史，尤其第二次更是惡性重大，他的人格顯然有著相當的缺陷。但從他身上得知的種種，仍成為了我在全美巡迴演講校園槍擊防治，包括美國社會可以從事哪些預防手段時，一些非常核心的內容。所以說我們究竟該怎麼做，才能幫助到這些孩子，才能在還不嫌遲的時候把他們拉回來，不讓他們成為下一個考克斯呢？

我知道對許多人來說，特別是對受害者或其遺族來說，要對這些凶嫌懷抱惻隱之心是強人所難。而且老實說，他們也不是每個人都值得同情。但在我不斷深入研究的過程中，在我廣泛挖掘他們的背景、他們的養成過程、他們的人際關係、他們的同儕，並與還活著的他們面對面交談之後，我可以確信在事情演進到校園槍擊的這最後一步前，曾經有許許多多的變數在交互作用。

有時候我們做為一個社會整體，也必須要共同去挑起一些責任。為什麼槍枝在美國如此氾濫而且唾手可得？還有許多時候是父母親要負起最大的責任。他們是不是虐待了孩子？是不是助長了孩子的行為？是不是忽視了對孩子的管教與關懷？還是他們根本就不在孩子身邊？是不是把槍留在家裡隨手可得之處？

其實就連艾瑞克．哈里斯與狄蘭．克萊伯德在犯下科倫拜案之前，都不是完全無可救藥。雖然他們的意圖相當邪惡，這點無庸置疑，但他們也確實在事前就計畫的概要給了外界很多線索。如果當時的我們有現在對這類孩子的了解程度，科倫拜的慘案是非常有可能避免掉的。

克萊伯德的母親，蘇（Sue），曾在二〇〇九年的《歐普拉雜誌》（*O, The Oprah*

Magazine）上發表過一篇文章來探討科倫拜案。「狄蘭改變了關於我自己、上帝、家庭，還有愛，我曾經相信過的一切。」她在撰文中寫道。「一看到他的日記，我就知道狄蘭沒打算活著從學校裡出來。」[11]

她或許不知道狄蘭有什麼特定的暴力計畫，但她確實不只一次意識到了各種警示，包括他曾在大屠殺的幾週前交出一篇充滿暴戾之氣的報告，還有就是狄蘭跟她開口要一把槍作為聖誕禮物。而這都還沒算進他在高二那年惹出的各種麻煩，包括在置物櫃上用反同的標語塗鴉，包括駭進學校的電腦系統來取得同學的置物櫃密碼，還有他曾經非法闖進一輛廂型車中。

蘇・克萊伯德抱怨學校的後續處理可能造成了「他的疏離」。緊接著非法闖進廂型車與後續的「轉向計畫」（diversion program：將少年犯由司法體系轉向非司法機構來減少其刑事犯罪烙印）後，她曾經問過狄蘭，「你需要心理輔導嗎？」他的回答是，「不用，我會證明給妳看我好好的。」她說她的「逃避心態非常嚴重」，還說如果當時有人帶著暴力計畫的細節去找她，「我多半會覺得自己的孩子幹不出這種事來。」

---

11 作者註17。Susan Klebold, "I Will Never Know Why," O, The Oprah Magazine, November 2009, http://www.oprah.com/omagazine/susan-klebolds-o-magazine-essay-i-will-never-know-why.

很顯然，她跟孩子脫節了，她輕忽了孩子身上的變化，並把與孩子疏離的責任一部分怪到學校頭上，而沒有想到孩子身邊是不是缺少了由父母所提供的行為框架、邊界與限制。她唯一承認的錯誤是沒有多聽孩子說話[12]。

在二〇一二年的《背離親緣》（*Far From The Tree*；書名副標是那些與眾不同的孩子，他們的父母，以及他們尋找身分認同的故事）一書中，作者安德魯．所羅門（Andrew Solomon）講述了蘇．克萊伯德在得知兒子是其中一名槍手後，是如何祈求他能自我了結。「我眼前突然浮現了他可能正在做的事情。於是當利托頓市所有母親都在祈禱孩子平安無事，我卻得祈禱我的孩子能在他傷害了誰之前就先行死去。」她這麼告訴所羅門[13]。

她後來自己也寫了一本書，名為《我的孩子是凶手：一個母親的自白》（*A Mother's Reckoning: Living in the Aftermath of Tragedy*），並宣稱想藉此分享她的見解，以供其他家庭判斷他們的孩子是否遇到了難關。但在不久前聽了她的演講後，我並不覺得她真正理解了自己少做了什麼，或是她該提供而未提供的架構是什麼。不過關於孩子鑄下大錯後的家長要面對什麼樣的生活，她所傳達的訊息倒是無可反駁。

如今既然對科倫拜效應有了一定的認識，我們每個人就都有更大的責任去關注、干預、救援身為潛在受害者或加害者的每一個孩子。其中關於在懸崖邊緣被攔下來的準槍手，我們往往會面臨到一些困難的選擇與問題。我們有必要隔絕這些孩子來保護社會大眾嗎？要的話是多久？這些孩子的問題真的教化得了嗎？在我的經驗裡，這些所謂的教化或治療，針對的都是傳統上的變數，而忽視了許多更切中關鍵的問題，包括像是：我們有沒有讓這些青少年不再享受在腦中回放的暴力電影，有沒有讓他們換一批英雄崇拜，有沒有讓他們戒除想像中的權力，有沒有設法讓他們開始在意一些事情，而不要再繼續囤積他們認為的不公不義？

太多時候我看到的報告都是：「強尼在少年監獄裡表現良好。他未曾與人發生衝突，該去的團體也都有去。」但左看右看，你都看不到有誰去詢問他，去跟他對話，看看那些直接讓他變成危險人物的變數有沒有改變。這，實在很難讓人安心。

但話說到底，誰才真正應該為這些案子負責？我建議的答案是：犯案的凶嫌，還有那些幫他們排除障礙的人——因為這些凶嫌是真心想犯下那些案件。

---

12 作者註18。Sue Klebold, “My Son Was a Columbine Shooter. This is My Story,” Association of Threat Assessment Professionals Annual Training Conference, August 14, 2019.

13 作者註19。Andrew Solomon, Far From the Tree: Parents, Children and the Search for Identity, (New York: Scribner, 2012).

前面說過，在哈里斯與克萊伯德犯下科倫拜槍擊案的一年多一點前，他們曾先因為擅闖他人的廂型車被逮捕過一次，由此他們遭到了竊盜、毀損與侵入等罪名的起訴。這之後他們被認定已經教化完成、應獲得機會重新做人，同時他們還已經走完了包括社區服務、心理輔導與治療等「轉向計畫」的流程。你不用擔心這樣不夠他們全身而退，因為此外還有民間律師會大聲疾呼對他們網開一面，讓只是初次誤觸法網的他們連前科都不用留。這些大人難道一點責任都不用負？他們憑什麼在警方與校方在槍擊案後變得千夫所指，成為究責對象的同時，集眾人之力替這些少年犯的治療與教化效果背書，還替他們爭取輕判？

雖說不是每一個校園槍擊犯都是從科倫拜案得到靈感，但我們確實可以看到類似的主軸牢牢地扎根在年輕人常見出於恨意的孤注一擲中。這些年輕人想尋死，想拉人墊背陪他們一起死，想用死去懲罰那些他們認為把他們逼上絕路的傢伙。不少槍手都表現出一種無助或被拒的感覺，一種在同儕中是邊緣人的感覺。他們被霸凌、被忽視。他們覺得既然自己跟社會沒有任何瓜葛，那索性就來遺臭萬年吧。鎔鑄出這股動能的，是悶燒的怒與憤。最終的復仇大計，就是由這股憤恨轉化而成。

艾凡·拉姆齊就能證明，他們可以在外力介入下懸崖勒馬。

一九九七年的二月十九日，在阿拉斯加鄉間的小鎮伯特利，十六歲的艾凡·拉姆齊（Evan Ramsey）帶著獵槍走進了他就讀的高中。短短十五分鐘，他開槍造成校長與一名學生命危，另有數人因此受傷。

相較於傑佛瑞・考克斯等人，拉姆齊的童年格外坎坷，而且還是一種跟其他凶嫌不太一樣的坎坷。正如條條大路通羅馬，暴力之心的養成也有多種原因。相對於考克斯的爸媽是有心把孩子教好但抽不出空來，拉姆齊的爸媽則是一塌糊塗，更別說取代他爸媽的人事物更是不堪入目。

一九八六年，他父親唐・拉姆齊（Don Ramsey）氣憤於《安克拉治時報》（*Anchorage Times*）的發行人抽回了他付費想刊登的一篇火爆的政治廣告，怒不可遏地衝進了報社大樓，拿槍把那裡射了個翻天覆地。雖然沒有鬧出人命，但他還是因此服了十年的有期徒刑。

自此拉姆齊家在短時間內分崩離析。拉姆齊跟他的兩名兄弟，看著母親在長期酗酒的過程中失去了理性；三兄弟覺得母親放棄了他們而選擇了酒精。少年們被帶離了原生家庭，開始經年累月在寄養家庭間來來去去，其間拉姆齊宣稱遭遇了毆打與性虐待。

在校反覆受到霸凌的他原本會去報告老師，但他說學校的大人要他睜隻眼閉隻眼，不然就是要他咬牙硬撐。大人說這只是個階段，總有一天會過去。但他一直沒等到那天。水深火熱的他真正希望獲得的，是某個成年人——隨便誰都可以——來幫忙他處理內心的絕望與抑鬱，也讓他不用再對各種狗屁倒灶的事情忍氣吞聲。但他一直沒等到這個人。

他最後輾轉來到蘇．海爾（Sue Hare），也就是他所屬學區的督學家中生活。案發之後，她滿懷著罪惡感對《安克拉治每日新聞報》（*Anchorage Daily News*）說，她真心相信拉姆齊也是受害者。

「如果有人想要找個人來同情，我衷心推薦艾凡。」海爾如是說[14]。

拉姆齊在校內展開對峙時，原本是想尋短的，但他後來改變了心意。這不是他第一次抱持自殺的念頭。他至少有一次想走進阿拉斯加的某條河把自己溺死，但被目擊的旁人給勸了回來。

他的暴力意圖非常深重。他從家中玄關拿到了手上的槍，因為那把槍就大剌剌擺在那，連開抽屜或開櫃子的功夫都省了。槍在阿拉斯加固然是家家戶戶都有，但你怎麼也不該讓槍在像拉姆齊這樣的孩子面前晃啊晃。

「我滿腔的怒火。我不懂為什麼大家要針對我。我真的很納悶。」他低聲而悲傷地在二〇〇一年的監獄探視中，對我這麼說。

「把你計畫背後的心境跟我說說。」我另外幫他起了個頭。

「我是想說去那間高中做點什麼，嚇嚇所有人，讓他們少來煩我。」

拉姆齊並未守口如瓶，他在事前把計畫跟幾個孩子說了，但他說聽到的同儕反應都是鼓勵他，沒有人嘗試勸他別這麼做。拉姆齊跟其他孩子說了他想自殺，結果他們說你與其自殺，不如幹掉那些對你不禮貌的人，這樣別人就會尊敬你，把你當回事。那些孩子甚至一鼓作氣地教他怎麼用槍。等他拿著槍出現在學校，一小群孩子已經聚在那兒，等著看熱鬧。沒有一個人把這事告訴大人。

事實上，有兩名知情不報的少年，包括其中一名就是教拉姆齊用槍的那個，後來在少年法庭遭起訴為拉姆齊的共犯。

拉姆齊是到了校園對峙的尾聲，在他已經拿槍射了人之後，才意會到自己並不想死。他在警方抵達現場後朝圖書館跑去。他開了幾槍，警方也朝他回擊。

「我不想死！」拉姆齊大喊，然後扔下了獵槍投降。

他正在服總長一百九十八年的有期徒刑，二〇六三年之前不得假釋，到時候他如

14 作者註20。Lisa Demer, "Evan Ramsey's Tattered Life Filled Him with Rage. Then He Brought a Shotgun to School," Anchorage Daily News, February 18, 2017, https://www.adn.com/ alaska-news/2017/02/18/evan-ramseys-tattered-life-filled-him-with-rage-then-he-brought-a-shotgun-to-school/.

果還活著，也已經八十二歲了。諷刺的是他現在就關在他父親曾經關過的牢房。有其父必有其子。

他顯然是個問題很大的孩子。

「犯案前幾天，你腦子裡在想什麼？」我問他。

「我在想所有的痛楚與苦難就要結束了。」

拉姆齊的案例，集合了其他每一位校園槍手身上看得到的跡象與主題：自殺傾向、自我價值的否定、住處槍枝的儲存失當、認為錯在別人身上、家庭功能不彰、把暴力當成自身所有問題的解答。

時至今日，上述這些思想得到的迴響更大，主要是在這個後科倫拜的世界上，多的是忿忿不平、對社會不滿、而且每天在社群媒體裡泡著的年輕世代。他們覺得自己什麼都不是，卻又覺得自己什麼都應該是，為此他們相信槍是一切的答案，而殺戮可以解決他們所有的問題。

美國的問題一部分出在太多人擁槍——在於我們欠缺勇氣去承認，槍枝的有無，決定了被害人是受傷或亡故。莫洛伊博士跟我追查了發生在中國的幾起校園暴力事件，結果發現中國類似事件的受傷者很多，但死者相對極少。你問為什麼？很簡單，中國沒有開放槍枝。攻擊者手裡拿的不是槍，而是榔頭或刀刃，因此受害者有機會持靶子或其他工具自衛或反擊，而他們也確實這麼做了。

事實上中國政府特地撥了買靶子等工具的預算給學校，為的就是讓師生在遭受攻擊時可以隨手有東西捍衛自己。你沒聽錯，是靶子。只要暴力犯手中沒有槍彈，你只需要一根靶子就有機會活命。

把代表擁槍權的美國憲法第二修正案當咒語來唸，也永遠喚不回死者寶貴的生命，更不能撫慰遺族的哀慟於萬一。只不過在此同時，擁槍的遊說團體還是會繼續把鈔票塞滿政客的口袋，讓他們一屆屆地連任，也一次次拿他們的政治影響力去換取金錢利益，至於被犧牲的則永遠是廣大的社會公益。同樣的槍枝管制一直爭論到今日，手拿美國國家步槍協會（National Rifle Association）髒錢的政客也一直妨礙美國以有意義的方式防止槍枝落入身心不穩定的危險人物手中。

在這場論戰的彼端，我們會看到如美國公民自由聯盟（American Civil Liberties Union）等所謂的公民自由主義者在阻擋有意義的改革，為此他們即便針對最嚴重的暴力犯，也極力反對強制收容（於相關機構）等限制性的管收選項。他們宣稱那是對公民權的一種侵犯。近期才加入戰局的這個美國公民自由聯盟反對——你沒看錯——反對立法標註因為嚴重心理疾病而無法自行管理社會安全（Social Security）福利的個體為高風險人物。他們主張即便是有（心理）障礙者，也不該被自動被剝奪憲法賦予他們的權利[15]。按照他們的邏輯，嚴重到讓人無法自行管理社會安全福利的病情，並不會影響你安全使用槍枝的能力？這真的說得過去嗎？

這些團體張口閉口，都是生命、自由、與追求幸福的種種人權，但被那些狂人所傷甚至殺害的人，他們的權利又有誰來幫忙發聲呢？為了預防這類校園槍擊案，我們顯然得更加努力，而這當中一個很重要的起點，就是立意良善且符合常識的槍枝管制措施。我們需要讓這些措施替我們把關，避免槍枝落入不穩定的孩子之手。

但那也只是個開始而已。更重要的是我們作為一個社會，必須要跨出第一步去增加對年輕世代的關懷。別誤會，我相信他們雖然只是十來歲的青少年，但他們當中不少人，甚至是大部分的人，都應該為自己犯下的罪孽接受法律的制裁，因為不論犯案當下的情緒有多瘋狂，他們都還是大致能辨別出是非善惡。只是說在今天這個被臉書與YouTube淹沒的社群媒體時代中，大部分校園槍手都會在計畫執行之前很久，就有意無意地發送出線索。那有時候是他們在吶喊呼救，有時候是他們高聲反覆地在單方面地宣戰。只是很多時候，這些宛若「法特瓦」（fatwa；伊斯蘭教令）的聲音，往往只會石沉大海，或是被他們周邊的人置若罔聞。

芬蘭一名校園槍手在他大開殺戒前的幾個月內，在YouTube平台上發布不下七十支影片，包括犯案當天也有，而影片裡都曾提及他的殺人計畫。相隔一年，另一名芬蘭校園槍手在鎖定了他就讀的大學之餘，也上傳了影片到YouTube。這次有人報案，但警方光憑影片內容，並不覺得他們有足夠的證據沒入私人槍枝或或將人強制送醫。

他隔天便發動了攻擊。

讓我把話說清楚。我研究並教授校園威脅管理的目標不只是拯救未來的無辜受害者，也是想拯救未來那些打算行兇的人。你我不論是他們的爸媽、師長，還是同儕，我們都同樣有責任去留意身邊的人事物，去適時介入、去進行讓人不愉快的對話，去把眼睛睜開，停止用錯誤的樂觀去希望那些讓人惶惶不安的行為只是青少年期的一個過渡階段。

我們經不起再自欺欺人了。我們該看的要看，該說的要說，因為大部分校園槍手都會把天機洩漏——他們都會在事前把計畫透露出來。而只要他們的計畫傳進了執法單位的耳朵，知識淵博的專家就能判斷那當中有無值得我們警覺，屬於「路徑式思維的警示行為」（pathway warning behavior），包括尋找武器、想法陷入偏執（堅認為復

15 作者註21。German Lopez, “Yes, Congress Did Repeal a Rule That Made It Harder for People with Mental Illness to Buy a Gun,” Vox, October 3, 2017, https://www.vox.com/policy-and -politics/2017/2/3/14496774/congress-guns-mental-illness.

仇與暴力是他們問題的解答）、能量迸發式的警示行為（對暴力思想與行動進行籌備與預演），還有無計可施的心情（言談中流露絕望、對不可逆的孤注一擲行動設定日期跟時間）。或許不是百分之百，但這些變因絕對高度相關於為數眾多的校園槍擊或其他類型的校園暴力。

在近期屢見不鮮的校園槍擊案後，倖存者、死難者遺族，乃至於執法部門之間興起了一股運動，他們訴求媒體不要美化這些殺人凶手，因為那只會讓想循此途徑尋求遺臭萬年的人，在未來變得更加大膽。他們希望媒體不要宣傳殺人凶手的姓名，不要公布他們的照片，甚至不要討論他們的犯罪內容與動機。他們希望媒體只關注一個焦點，就是受害者。

媒體對於凶嫌的報導與對他們人生跟罪行的渲染，會與未來校園槍手的行徑存在某種正相關，這點我在某個程度上是同意的，但我也同時認為撇過頭去不去研究他們的動機、成長過程、思考過程，還有行凶前的各種行為，對我們不見得有利。

我們固然絕不想浪漫化他們的行為，但我們可以去深究他們為什麼會犯下這樣的罪孽，然後將研究結果分享給更多人，我們才能對該注意哪些警訊有所掌握，也才能有機會在下一次慘案發生前未雨綢繆。作為一個社會整體，我們必須提升自己在那些困惑年輕人生活中的存在感，否則下一場一模一樣的案件發生只是時間早晚，而且到時我們又會看到一模一樣風雨欲來的痕跡，被人在事前視而不見或丟著不管。

搞不好傑佛瑞・考克斯是可以救回來的，搞不好很多人都是可以救回來的。考克斯曾希望有人能攔住他，告訴他那計畫太瘋狂，讓他知道自己也可以過著跟別人一樣的平凡生活。他說他跟好幾個朋友說了他的計畫，卻沒有一個人阻攔他——還是那句話，我們浪費了太多可以力挽狂瀾的機會，就這樣眼睜睜看著校園槍擊一而再、再而三地發生。

「我想我是希望被勸回來的。我知道我是想被勸回來的，但就是完全沒有人這麼做。」考克斯告訴我。如果有人，任何人，能夠及時轉到考克斯的頻道上，聽聽他的抑鬱，了解一下他是如何沒有能完成包括心理治療在內的各種風險控管方案——那或許他的所作所為就能被逆轉。

在考克斯的案例中，他第二次的判斷錯誤——涉入亞利桑那州的凶殺案——也是有機會避免的。「我現在懂了，回頭看你就會懂，」傑夫（考克斯）緊閉著眼告訴我，他的呼吸中帶著自責與氣憤，「天啊，一個人到底能蠢到什麼程度？」

而我則會狠狠地說，我們又到底能蠢到什麼程度？

第五章

視死如歸——暴力狂信者

「一場運動的方向決定於文人手中，成形於狂熱者手中，最終鞏固於行動者手中。」

——艾瑞克・賀佛爾《狂熱份子：群眾運動聖經》（*The True Believer: Thoughts on the Nature of Mass Movements*）

提摩西．麥克維（Timothy McVeigh）終於受夠了。

他受夠了政府在像韋科[1]與紅寶石脊[2]這樣的地方殘殺自己的百姓，受夠了政治菁英老是想打壓美國人民的自由，受夠了憲法第二修正案被開腸剖肚，受夠了美國賴以立國的各種人權遭到剝奪。他想像中的自己，將會是第二次美國革命的元勛。

行動的時候到了，一九九五年四月十九日，他開著一輛滿載爆裂物的卡車來到奧克拉荷馬州阿弗列．P．穆拉聯邦大樓（Alfred P. Murrah Federal Building）的前面，然後若無其事地步行離開。幾分鐘後，爆炸的威力將大樓撕成碎片，造成包含十九名孩童在內的一百六十八人罹難，外加六百五十餘人受傷的慘案。他完成了自己賦予自己的任務，也創下了在二〇〇一年的紐約九一一恐怖攻擊之前，美國本土上傷亡最慘重的一次大規模殺人案。

這項犯行後來使他被處以極刑。

賽伊德．里茲萬．法魯克（Syed Rizwan Farook）與他的妻子塔什芬．馬利克（Tashfeen Malik）怒闖了加州聖伯納迪諾的內陸區域中心（Inland Regional Center），而當時中心裡有數十名郡立公衛部門的員工正在租來的宴會廳裡開聖誕派對。這些區域中心同仁平日的業務，是為身心障礙的市民朋友服務。

這對殺人鴛鴦帶著威力驚人的多項武器，在二〇一五年十二月二日這個星期三，有備而來地來到了案發現場，並在之後的一團混亂中造成了十四死與二十二傷。

法魯克是在美國出生、雙親都來自巴基斯坦的移民第二代，平時是聖伯納迪諾郡政府的衛生部門員工，而他出生在巴基斯坦的妻子馬利克則擁有在美國的永久居留權。就在槍擊發生的前夕，她曾於臉書上對伊斯蘭國宣誓效忠。雖說有關當據相信法魯克與馬利克是在網路上形成的自發性極端分子，但伊斯蘭國作為一個恐怖主義集團也馬上就跳出來認領功勞，他們宣稱這兩人作為「伊斯蘭國的追隨者」，是以「志願兵」的身分執行了此次攻擊。

夫妻二人皆死於與警方的駁火中。

凱撒・阿爾提埃里・薩尤克（Cesar Altieri Sayoc）是美國總統川普的死忠支持

---

1 Waco。韋科慘案，又稱大衛教慘案，是美國美國菸酒槍炮及爆裂物管理局（ATF）從一九九三年二月二十八日到四月十九日，前後歷時五十日對德州韋科的大衛教營地進行的圍剿。其中二月二十八日的第一次突襲造成四名特種部隊與六名教徒死亡，四月十九日的最後攻堅造成含教主大衛・考瑞許（David Koresh）在內，逾七十名教徒的喪生。

2 Ruby Ridge。紅寶石脊位於美國愛達荷州。一九九二年八月下旬，被控非法擁槍且未依規定出庭的藍迪・威佛（Randy Weaver）偕親友脅持人質，並與美國法警暨聯邦調查局對質長達十一日，最終造成威佛的兒子、妻子與一名法警死亡。

者，他把川普在二〇一六年競選過程中的火爆言論完全聽了進去。川普的發言完全正中他的下懷，而他對川普的支持更上一層樓，是因為聽到川普在就任演說對舉國宣布：「這個國家裡那些被遺忘的男男女女，從此將不再被忘記了。」

薩尤克自認也是被忘記的一員，也覺得在這場戰鬥中，終於有人站在他這邊了。他在推特與臉書上怒嗆前總統歐巴馬與電視主持人歐普拉，包括用上了許多帶有種族標籤的形容詞，他對前任副總統拜登語帶威脅，然後他還大力讚揚川普與其保守主義的理念。

很快地他就劍及履及，為了替川普總統對抗那些反對勢力，而成為了一名行動者。有關當局說在二〇一八年底，薩尤克寄出了十六件土製爆裂裝置給被他鎖定的十三個人，目的是想創造出一種恐怖威脅的氣氛，並藉此來震懾所有他認為汙衊了川普的人。這些目標裡包括川普平日最愛的幾個對手：拜登、歐巴馬、希拉蕊·柯林頓、美國有線電視網CNN，還有一票前任或現任的民主黨官員、金主、國會議員。

所幸這些爆裂物都沒有引爆，也沒有傷及任何人。

二〇一八年十月二十六日，薩尤克在南佛羅里達被聯邦調查局逮捕，幹員發現薩尤克的白色廂型車內貼滿了讚美川普跟譴責自由派的貼紙，包括其中一張上面畫有準星的十字線，十字線的後面是希拉蕊·柯林頓。

喬瑟夫・保羅・富蘭克林直到今天，都還是在以種族仇恨為出發點的美國連續殺人犯中，所造成死傷最嚴重的一個。他崇拜的偶像除了當年的德國納粹，還有義大利的「赤色旅團」（Red Brigade），一九七〇年代一個惡名昭彰的左翼民兵組織，他們犯下的惡行包括綁架、謀殺，還有炸彈攻擊。此外讓他眼睛為之一亮的還有三K黨這個成立於一八六〇年代，宗旨在於顛覆政府，且往往鎖定非裔美國人社群領袖的暴力恐怖組織。原始的三K黨並不亂搞一些狗屁倒灶的集會來當成他們主要的活動——他們會直接訴諸暴力，以生理性的攻擊與謀殺來遂行他們的政治目的。

富蘭克林曾加入三K黨的第三代化身組織，但時間只有短短幾個月，主要是他覺得那些人太軟——光說不練。只會抗議跟坐在那裡抱怨，在他看來真的是不及格的表現。富蘭克林覺得這些人已經誤入歧途，偏離了先賢先烈的初衷。

他覺得殺戮行為需要增加，而他的使命，就是希望能激發與他志同道合者去訴諸暴力。而他本身也不折不扣地是個讓人膽寒的罪犯，須知在一九七七到一九八〇的短短三年間，他按自己的估算就殺了二十三個人，為的是替社會滌清猶太人、跨種族的夫妻，還有黑人族群——他認為猶太人與黑人是需要被剷除的下等種族。作為曼森幫首腦查爾斯・曼森的粉絲，富蘭克林希望煽動一場種族戰爭，來催生出一個純白人的國度。他想為民「除害」，讓他眼中單純的汙穢害蟲從美國社會上消失無蹤。

乍看之下，上述這些罪犯好像毫無共通點。一個反政府的炸彈客、一對夫妻檔伊斯蘭極端份子、一個有著政治狂熱的神經病，外加一個意圖大開殺戒的種族主義者。說是東一個西一個，也不過分。

但深入去了解他們的動機，你會驚訝於他們的犯案模式是如此相似。他們會產生殺人的動能，全都是基於他們對自身邪惡意識型態的堅信不移。對他們每一個人而言，殺戮都是無可厚非的自衛行為，不然就是為了推進自身的理念。

正是基於這種根本性的犯案主軸，我的鑑識心理學家同僚莫洛伊博士才在我們偕幾名同事共筆的後九一一恐攻分析報告中，創造了一個詞彙叫做「暴力狂信者」。

針對在我們的專業領域中，如今被縮寫為VTB的暴力狂信者，我們提出的定義是「看似篤信具有世俗或宗教性質的某種意識型態或信仰體系，並倡導以殺害自己與（或）他人做為合法手段，藉此來達成特定目標的個體」。

創造此詞彙的靈感，部分來自於一九五一年，由美國哲學家賀佛爾所著的《狂熱分子：群眾運動聖經》一書。這本書除了帶讀者一窺狂熱份子的內心，也深入探討了人是如何會成為這樣的個體。

賀佛爾分析說「一場運動的方向決定於文人手中，成形於狂熱者手中，最終鞏固於行動者手中」[3]。他的見解是如此一針見血、如此精闢，又是如此博學，讓我跟莫洛伊博士第一時間就想到用狂熱份子的直譯「狂信者」，來標註這一類凶嫌。

但自從賀佛爾的書出版後，世上又有了新的發展、新的殺人犯，我們突然在伊斯蘭極端份子犯下的九一一恐攻後，陷入了數千條寶貴生命斷送於美國本土的震撼之中。

那是種程度無法估量的暴力。

莫洛伊博士於是判斷，我們需要更具描述性的詞彙來傳達這類罪犯的真實本性；由是他在狂信者的前面加上了「暴力」一詞，「暴力狂信者」於焉誕生，成為了一個用來在研究工作中指涉這類日益氾濫的狂熱型凶嫌、兼具學術與實務性的名詞——而其初登板就是我們的後九一一分析文章。

暴力狂信者來自各行各業，而點燃那股殺人慾望的因子是各式各樣的宗教、政治或種族理念。這些理念往往扎根於誤會或曲解，且規避了所有理性與分析，為的就是要漠視一切事實來見證某一執拗目標的達成。這些人對其信念有一份堅定不移的執

3 作者註22。Eric Hoffer, The True Believer: Thoughts on the Nature of Mass Movements, (New York: Harper & Brothers, 1951).

著，以至於他們會在所有的反對聲音或替代方案面前「義無反顧」。他們的心靈有著N次方的封閉程度。

這些極度危險的個人或團體不會動搖於客觀的事實或數據，他們的行凶慾念只接受讓他們深受毒害的信仰體系指揮。他們只聽從以此信仰名義被發出來，那深刻且駭人的殺人指令。

但我們想探究今日這些被意識型態操控的暴戾心靈，就不能不先去正視過往那些不論是宗教或哲學型的狂熱主義，曾如何導致了數以百萬的生靈塗炭。暴力狂信者不是今天才有的新玩意，而是早就在歷史的長河中引領過教會、大軍、還有血腥至極的一場場革命，當時就有各種令人無法自拔的意識型態，成為各種勢力濫殺無辜的合法名義。

多少個世紀以來，已經有不可計數的人類以上帝或阿拉之名成為了凶手或死者。羅馬帝國會將拒絕承認異教神祇或皇帝神性的基督徒給釘上十字架，宗教的非信者會被石頭活活砸死、天主教會用「宗教裁判所」（the Inquisition）來追捕異議份子、賽勒姆大審處決了許多「女巫」，更別說一次次的十字軍東征（伊斯蘭文明口中的法蘭克人入侵），而這些還只是冰山一角而已。

時至今日，宗教殺人會以伊斯蘭極端主義的形式出現。這包括前述的聖伯納迪諾攻擊，也涵蓋世界各地以阿拉跟古蘭經之名執行的恐怖殺戮。

大家要知道，宗教的意識型態始終是人類歷史上，一種讓人可以名正言順去施暴的根本性理由。這玩意一點都不新。我辦公室書架上有一票以暴力為題的書籍——《犯罪精神病學者的案例選集（暫譯）》（*Casebook of a Crime Psychiatrist*）、《破案神探》、《透納日記（暫譯）》[4]（*The Turner Diaries*）——而在這些著作的正中央，赫然就是基督教的聖經與伊斯蘭的古蘭經。

認識論（epistemology）做為一門學問，是想把有憑有據的信仰體系與純粹的個人意見區分開來。而認識論的歷史有多久，暴力狂信者的歷史就有多久。另外就是人與人之間的意見不同存在多久，每個人都覺得眾人皆醉我獨醒的時間有多久，暴力狂信者的存在就有多久。換句話說，暴力狂信者從來沒有在人類歷史中缺席過。

暴力狂信者的存在，尤其廣見於真假由人言說的主觀領域裡——比方說有些暴力

4 《透納日記》是一九七八年由安德魯・麥唐諾（Andrew Macdonald）發表的一本架空政治小說。書中描繪了因美國政府因沒收私人槍枝引發右翼革命，最終聯邦政府遭推翻，伴隨而來的種族清洗消滅了所有美國猶太人、同性戀者及非白種人。該書幕後作者是物理學者威廉・皮爾斯（William Pierce），安德魯・麥唐諾為其筆名。

狂信者會從對聖經或古蘭經的個別解讀中汲取靈感。

另外一隻「房間裡的大象」，也就是大家心照不宣的事實，是許多罪大惡極的暴力狂信者，都是在二十世紀犯下他們泯滅人性的罪行，這包括希特勒在大屠殺中殺死了約六百萬猶太人，外加五百萬名其他的非雅利安人，還有史達林在俄羅斯殺了近兩千萬人，只為了實踐共產主義的願景。

希特勒透過暴力與宣傳而達成的煽動與操控，會讓我們在膽戰心驚中想起當由不符實際的前題所撐起的理想，被像疾患一般散播在廣大的人群中時，恐怖的後果絕對是一種可能性——希特勒抱持的「理想」，也就是所謂的「最終解決方案」，是猶太人必須要被趕盡殺絕，他才能替全人類打造出一個更好的種族。希特勒相信他與猶太人進行的偉大種族鬥爭，會是一種末世之爭。他認為若放任猶太人遂行他們密謀的稱霸大業，那整個歐洲的社會架構與生活方式，都會毀於一旦。

接著登場的是喬瑟夫．保羅．富蘭克林，集當代種族主義暴力狂信者精華於一身的代表性人物。

他病態到潰爛的心思與對美國現狀的不滿，讓他在一九七五年的聖誕節頓悟到一件事，那就是發起種族聖戰是他的任務。富蘭克林的人生轉捩點，發生在他失去住處且就業困難的期間，但這些只是導火線，在導火線下方有累積了一輩子的挫折感，還有一層層恨意、納粹教條、種族優越的言論在鋪墊。

一九七六年，他合法地改掉了本名小詹姆斯・克雷頓・馮恩（James Clayton Vaughn Jr.），搖身一變成為了喬瑟夫・保羅・富蘭克林——其中喬瑟夫・保羅是向納粹的宣傳部長保羅・喬瑟夫・戈培爾（Paul Joseph Goebbels）致敬，而富蘭克林的部分則是紀念他心目中真正的美國人：班傑明・富蘭克林。

他把自認的天命抱了個滿懷。「我覺得我們今天做的每一件事情，都是我們在出生前同意過的。」他後來這樣告訴我。

一九七六年的勞動節週末，富蘭克林在亞特蘭大跟蹤一對跨種族戀愛的男女，然後在他們臉上噴灑了防狼噴霧。這是我們已知他發動的第一次攻擊，而這很快就會升級成殺人，因為他覺得殺人才是朝他的目標前進更有效的途徑。他很怕自己在剷除次等生命上的努力無法傳遞出熱情，他衷心希望自己可以帶給別人啟發，讓更多人加入他殺人的行列。

他後來一系列的暴力犯罪包括用炸彈攻擊猶太會所、殺害猶太人、用狙擊槍隨機擊斃黑人，乃至於自承交往過有色人種的白人都逃不過他的毒手。

富蘭克林坦承的其他犯罪還包括射殺了民權領袖維農・喬丹（Vernon Jordan），還有用子彈瞄準賴瑞・弗林特（Larry Flynt）的脊椎，造成他下半身癱瘓。其中賴瑞·弗林特是成人影片與雜誌的發行業者，而他之所以被憤怒的富蘭克林鎖定，是因為他旗下的《好色客》（*Hustler*）雜誌描繪了跨種族的魚水之歡。

富蘭克林堪稱貨真價實的暴力狂信者，是因為他相信三件事情：他相信自己的行為正確；他相信自己的理念正當；他相信殺人有其必要。白人種族淪落為野狗的狀態不能再繼續下去。種族的區隔與淨化——在槍桿的幫助下——必須要透過種族聖戰的發動來達成。

最終他被多個州政府以謀殺罪名定罪，並因為在某猶太會所外殺害了一名猶太男性，於二〇一三年遭到密蘇里州以注射方式執行了死刑。

在他被正法之前幾年，我在監獄裡跟富蘭克林見上了面，當時他對自己的「成就」還頗感自豪。

「我是不是可以不過分地說，喬瑟夫，你是美國有史以來最『多產』的殺手？」我這麼問他，並主動加上了肯定的回答，希望藉此來緩和一下他愛現的心情，並由此勾出他對於自己所作所為的真實想法，「因為我覺得你是。」

「你這麼覺得，真的？」他回答得頗為自豪，自豪到眼睛都睜大了起來。「我想你是可以這麼說吧。說到多產，我去查看了一些紀錄，他們針對我做的事情做的所有紀錄，結果我有點驚訝自己能在那麼短的時間裡，在不同的城市裡做完那麼多事情。

我完成一件工作，然後去別的地方多殺兩個人——你知道，你知道我的意思嗎？」

他一想到自己有多善於殺人，多善於完成把黑人跟猶太人消滅掉的「工作」，就忍不住露出了笑容。殺人在他眼裡，是一項工作，一項任務。

他真正有意見的一件事，他告訴我，是他被捕後被冠上的稱號。「我不覺得自己是連續殺人犯。」

「那你覺得自己是什麼？」

「我比較偏好『多重殺手』一詞。」

「這對你而言的差別是？」

「這個嘛，連續殺人犯的叫法會讓人聯想到泰德．邦迪（犯案於一九七三與一九七八年間的美國連環殺手）跟亨利．李．盧卡斯（Henry Lee Lucas；一九七五到一九八三年間自稱殺害三千多人的連續殺人犯，警方過濾後的受害者人數在三百五十人左右），還有那個在德州幹掉一堆女人的瘋子混帳，那神經病的名字我想不起來。你知道，像那樣的人，你知道，就是為了性慾殺人。我可不是為了性慾殺人。我可沒有到處對女人先姦後殺。那不是我的MO（做案手法），不是我的風格。」

他很是放鬆的南方拖沓口音，會誘騙你卸除警戒。

他覺得自己被跟那些連續殺人犯歸為一類，是錯誤的行為，因為，嗯，那些人是神經病。他覺得自己的任務有現實中的根據，還有言之成理的理念撐腰。由此被跟那些為了殺而殺的人混為一談，讓他感覺十分受辱。

他是個很為自己感到驕傲，為了理念在奮鬥的「多重殺手」，而不只是個無腦的濫殺者，惟他也十分樂見自己的殺人數目名列前茅。「我領先比利小子（Billy the Kid）一點點。」富蘭克林笑著告訴我，他殺的人多過十九世紀下半葉美國西部的這名亡命槍手。他覺得自己也是個亡命天涯、不見容於主流社會的獨行俠，所以他後來曾稍微後悔過對賴瑞．弗林特開槍，理由是弗林特跟他多少有點氣味相投，兩人都在內心想著如何衝撞傳統。

死刑執行前的那幾週，富蘭克林開始對他犯下的殺人案表達了悔恨之意。我認為那只是他為了保住小命而演的一齣戲，因為他直到行刑當天都還在上訴，甚至直到針頭插進他的膚肉，讓他知道受害者是什麼感受的同時，他都還沒放棄上訴。但富蘭克林就如同所有定讞的死囚，都得到了扎扎實實的程序正義，那些被他害死的人可還沒有這麼幸福。

在行刑前幾個鐘頭，與《辛辛那提詢問報》（*The Cincinnati Enquirer*）進行的電話訪問中，富蘭克林說他會想跟受難者的家屬致歉，並尋求他們的寬恕。「我希望自己在眾人心中，能夠是一個對人充滿愛，而不是充滿恨的人。」富蘭克林告訴報社說[5]。他談起行凶時的自己說：「那不是真正的我……我就跟所有人一樣，都是人生父母養。」但他也沒少提到他自認是名「戰士」。

「我覺得，自己雖然誤入了歧途，但我確實是在為了白人種族的延續而奮鬥。」誤入歧途這四個字說得不錯，暴力狂信者哪個沒誤入歧途，但他們對自身行為的核心信念，仍讓他們毫不懷疑自己的天命是基於一個重於小我的理念。

有些暴力狂信者有意願、也有意圖，主動為了這個理念而死，而有些暴力狂信者則只是單純接受了自己有可能為了理念而死於暴力行動中。以富蘭克林、提摩西・麥克維與前面提過的卡辛斯基為例，他們都沒有想死的慾望或意圖；事實上他們都希望自己能長命百歲，因為只有活到老，他們才能把自己的「任務」執行到老。

凶嫌在大規模死傷的事件中自殺，比方說像九一一恐怖攻擊那樣，有一個具體的功能，那就是可以將一個會讓狀況變複雜的因素排除在計畫外——執行者沒想活著回來，計畫中就不用安排如何脫身；死人不用擔心被捕，所以計畫中也無須思考如何不被認出來。

5 作者註23。Kimball Perry, "Racist serial killer: I deserve to be executed," USA Today, Novem-ber 19, 2013, https://www.usatoday.com/story/news/nation/2013/11/19/serial-killer-deserve -to-be-executed/3641771/.

至於那些一心求死的嫌犯，則通常是想當烈士，或是想斬獲某種惡名，一種他們認為會因為被捕入獄或被執行死刑而被打折扣的名譽。這代表的是他們對整個場面的控制慾。

這個世界上的每一個提摩西．麥克維，都跟富蘭克林一樣，懷有不切實際而自我膨脹的想法，他們都莫名覺得自己的行為是帶動人揭竿起義的第一槍，所以百分之百正當。麥克維從沒想死，但能為了大我而被處死，確實能讓他內心感到一絲安慰。

對於跟他是一丘之貉的人而言，能夠在犯案後活下來，就代表他們有命去計劃下一個案子。而能夠繼續犯案，就代表他們可以繼續用更多的仇恨、更多的曝光、更多的惡名，去填滿他們無底洞一般的自戀水庫。但這並不表示死亡就不是一種獎賞。

麥克維直到最後的最後，都對他的理念、他的「任務」，保持著一種深度的忠誠。他從未道歉，並在一封給家鄉報紙《水牛城新聞》（*The Buffalo News*）的信中暢談為什麼為了回應聯邦調查局在德州韋科與愛達荷州紅寶石脊造成數十甚至上百人死亡，乃至於其他由美國政府犯下的暴行，炸彈攻擊是「合法的戰術」。他寫道他「很抱歉這些人得失去生命。但那就是野獸的本性」[6]。

二〇〇一年，處決的那天，麥克維隻字未發，取而代之的是他把威廉．厄尼斯．亨利（William Ernest Henley）的詩作《勇者無敵》（*Invictus*），遞給了典獄長。「我感謝每一位守護我不屈靈魂的神祇，」詩裡是這麼寫的，「我是我命運的主人：我是我靈魂的隊長。」[7]

泰德・卡辛斯基是個怪咖，他怪在他異常地與現代科技過不去。他似乎很滿意於大肆摧殘科技體系來獲取外界對其觀點最大量的注意，但同時他內心卻又未曾規劃任何有意義的終局。

作為一名哈佛大學校友，他的智商高得出奇——有一說他的智商不輸愛因斯坦——卡辛斯基不是你想像中那種常見的大規模或連續殺人犯，而是標標準準的暴力狂信者。

鐵了心要以殺人來表達他對於科技的反感，乃至於宣揚他對科技即將帶給社會之邪惡的不滿，渾名「大學暨航空炸彈客」的卡辛斯基在近二十年的漫長時間裡殺傷殘害了許多人，這包括他郵寄或親送了精密的土製炸彈到全美各地，由此造成三人死亡

---

6 作者註24。Dan Herbeck, Lou Michel, Michael Beebe, and Gene Warner. “McVeigh Hints at Some Regrets,” The Buffalo News, June 9, 2001, https://buffalonews.com/2001/06/10/ mcveigh-hints-at-some-regrets/.

7 作者註25。“McVeigh’s final statement,” The Guardian, June 11, 2001, https://www.theguardian.com/world/2001/jun/11/mcveigh.usa1.

跟二十四人受傷。他殺的人或許沒有其他人多，但他的暴力行徑對航空業造成了莫大的影響。當時開始倡導不要讓包裹或行李離開你的視線。《孫子兵法》中曾論及如何殺一儆數千之眾，說的就是以這種四兩撥千金的方式達成全面恫嚇的目的。

聯邦調查局經年累月地拚命查案，就是想為提心吊膽、不知道下一顆炸彈會在哪裡出現的美國民眾抓到嫌犯。結果皇天不負苦心人，案情終於在一九九五年露出了曙光。在這年，卡辛斯基寄了一份洋洋灑灑多達三萬五千字的萬言書到《紐約時報》跟《華盛頓郵報》。在這篇名為〈工業革命與其未來〉（*Industrial Society and Its Future*）的投書中，卡辛斯基長篇大論地闡述了他犯案的動機跟他認為現代社會正遭受科技毀滅的異常觀點。

「工業革命與其造成的影響，是全人類歷經的一場災難。」卡辛斯基寫道。「有人或許會覺得我說的話像科幻小說，但別忘了今天的現實也不少是昨日的科幻。工業革命為人類的環境與生活方式帶來了天翻地覆的改變，我們不難想見隨著科技應用滲入我們的身體與心靈，人類本身也將歷經不亞於環境與生活方式的劇變。」[8]

他接著開始為自己的犯行辯護起來，聲稱那只是為了引起社會關注其理念的正當手段，而這也讓他再度盡顯所有暴力狂信者的特徵：「暴力本身無可厚非。任舉一例，暴力的好或壞都要視其運用方式與目的而定。」

卡辛斯基要求報社刊出他的萬言書，否則他就要再寄出一枚炸彈到不知名的目的地，且「其威力將足以致人於死」。

對於該如何是好，聯邦調查局裡吵得不可開交。總的來說，幹員們並不想給外界一種他們對恐怖分子屈服的印象。最終聯邦調查局長路易斯・弗里（Louis Freeh）與司法部長珍妮・萊諾（Janet Reno）共同拍板讓文章登出去，他們希望這能有助於各界指認作者的身分。事實證明這是絕妙的一手。

《紐約時報》與《華盛頓郵報》刊出了這份萬言書，而文章見報後的幾日間，數以千計的民眾跳出來指認了可能的嫌犯。其中一位民眾的線索格外引起了聯邦調查局專案小組的關注：大衛・卡辛斯基做為泰德・卡辛斯基的弟弟，不僅相信自己認得文章裡那滔滔不絕的口氣，甚至還提供了兄長的其他信件與文件供聯邦調查局比對。

在語言分析師與字跡專家的助陣下，有關當局很快就鎖定了他們要找的人。一九九六年四月三日，聯邦調查局的幹員突襲了泰德・卡辛斯基位於蒙大拿州僻靜大自然裡的小木屋，並逕行將他逮捕。他對全美的恐怖支配就此落幕。

---

8 作者註26。Theodore Kaczynski, "Industrial Society and Its Future," The Washington Post, September 19, 1995.

在接下來的數年中，大衛・卡辛斯基嘗試解釋了他為什麼要大義滅親地檢舉自己的哥哥，他點出了泰德的精神疾病。進入司法程序，心理學者連番上陣，要在法庭上建立卡辛斯基精神狀態並無異常的前提，但他的欠缺病識感，正好反過來證明了他確實存在心理疾病。

即便在受審期間，卡辛斯基也一直與這樣的專業結論站在對立面。事實上直到今天，他都矢口堅稱自己不論是當年或現在，精神一切正常。不過，他倒是被判定有能力出庭受審。他最終在聯邦法院上全數認罪，逃掉了死刑，期間他曾經一而再要求自辯（不由律師代表辯護），但都遭到法官駁回，法官稱他此舉是「刻意要操弄審判程序」。

檢辯雙方達成的協議，意味著他將被判處有期徒刑並終身不得假釋，而他也放棄了上訴。「『大學與航空炸彈客的生涯就此告一段落。』檢察官勞勃・J・克李瑞（Robert J. Cleary）如是說[9]。

毫無疑問，卡辛斯基以多數的司法標準去衡量，都沒有因瘋狂而失去行為能力。他很顯然知道自己在做什麼，也知道那會傷害到人——或者應該說他做那些事，就是為了傷害人。他也知道那樣做是錯的，並為此千方百計想不被查到。他自圓其說的理論，證明了他有能力體認到別人並不認同他這種策略的事實——也就是說，他看得出來別人認為他在道德上有失。他選擇以暴力方式將自己的信仰強加在別人身上，沒有什麼可說，就是他個人的選擇。

暴力狂信者作為一種人口族群，究竟存不存在心理疾病的問題，是從犯罪心理學門開始研究這群人以來，就從未消失的爭議。早期的研究抱持兩種南轅北轍的看法：一派認為暴力狂信者的心靈必然扭曲，另一派認為他們基本正常而單純是在做自己感覺對的事情，而且通常有某個團體在他們身後應許。

實情是這兩派各說對了一半。這些個體通常有某種心靈上的裂痕。自戀等人格異狀或反社會行為，在這類人身上都不罕見。不過真正唆使他們採取行動的，是這些人的觀念、哲學，還有他們認同的人事物。

伊斯蘭狂熱分子因為堅信阿拉准許，甚至是授權了他們對非信者施暴，而且還保證了來世的天堂有優渥的獎賞，所以他們才前仆後繼地在世界各地計劃犯案。但我們可以說這種堅定的信仰是一種心理病態嗎？我會認為某些案例有可能是，但多數應該不是。

「憑藉上帝，一切都有可能」的觀念，是一把雙面刃。普通的狀況下，相信人世

9 作者註27。William Booth, "Kaczynski Pleads Guilty," The Washington Post, January 23, 1998, A01.

間有一股大於自己的存在與力量，可以幫助我們承受生命中的生離死別與悲歡離合，並從中昇華出某種意義。但如果換成是隸屬或認同某個恐怖組織或（宗教）信仰體系的暴力狂信者，這種精神平台就會（也已經）被濫用來釋放他們最黑暗的思想，他們會很放心地知道殺人有必要性，而且還值得得到至高無上之神的肯定。

就以前面提到過的美軍少校精神科醫師納達爾・馬利克・哈桑為例。二〇〇九年十一月五日，哈桑在德州基林（Killeen）的胡德堡軍事基地開火，結果他除了擊斃十二名士兵與一位平民，還另外造成三十一人受傷，哈桑當場被駐基地的憲兵擊傷制伏，後來經審判後遭到正法。對哈桑來講，死刑相當於榮譽勳章——死讓他以阿拉之名取得了烈士的身分。

作為一名在美國出生的巴勒斯坦裔穆斯林，哈桑原本將於數周後出發，隨美國後備陸軍的其他心理衛生專家被共同派赴至阿富汗。他們所受的訓練，是要為出現戰鬥壓力症狀的同袍提供治療。他後來對要判斷他是否有能力受審的軍事委員會說，他對這些人開槍沒有不對，因為他殺的人都在「跟伊斯蘭帝國唱反調」[10]。

有一名曾經跟哈桑交換訊息與電郵的對象，名叫安瓦爾・奧拉基（Anwar al-Awlaki）。奧拉基是在美國出生的神職人員，並據信曾在阿拉伯半島上恐怖主義組織「蓋達」（Al Qaeda）中擔任高階幹部。哈桑可透過網路，輕鬆接觸到各種蓋達組織事務的自發性極端分子，他說他看不慣美國在阿富汗跟伊拉克的軍事行動，而且怒氣與日俱增。他說在他眼裡，這些都是對伊斯蘭的無端挑釁。他於是自行宣布對異教徒發動聖戰。

在預審的聽證會中，哈桑言詞毫無閃爍地說明了他殺人是公義的行為，並說真主選了他當烈士。「我不覺得我做錯了什麼，因為那不是為了一己之利，而是為了幫助我廣大的穆斯林兄弟。」他說。又一次，他們是為了高於自己的理念動手。

就在濫射之前，哈桑去在地的清真寺參加了晨禱，然後回到了他的公寓，用碎紙機處理掉他的出生證明與其他的身分文件，還把他的很多東西送給了鄰居。他不覺得自己還會需要那些東西，因為他希望能在攻擊計畫裡以身殉教。攻擊一發動，他首先放聲喊出了阿拉胡・阿克巴（Allahu akbar），那是阿拉伯文的「真主至大」。

檢方在審判中告訴陪審團說，哈桑的其中一個動機，是想盡量多殺死幾名士兵，以藉此發動對美軍的聖戰，懲罰他們參與了多場不公不義的戰爭。但正是美軍幫他出

10 作者註28。Manny Fernandez, “Fort Hood Gunman Told Panel That Death Would Make Him a Martyr,” The New York Times, August 12, 2013, https://www.nytimes.com/2013/08/13/us/ fort-hood-gunman-told-panel-that-death-would-make-him-a-martyr.html.

了念醫學院的錢，也是美軍給了他一份工作。檢方說他並不想被外派，還說他覺得執行這些殺戮是他神聖的義務。

對於檢方提出的各種主張，哈桑本身並未多做爭辯。事實上他沒聘律師，而選擇自行辯護，且即便在擔任自身律師的同時，他也沒怎麼努力執行辯護工作。很顯然他就是想為了信念而死。他在二〇一〇年接受心理衛生委員會訪談，就他的心智能力進行評估時，就已經把這一點說得很清楚了。當時他告訴委員們說他若死於注射死刑，「也不影響我成為烈士」。

哈桑的伊斯蘭極端主義觀點，早在攻擊之前很久，就開始點點滴滴累積在他體內。

事發將近一年前，他就發出了第一封訊息給奧拉基，內容是詢問若屬於穆斯林的美國士兵銜阿拉之命，以伊斯蘭之名殺死其他美國戰士，能不能被他們認定為是「參與了聖戰，且如果死了，你們會不會承認他們是『沙西德』（Shaheed）」，也就是阿拉伯文的「殉教烈士」之意。他寄發的訊息或電郵總共有十二封，奧拉基一封也沒回，但哈桑還是繼續朝公義的死亡之路走了下去。某種程度上，他訊息裡的問題是明知故問；他內心已經有答案了。他甚至在行動前的數日與數小時裡，都上網搜尋過自殺炸彈攻擊與進行聖戰的技巧。

一次在牢裡接受卡達半島電視台（Al Jazeera）採訪的時候，哈桑仍堅信自己是為了大我，為了理念殺人。他引用了古蘭經裡的詩句說真神會「給行義舉的信徒帶來喜訊，他們會獲得豐厚的獎勵。」

蓋達組織從未公開認領哈桑的攻擊行動，但就在事發的短短四天後，奧拉基就在哈桑的英文網站上讚揚他做了「對的事」，還為他冠以「英雄」之名：「他是個有良知之人，所以他無法忍受自己活在身為穆斯林，卻又在穆斯林兄弟的敵對軍隊裡服役的矛盾之中……穆斯林要在美軍中服務但又不違背伊斯蘭精神，只有一種辦法，那就是心懷壯志追隨納達爾的步伐。」[11]

這是何等扭曲的思考，邪惡的想法。不認同的軍隊還請不要參加。

二〇一一年，奧拉基死於美軍主導於葉門的無人機攻擊，但他所留下的那具虛擬宣傳機器，仍持續用納達爾・哈桑之流的樣板在召募更多的新血，希望有更多人認同蓋達組織對伊斯蘭教義的扭曲，並以之作為其殺人的動機。

進入二十一世紀，科技已經化身為宣傳戰的輸送系統。只要點幾下滑鼠，再好整

11 作者註29。David Johnston and Scott Shane, "U.S. Knew of Suspect's Tie to Radical Cleric," The New York Times, November 9, 2009, https://www.nytimes.com/2009/11/10/us /10inquire.html.

以暇地等上幾個小時，極端主義觀點就會散播到天涯海角去吸收追隨者並煽動暴力。相對於極端主義組織親手把準成員吸引到某個確切地點，還得冒著位置曝光而被無人機鎖定的風險，網路提供了一個理想的宣傳平台——自發性的極端分子，例如哈桑，就能一條龍地在網路上進行吸收、招募、訓練與啟發的流程，最終訴諸行動。

網路平台集高科技、低成本、破壞力與高效率於一體。

同樣透過虛擬「會員資格」或與恐怖主義組織之聯繫而成立，並由宗教提供動力的自我極端化，可見於多次攻擊事件裡，包括聖伯納迪諾的槍擊案，也包括波士頓馬拉松爆炸案。在波士頓馬拉松爆炸中，兩名屬於車臣裔但生於吉爾吉斯的兄弟害死了三條人命，並至少造成另外兩百六十四人重傷。

滿懷憤怒、挫敗、不滿，並欠缺人生意義的人，會想為他們平淡無奇的人生找到解藥。這種人會想要實現自己那些妄自尊大的幻想，讓自己能超越眼前的侷限與未來的極限。他們想實現的，是一種如神一般全能的幻想，是一種沒有任何建樹的名氣。殺人不難，難的是踏實地活著。

艾瑞克·魯道夫（Eric Rudolph）的案子如果要分類，會比較接近法蘭克那種出於種族仇恨的殺人，只不過魯道夫的信仰體系很諷刺地，是專注於對生命權的主張，以及對墮胎合法化的憎恨。為了捍衛生命活下去的權利，他選擇了殺戮。這邏輯難道沒問題？他另外也對同性戀者的「異端」行為非常跳腳。

魯道夫最為人所知的名號，是「奧運公園炸彈客」（The Olympic Park Bomber），他放了枚管狀炸彈在人潮聚集處，來自世界各地的群眾之所以會聚集在那裡，則是為了那年夏天的亞特蘭大奧運。一九九六年七月二十七日，他放的炸彈害死了一名四十歲的女性，並造成逾百人受傷。

那天魯道夫得以全身而退，並繼續犯下了更多的爆炸案，這包括一九九七年一月，喬治亞州亞特蘭大沙泉市（Sandy Springs）郊區的一間婦科診所，還有相隔一年，阿拉巴馬州伯明罕一間以提供人工流產服務聞名的類似醫療機構，都分別遭到了他的毒手。其中喬治亞州的爆炸傷及六人，而阿拉巴馬州的爆炸則造成一名值勤時間以外的員警死亡，還有一名護理師重傷。他另外在一九九七年二月炸了亞特蘭大一間女同性戀夜店，五人因此受傷。

隨著警方收緊包圍網，魯道夫潛逃到北加州的西部山區藏匿。靠著那裡有如迷宮一般的森林與洞穴，他成功避開了有關當局的耳目，成為了聯邦調查局通緝的十大要犯，任何線索只要能促成他被捕歸案，懸賞是百萬美金。

法網恢恢，魯道夫最後被捕，是因為一名眼睛很利的警員發現他在北加州鄉下一間雜貨店外翻找垃圾桶。落網後的他為了逃過一死，而與檢方達成了認罪協議，最終他被判處終生不得假釋的四個無期徒刑。

認罪之後，魯道夫發表了一篇拐彎抹角的聲明來陳述他的動機。那是他第一次針對全數的犯行回應社會大眾。知道自己會被關到死的他除了大言不慚，宣稱他「一身是血但寧死不屈」以外，還沾沾自喜地說與檢察官達成的認罪協議，「打碎了政府想要判我死刑的美夢」。魯道夫的案例，又一次凸顯了暴力狂信者的某種本質：就算到了最後的最後，他們也要感覺命運掌控在自己手裡。

魯道夫真心相信他是在為了「未能出生的人」而戰，並對自己的「成就」非常自豪，為此他曾在筆下寫道：「墮胎就是殺人。所以當華盛頓特區的政權讓這種行為入法、合法，並且變得光明正大的一瞬間，他們就已經放棄了自己執政的正當性與統治人民所需的道德威信。」

在阿拉巴馬州聯邦法庭的聽證會上，也就是他對所有指控認罪的場合裡，法官問了魯道夫一件事情，那就是他是否親手引爆了那枚造成下班員警與護理師一死一重傷的炸彈。

他自信而滿足地答道。「不是我還有誰，法官大人。」

至於奧運公園的案子，魯道夫在筆錄中寫道除了墮胎是他的死敵外，運動賽事在他眼裡，也是在替「全球化社會主義」推動「那些見不得人的理念」。他還說奧運是個機會，讓他可以使墮胎合法化的美國蒙羞。他做過最接近道歉的事情，大概是他說過爆炸是場「災難」，並說他無意害死「無辜的平民」。

那關於女同志夜店的案子呢？嗯，魯道夫只是單純覺得同性戀噁心，他說私底下搞同性戀他不介意，但誰跳出來要社會承認這是正當的生活方式，誰就「應該被狠狠地喝斥」，就應該接受「必要的強力反制」[12]。

在我們討論這些的同時，暴力狂信者就在社會上的某個地方鑽著他們的牛角尖、增加他們的人數，合理化自己的想法，讓內心的仇恨腐蝕自己的心靈。他們可以在網路上找到很多同溫層，鞏固自己的思想，而在我們極化的社會上，呼之欲出的人際敵意與日益流失的文明心態，也讓他們變得更加大膽。

生活在自由的社會裡，我們必須接受的對價是，每個人都有表達意見的權利，也有權在一定範圍內推廣自身理念。我們不是史達林的俄國或共產黨的中國，所以誰都有可能透過意識型態的宣傳去誘發暴力。我們的政治領袖在建設性的溝通方面做了相當差勁的示範，結果就是充滿煽動性的言論傳進了在懸崖邊搖搖欲墜的人耳裡。這些

12 作者註30。"Full Text of Eric Rudolph's Confession," NPR, April 14, 2005. https://www.npr.org/templates/story/story.php?storyId=4600480

人在醜惡的政治詭辯裡，聽到的是對暴力行動的鼓勵。

不論其出身背景或信仰體系如何南轅北轍，暴力狂信者骨子裡都是同一種東西：由使命感推動的殺慾。他們深信，為了自己的理念，殺人不會說不過去，同時他們還極端地想因為自己做的事情得到肯定。喬瑟夫．保羅．富蘭克林的恐怖之處，就在於他是集上述特點於一身的完全體。事實上，在我於獄中對他進行訪談時，他曾為一件令人難以置信到會生氣的事情感到深受冒犯。對覺得自己案子幹得漂亮的富蘭克林來說，那是件很要緊得事情，深植於他想被人記得的熱切慾望裡，很要緊的事情。

「他們至今仍不肯承認很多人是我殺的。」

第六章

殺戮戰場：大規模槍擊殺手與無差別殺人

「伸冤復仇在我，他們遭災的日子近了……」

——聖經《申命記》第三十二章三十五節

血淋淋而佈滿彈孔的屍體，仍原封不動地躺在他們倒下的地方。酸辣的火藥氣味仍在空氣中久久不散。那個場面感覺完全不真實。

我跟一隊洛杉磯警局調查員所在的現場，剛發生過槍擊。很諷刺的是在當時，我們才正在策劃一個職場暴力防治方案，希望能藉此幫助洛杉磯市政府指認出有潛在暴力傾向的企業員工或其他威脅，以便在他們「發郵瘋」之前防患未然。但我們晚了一步。

我們在建築物裡走了一遭，其中警方的調查員尋找著各種蛛絲馬跡，希望作為未來能將嫌犯定罪的證據，而我則用心理學的濾鏡檢視著現場的環境，希望尋找線索來協助判定受害者被鎖定是出於何種原因，又是以何種方式進行。最詭異的，是現場完全沒有掙扎或打鬥的痕跡；所有東西都好端端的，唯一稱得上被弄亂的，只有顯然連逃都沒得逃的死者遺體。他們既沒武器也沒預期，就這樣遭到在任務中復仇者之精心伏擊。

不久後浮出水面的情報，讓我們知道了犯案者的基本資料，還有他的暴力前科。但在案發第一時間，我們只能從零拼湊起事情的全貌。

現場的狀況可說慘不忍睹，因為有些死者的呼叫機（俗稱B.B. Call）還開著，接連不斷的響聲搞得現場嗶嗶與嗡嗡聲大作，劃破了一間間「停屍間」裡令人毛骨悚然的靜默。受害者的家屬顯然是看到了新聞報導，所以急著想連絡上他們的至親。

但他們有四名至親將永遠也回不了電話。洛杉磯市的一名電工，威利．伍茲（Willie Woods），瘋狂地實踐了他對上司們的鄙視，具體來說他帶著槍，一個個讓這些上司們應聲躺下。

伍茲這十二年來的工作，是修理警用無線電。他服務的單位全名是C．爾文．拍普技術中心（C. Erwin Piper Technical Center），通稱拍普技術，那是間沿著洛杉磯河占地廣闊，位在市區拉米瑞茲街（Ramirez Street）上的廠房，不遠處的高速公路是國道一〇一號。事實上這間維修中心，也正是洛杉磯警局菁英空中支援部門（Air Support Division）的家。只不過這一次的安全威脅，從直升機往下是看不到的。

伍茲氣憤於多次在主管的定期考核中遭到他眼中對他人格與工作倫理的攻擊，內容動不動就說他的表現只能說「尚屬稱職」，他終於受夠了。那天是一九九五年七月十九日，在一個星期三的大約上午十點，數百名洛杉磯市府的員工在建築進進出出，領支票的領支票，弄業務的弄業務。

因為他也是洛杉磯市府的雇員，也有識別證，所以他沒被搜查武器就過了安檢。但這倒也不是那一天的重點，因為他上班用工作箱裡的那把槍，早就已經在裡頭躺了好幾個星期，甚至說不定是好幾個月。他之所以放槍在工具箱，是為了時時提醒自己只有他本人，才是自身命運的主人。還有就是那些惹到過他的人能不能活下去，也要看他高興。

接下來發生的事情，非常的有條理。只見伍茲拿著他八個月前購入的九厘米半自動手槍，展開了一趟獵殺行程。他首先近距離行刑式地擊斃了七十二歲的安東尼．蓋恩（Anthony Gain）與五十七歲的馬諦．威克菲爾（Marty Wakefield），兩人都是他的上司，也都坐在他們位於一樓的辦公隔間裡。

在現場所有人都被嚇壞了的逃命與尖叫聲中，伍茲從容不迫地走向樓梯間。他首先遇上了另外一名主管，六十一歲的尼爾．卡本特（Neil Carpenter），在地下室走廊打死了他，然後再於鄰近的辦公室裡殺死了另外一名六十歲的資深主管，詹姆斯．沃頓（James Walton）。這當中有三名主管曾在不同場合簽核了讓伍茲氣炸了的績效考核，他們算哪根蔥啊？

第五名潛在的受害者，在逃命過程中遇上了在樓梯間的伍茲。他後來在對警方陳述時說他以為自己死定了，但伍茲只是與他擦身而過，還跟他說「你平常對我不錯，所以我不殺你。」伍茲接著便從後門逃出了建築物，而他還來不及自殺，就在不久後被警察於後門附近逮捕。

犯案時四十有八的伍茲在一九九六年十一月被依三條一級謀殺、一條二級謀殺定罪。約三個月後他被判處無期徒刑不得假釋。就在法官要宣讀伍茲的刑罰前——他也是可能被判死刑的——一名被害人的遺孀在法庭中起身開了口，直接把她與此人不共戴天的嫌惡對準了凶嫌[1]。

「你會巴不得陪審團判了你死刑……（否則）你會變成活死人。」

我由洛城警探道格拉斯・雷蒙（Douglas Raymond）陪同，在加州德拉諾（Delano）的北克恩州立監獄（North Kern State Prison）見到伍茲，已經是大概六個月之後的事情。他的舉止神態，確實讓他看起來像個喪屍。身形消瘦的他一副被打敗的模樣，畢竟他面對的是初次被刑事法庭定罪後的茫然未知，還有就是他得要在牢裡度過下半輩子。

雷蒙警探是洛城警局威脅管理小組裡的一名菁英幹員，而我們正聯手負責一個以洛杉磯市為範圍的職場暴力專案。至於能與殺手面對面訪談，則是天載難逢的機會，畢竟他們多數都會在現場自我了結[2]。

---

1 作者註31。"Electrician Gets Life Sentence in Slayings of 4 Supervisors," Los Angeles Times, Feb-ruary 8, 1997, https://www.latimes.com/archives/la-xpm-1997-02-08-me-26751-story.html.

2 作者註32。J.R. Meloy, A.G. Hempel, T.B. Gray, K. Mohandie, A. Shiva, and T.C. Richards, "A Comparative Analysis of North American Adolescent and Adult Mass Murderers," Behavioral Sciences and the Law 22 (2004): 291-309.

伍茲本沒有很爽快地答應受訪，因為他擔心公開討論案情會影響他上訴的勝算，但他很快就軟化了態度，並跟我們分享起他那不可思議的暴力思想之旅，一講就是三個半小時。垮在椅子上的他身穿亮橘色的囚衣，外加內裡一件髒到有點噁心的皺短T。伍茲說著話——量不多，但資訊的密度非常高。整場訪談雖然進行了好幾個小時，但很多時間都被伍茲拿去呆瞪著房間的角落，然後在我跟雷蒙的問題之間——甚至於在自己的回答之間——一神遊就是好幾分鐘。

「現在的我，已經不是那個奪走四條人命的我。」他告訴我們。

「那個奪走四條人命的人？你會怎麼形容那個人？」我輕聲地反問。

「一個需要幫助的人。」他用快要聽不到的聲音說，視線也沒有對著我，而是飄到了天花板上。

「如果你重來或改變些什麼，你會怎麼做？」雷蒙警探問道。

「我會走到尼爾．卡本特的面前說——」伍茲在這頓了快一分鐘，「——『我不幹了』……然後閃人離開。」馬後炮誰不會說，我心想。

他接著談起了自己有多後悔沒有聽他當時女朋友的話。「要是聽了她的話，事情多半就不會發生了。她要我去看醫生。而我想我是以為我可以自己想通。我以為事情會慢慢過去，我以為我不會真的失控。」

「所以你對其他在職場上遇上麻煩，其他覺得走到絕路的人，你的建議是，『去看醫生』嗎？」我打蛇隨棍上地問了聲。

「去看醫生。」他重複了我的話，然後把目光從角落轉到了我的眼中。「遠離那個情境就對了。」

他敘述了自己那個充滿暴力，一切掌握在父親手中的童年，挨打是「記憶所及的」家常便飯。在他自己成為兩個孩子的爸爸後，他說他把他們留在了費城，因為他擔心自己有一天也會變得像自己的父親，讓孩子像自己小時候那樣忍受一次次的毒打。

「我父親會那樣對我，也是學他爸爸的。」伍茲告訴我，他說他不得不丟下孩子來「打破循環」。慢慢長大，他發展出了各種幻想，也就是他口中的「劇本」，他會在腦中幻想起對父親施暴的情節——你可以將之想成是某種虐待狂的白日夢。一開始的版本，這些幻想比較像卡通，彷彿那是個孩子在被拔除了所有的控制、信任與安全感後，放飛自我並為自己打氣的動畫。

隨著時間一年年過去，這些幻想也不斷翻新，而且配角也不再只限於他的父親，而是偶爾會換成其他在目前生活中羞辱他或讓他拿對方沒辦法，只能恨得牙癢癢的男性。再往下，原本卡通風而非寫實的意象，演化成了發自肺腑、栩栩如生的場景。腳本中的登場人物，開始一一由他的職場上司化身扮演。最終這些原本虛構的想法——在腦裡「就像看電影一樣」——會在不久後於現實中上演。也就是在最終動手殺人前，他早已在腦海中殺了那些人千百遍。

伍茲迷失在暴力的幻想中。至於這些血腥小電影所需要的道具，也都唾手可得，於是他便踏上了這條不歸路。

幾年之後的一九九九年，我走了趟加州新月市（Crescent City）的鵜鶘灣州立監獄（Pelican Bay State Prison），也就是加州第一所、也是最惡名昭彰的超高安全級別（supermax）監獄，裡頭關的都是些兇神惡煞。

吾友莫洛伊博士跟我以兩名心理學者的身分同行，我們要去訪視的是在一九八〇年被定罪的「字母炸彈客」（The Alphabet Bomber），他在一九七四年對洛杉磯國際機場發動攻擊，結果造成三死三十六傷。他之所以被稱為「字母炸彈客」，是因為他在對警方挑釁的留言中說：「這第一枚炸彈被標上了字母A，代表的是Airport（機場）……第二枚炸彈會跟字母L有關，第三枚跟I有關，以此類推，直到我的名字可以用鮮血寫在這個國家的表面上。」這名炸彈客宣稱他來自一個名為「美國異鄉人」（Aliens of America）的團體[3]。

本名是穆哈雷姆．庫爾貝戈維奇（Muharem Kurbegovic）的他曾不只一次寫信給莫洛伊博士，但在我們抵達之後，他卻拒絕受訪。但因為人都來了，加上我知道伍茲也關在這裡，所以我想說姑且一試，看伍茲願不願意第二次接受我們訪問。我好奇的是，在關了這麼些年，也清楚了解自己永無恢復自由之身一日的現實後，他會變成什麼模樣。

我們前往了監獄內的圖書館，伍茲那天剛好在那裡工作。藉著見過一面的安心感，我直接朝他走了過去。「嗨，伍茲先生，還記得我嗎？想跟你敘敘舊不知道方不方便。」

他只是眼神空洞地回瞪著我，那是種理應要讓我被震懾住的駭人表情，只是我當時專注到沒有思考太多。我沒想到事情馬上會變得多麼兇險。

我複述了一遍。

「嗨，伍茲先生，記得我嗎？」

還是沒有回應，還是只狠瞪著眼。他眼後好像沸騰著什麼，身體則開始繃緊了起來。

---

3 作者註33。Jeffrey D. Simon, The Alphabet Bomber: A Lone Wolf Terrorist Ahead of His Time, (Lincoln: University of Nebraska Press, 2019).

「我說，『我記得！』」他對我大小聲了起來，而且還握緊了拳頭愈靠愈近。他根本沒有說什麼「我記得」，事實上那之前他一個字也沒說。但在他被暴力塞滿的心靈中，他確實清清楚楚地說了。

喔噢。我對現場氣氛的掌握一整個慢半拍。所幸同行的莫洛伊博士注意到一群受刑人開始朝我們圍了過來。

「克里斯，我們得走了。」他邊說邊把我點醒，讓我沒有繼續專注在伍茲身上而忽視了自己的處境。所幸我們及時脫身，沒有發生憾事。

事後讓我最為驚訝的，是伍茲的表現會自我們上次見面，從剛入獄到此時的短短幾年內，改變這麼多。現在的他就像座活火山一樣怒火中燒，隨時都會爆發。你可以感受到只隔著一層薄脆的岩層，就有滾燙的岩漿在下面翻攪——就像他又回到了兇性大發的那天一樣。

他並不是突然理智斷線。他們沒有一個人是突然發狂。他是累積了太多壓力，而在猛烈爆發中釋放大量能量的活火山。當年的伍茲很顯然就是個氣憤難平而充滿暴力傾向的男人，而再見面時他也沒有改變——他就是個讓人發自內心覺得恐怖的傢伙。

來到今天，他會被我們歸為所謂的「大規模死傷槍手」（mass casualty shooter）。這類凶嫌不同於連續殺人犯，因為連續殺人犯會在一段較長的時間跨度中殺人——且每次做案中間往往會隔著一段冷卻期。他們也不同於所謂的「縱慾殺手」（spree killer），因為典型的縱慾殺手會在短期內奪走多條人命，而且其犯案往往散發一種隨機的特性。

大規模死傷槍手，又可以按案件發生的場合來加以細分，像伍茲就屬於當中的「職場大規模槍手」，這類人念茲在茲的，就是要平反他們認定的是非對錯，而且他們往往早就鎖定了特定的目標。其他的大規模死傷槍擊事件，也可能始於居家事件中，包括槍手可能會追殺前妻或女友，並在駁火過程中把家庭成員或無辜者拖下水。

在二十世紀中葉之前，大規模死傷槍擊還極其罕見，你可以說它們當時還不是美國文化腳本中的一員。但那一切都會在一九四九年九月六日之後有所改變。那一天，是大規模死傷槍擊開始「步步高升」，成為一種現象的起點。前後不過二十分鐘，十二人當場死亡加一名受害者在送醫後不治：一名藥師跟他的妻子、一名鞋匠、一名保險業務員、一名理髮師、一名電視修理師傅、一名兩歲的小男孩，都在那個驚心動魄的星期二早上，於錯的時點出現在的錯的地方。

你多半從來沒聽過誰是霍華．巴頓．烏恩拉（Howard Barton Unruh），但他惡名昭彰的「死亡之行」（Walk of Death）據稱是美國第一起真正意義上的大規模死傷槍擊。也就是說如今已經大家已經很遺憾地習以為常的狀況，就是從他開啟了第一槍：

一個憤憤不平又鬱鬱寡歡的傢伙含著一股怒氣，把他對人的鄙夷發洩在無辜而又沒有防備的受害者身上，而他靠的就是把槍。

我們現在稱這種人是「主動型槍手」（active shooter），但這是個案發後再過半世紀才會被創造出來的詞彙。

在恬靜的紐澤西州肯頓（Camden），克雷莫丘（Cramer Hill）這個社區的大約早上八點，烏恩拉剛吃完母親替他準備的煎蛋早餐。不到一個小時後，他抓起了他的魯格（Luger）手槍，那是他在二戰期間隨美軍遠征海外時，所帶回來的珍貴紀念品。他在口袋裡放滿了其他的槍跟彈藥，然後冷靜地走出了家門。

對於這一帶的街坊哪些人跟他有過節，烏恩拉瞭若指掌。他主觀認定某些人曾給他小鞋穿——但當然這有些是真有其事，有些是他對號入座。他腦中另有一張鎖定攻擊的目標——他認為在地的某些店家老闆或鄰居，曾在雞毛蒜皮的口角或互飆難聽話的各種事件中，讓他受到大小不等的委屈。

他覺得自己因為同性戀的身分遭到恥笑；他認為藥師曾不只一次少找他錢；他被一名鄰居多次抱怨音樂放得太大聲，還被另一名鄰居丟垃圾在後院；不遠處的理髮師顯然曾造成烏恩拉家的地窖淹水，原因是對方把廢棄物堆放在距離他家旁邊的空地上。這些說大不大的事件，就這樣悶燒在烏恩拉的腦子裡，直到他終於來到了臨界點，然後他就像伍茲一樣，有意識地做成了要殺人的決定。

烏恩拉會善於用槍，是因為他在戰時服役於美國陸軍的砲兵單位。他曾參與諾曼第反攻後那著名的「突出部戰役」，當時以美軍為首的盟軍部隊在與納粹德國的英勇作戰中，蒙受了逾八萬人的死傷。暴力帶來的死亡與血腥對他而言並不陌生。他另外曾擔任坦克炮手，並因此獲得了戰功表彰。

最終從陸軍光榮退伍的他沒有過任何精神疾病的紀錄，但他的親兄弟吉姆後來表示說他打完仗回來，就完全變了個人，「完全回不去過往的行為舉止」[4]。

今天的我們對部分軍人從實戰中回歸後的心理狀態，已經有了一些掌握，而根據我們所知，烏恩拉有可能苦於當年還不為人知的心理症狀——簡稱ＰＴＳＤ的創傷後壓力症候群。典型受到創傷所苦的老兵內心滿是焦慮；他會想避開所有關於戰鬥的回憶，更鮮少主動去掀開那段不堪回首的過去。但也有比例很小的一群退伍軍人會被戰鬥經驗撥開開關，他們內心原本就存在的惡魔會因此被釋放出來。

4　作者註34。Joseph A. Gambardello and Barbara Boyer, "Mass Murderer Howard Unruh Dies at 88," The Philadelphia Inquirer, October 20, 2009, https://www.inquirer.com/philly/news/ local/20091020_Mass_murderer_Howard_Unruh_dies_at_88.html.

不論出於什麼理由，烏恩拉以自由之身在地球上做出的最後行為，就是在美國老家繼續殺人。他像發了瘋似地從一個店面換到另一個店面，然後以近距離展開了行刑式的槍殺。他帶著槍走到街上，成為了恰好在場或開車經過者的死神。窗邊有人感到好奇，或因為聽到不尋常的槍聲而感到害怕，而他也朝上對著這些探出頭來的人開槍。

他的目標不再限於清單，而是想殺就殺。

在失控狂飆的某個點上，烏恩拉的腿上挨了一槍，原來是有個男人從公寓樓上的窗戶朝他背後瞄準，但這完全沒有拖緩他的步伐，持續開槍的他依舊一發接著一發。最終用完彈藥的他退守回自家公寓，而警車則警笛聲大響地蜂擁而至。警員將建物團團包圍，開始用機關槍猛力掃射。數以百計的旁觀者聚集在街上，目瞪口呆地看著電影場景在眼前活生生地上映。

怪的是在對峙過程中，《肯頓信差郵報》（*Camden Courier-Post*）一名名叫菲利浦·巴克斯頓（Philip Buxton）的助理市政新聞編輯突發奇想，打了通電話到公寓裡。他異想天開地希望烏恩拉可以接起電話，成就他的獨家報導。而讓巴克斯頓也沒想到的是，烏恩拉還真的接了。

「你殺人是為了什麼？」巴克斯頓問。

「我不知道。我現在沒法兒回答這個問題。我得晚一點再跟你講。我現在很忙。」[5]

烏恩拉最終投降，並對一名警探宣稱說，「我不是神經病。」他把殺人的責任一肩挑起，並對想了解他為何這麼做的警方與精神科醫師提供了詳細的口供。

在其中一次錄製口供的過程中，他從容不迫地講述了自己如何殺害鞋匠：「我舉起槍對準了他，兩人誰也沒說什麼話，然後我扣下了扳機……他臉上露出了個怪表情，向後一個踉蹌，然後就倒在了地上。我這才意會到他還沒死，所以就朝他頭上再開了一槍。」

事發大約六週後，肯頓郡某法官簽署命令，宣告烏恩拉不具能力參與自身的辯護庭，理由是多名心理衛生專家做成了結論，指出烏恩拉是名有被迫害妄想的精神分裂者（今稱思覺失調）。當時只有閔福特（W.H. Minford）這名精神科醫師站出來據理力爭，他主張烏恩拉完全有能力出席自身的辯護庭。

把他關在精神療養院裡，讓他片刻也不用面對自身行為的後果，「會被認為是精神科醫師跑來救了他一命。」閔福特寫道。「他的審判本該是所有人『盛裝出席』，一

5 作者註35。Meyer Berger, "Veteran Kills 12 in Mad Rampage on Camden Street," The New York Times, September 7, 1949.

場非同小可的活動，」他接著說，「司法與精神科學的執業人員都有機會從他耐人尋味的特殊案例中獲益良多。」

但到了最後，烏恩拉的案子完全沒開庭。他草草被轉介至特雷頓精神科醫院（Trenton Psychiatric Hospital）的精神異常犯罪者課，在那裡以四七〇七七號入住者的身分待了一甲子，二〇〇九年以八十八歲的高齡死去。

換到今天，我很懷疑有哪個州會判定烏恩拉精神異常，畢竟舉證責任在辯方。辯方要負責以達到「證據優勢」[6]——也就是「有過半可能性」——的程度來證明是精神疾病導致了當事人不知道或無法理解犯罪的本質，或導致他無法辨別道德或法律層次上的是非對錯。很多凶嫌在一九四〇與五〇年代被心理衛生體系稱為「精神分裂」，但他們其實只是極度冷血，也就是我們今天說的「心理變態」。

暴力的心理變態者不是不清楚他們的行為是錯的，他們只是無所謂。他們在乎的只有自己，跟自己需要獲得滿足的衝動。

有證據顯示他身處於妄想或幻覺中嗎？似乎是沒有，但烏恩拉有為了什麼懷恨在心嗎？百分之百有。他知道自己在殺人嗎？當然，他還特意準備了武器。他完整計畫了一切，這怎麼看都是有著目標的故意行為。他知道這麼做在警方的眼裡，是錯誤的行為嗎？他可知道了。

十七年後的一九六六年，一個名叫查爾斯・惠特曼（Charles Whitman）的退伍陸戰隊員會用火力更強大的武器，帶美國進入一種駭人聽聞，無差別大規模殺人的全新領域。不同於烏恩拉，他沒有特定的標的，他有的只是愈多人死愈好的無盡殺慾。

惠特曼發動的攻擊，是美國揮別了廣播跟報紙是唯一的大眾傳播媒介，而且時效還得隔一天的時代，變成電視進駐美國家家戶戶之後的第一起大規模槍擊。那是破天荒而且「劃時代」，變成新美國媒體餵養出的一次分水嶺事件，並被鑲嵌在了一九六〇年代美國文化的爆炸性轉型裡。

六〇年代的轉型，是一次美國民眾心理的集體性受創，因為那代表了我們共同失去了一個夢想——一個由理想化的天真與安全所構築的夢想——更別說透過電視螢幕廣為播送的那些血腥且永無止盡的越戰畫面、那些學潮的示威抗議，還有民權運動引發的各種騷動，更是讓人心上的陰霾雪上加霜。

那代表了一個令人惶惶不安的全新現實。

6　英美法的舉證責任非常三種層級，最難者為代表罪證確鑿的「毋庸置疑」（beyond a reasonable doubt）、次之為「證據確鑿」（clear and convincing evidence），難度最低者為「證據優勢」（preponderance of evidence）。

八月一日約莫正午時分，身為專家級神槍手的惠特曼，翻出了他所有的手槍與槍彈，外加一把火力強大且附有瞄準鏡的狩獵用步槍，然後就此從德州大學奧斯汀分校的校園鐘塔上，展開了讓美國大開眼界的殺伐。

在以他為尊，長達九十六分鐘的腥風血雨後，鐘塔四周的街道與下方的天井上出現了十三具屍體，外加有逾三十名渾身是血的傷者倒地，包括其中一人在一週後不治。甚至於到了二〇〇一年，都還有一名受害者死於腎病變，而官方確認那也是三十多年前遭惠特曼槍擊所留下的後遺症。惠特曼手上共沾著十五名冤魂的鮮血。

數名警員終於趕到他所在的制高點，而惠特曼的下場是死在了離地兩百三十英尺高的瞭望台上，被警方當場格殺。

在前往校園濫殺無辜之前，惠特曼已先行持刀刺死了髮妻與母親。這種前面提到過的兩地犯案手法，也就是凶嫌先在第一現場開殺，然後再換到「主舞台」繼續行凶的做法，我們現已在性質類似的大規模槍擊與縱慾殺人案中習以為常。有些兩地犯案的凶嫌先在家把至親殺死，是「很體貼地」不希望家人受到自己的行為牽連。而有些凶嫌則只是單純地照著擬好的清單犯案，而上面的目標正好分處於不同的地點。

早在發動攻擊前很久，惠特曼就知道自己有病，事實上他還曾試圖就醫。他曾主動走訪了不只一名醫師，向他們解釋說自己會莫名其妙感到暴怒或困惑，有暴力衝動，以及頭痛。醫生開了處方箋，讓他吃了各式各樣的藥，都似乎沒一樣有效。

就在槍擊案發生的大約四個月之前，他才剛又去見了一名精神科醫師，並自陳他心裡有控制不住的憤恨與怒火。他甚至提及他考慮要帶把獵鹿用的步槍去鐘塔狙擊人。但他話說到這個份上，依舊沒有人對他進行干預，也沒有人追蹤他的後續。

案發之前，惠特曼在札記中寫下了被認為是遺書的字句。他沒有想活著回來。「這段時日我真的被自己搞糊塗了。」他寫道。「照道理說，我應該是個腦袋也不算笨的普通年輕人，但最近……我真的快被許多異常跟不理性的念頭搞瘋了。」[7]

他接著提到最近一次去看診的精神科醫師。「看過一次診後，我就再沒見過那名醫生了，接下來就是我與心中那團混亂孤軍奮戰，但顯然我努力的效果沒有出來。我希望我死了之後能接受解剖，看我體內能不能發現什麼外觀可見的病變。」

關於殺死妻子跟母親，惠特曼詳述了他是如何不希望她們因為他犯下的罪孽而活得抬不起頭來。「我真心不覺得這人世間有什麼好待的，我視死如歸，同時我也不希望留我太太一個人在這世上受苦……同樣的理由讓我想親手了結了母親。」

7　作者註36。Gary M. Lavergne, A Sniper in the Tower: The Charles Whitman Murders, (Denton: University of North Texas Press, 1997).

關於想被解剖一事，惠特曼得償所願，而我們也確實有了一項令人不安的發現。他的腦中有一枚胡桃大小的腫瘤。這一點引發了專家之間的熱議，眾人爭論的是這個病灶，是否起碼在某個程度上造成了他一發不可收拾的脫序心理。有些人認定腫瘤並沒有影響他的思考，但也有人認為這絕對可能造成他無法控制自身的情緒與暴力衝動。總之，我們並沒有找到單一而確切的因子造成他心理上的退化。

絕大多數罹患腦腫瘤的病人，都毫無傷人之心。腫瘤說並不能合理化惠特曼暴力行為的故意本質與目標導向，也無法解釋他計畫之縝密，乃至於他再三前往鐘塔勘查之行徑。

在專家想釐清他確切殺人動機的當下，精神疾病並不是名列前茅的候選人；當年針對這類罪犯的研究，並沒有把重心放在他們的心理狀態上。代表某種路徑式思維的警示行為、執念，還有外洩的暴力幻想——現代威脅評估的標準配備——在當時都還沒有到位。但在案發數日後確實發生了的一件事情，卻直到今天都還在鬼打牆——那是一次關於槍枝管制的論戰。當時的總統詹森宣稱，「行動的時刻來臨了」。他並在公開聲明中補充說：「我們不能忽視事件背後的教訓——我們必須積極推動目前懸宕在國會中的立法，以避免槍枝再次落入錯的人手中。」

隔天《紐約時報》的一道標題寫著：詹森總統敦促管制槍枝來預防新「悲劇」。[8]

「法律無法杜絕所有的慘案。」詹森的聲明接著說。「但那至少有助於避免氾濫的銷售讓槍支流向不應使用與持有槍枝的可疑人物。殊不知這樣可以救回多少條寶貴的性命？」

《紐約時報》特派員小勞勃・B・先普（Robert B. Semple Jr.）在後續的文章中總結了相關的努力，並指出國會山莊與華府其他部門的不少人都「不太敢對測槍枝管制法案的成功過於樂觀。」

這批人「猶記得在甘迺迪總統於一九六三年十一月遇刺後，美國也曾風起雲湧地強烈要求讓限制槍枝的措施入法。」先普寫到。「但這股動能一遇到美國國家步槍協會等擁槍社團的強力反對，便隨之土崩瓦解。」[9]

在一九六八年，馬丁・路德・金恩（Martin Luther King Jr.）牧師與參議員勞勃・F・甘迺迪（Robert F. Kennedy，約翰・甘迺迪的胞弟）雙雙遇刺後，國會確實立法

8 作者註37。Robert B. Semple Jr., "Johnson Urges Gun Curbs To Prevent New 'Tragedy,'" The New York Times, August 3, 1966.

9 作者註38。David W. Dunlap, "1966, 'The Time Has Come for Action,'" The New York Times, October 5, 2017, https://www.nytimes.com/2017/10/05/insider/1966-the-time-has-come-for-action.html

通過要管制槍枝郵購。但總統詹森不是很滿意於這項欠缺實質影響力的法案，他指出此法對擁槍者的身分沒有足夠的約束力。這話聽起來，是不是很熟悉？

「阻擋著這些保護性立法的聲音，不是民眾發自內心的呼聲，」詹森說，「而是強大的擁槍遊說團體，在選舉年得以暢行無阻的聲音。」他接著說：「我們這幾個月以來，這幾年以來，已歷經了太多的傷痛——那些絕不是我們可以稍縱即忘的過往。」

但言猶在耳，我們不就忘得一乾二淨，我們不就繼續撇過頭不去面對問題，槍枝管制條例至今仍吵得沸沸揚揚而無法底定。詹森當年說得一針見血，任何真正的改革都既免不了被擁槍遊說者捻熄，也免不了被需要錢連任的貪財政客打擊。

於是過了大約十六年，又有一名獨來獨往的槍手——失業的保全詹姆斯・休伯提（James Huberty）——把怒氣發洩在無辜的受害人身上。他在聖地牙哥聖伊斯多羅（San Ysidro）的一家麥當勞餐廳開槍，造成了四十人非死即傷。那天是一九八四年七月十八日。

那是一場二十一死十九傷的慘劇。休伯提則遭警方駐於附近建物屋頂上的狙擊手射殺。在那個當下，這是美國歷史上由單一槍手犯下最血腥的大規模槍殺。

但僅僅七年後的一九九一，就有人超越了休伯提。當時是三十五歲的喬治・韓納德（George Hennard）駕著皮卡貨車撞穿了德州基林一家露比連鎖自助餐廳（Luby's

Cafeteria）的牆壁，下了車，開槍殺死了二十三個人，然後舉槍自盡。

自那之後，大規模槍擊案開始接二連三，一次死得比一次人多，倖存者的傷勢也愈來愈重。而且事態惡化的速度好像愈來愈快。說實在，古往今來的大規模傷亡槍手只有一點真正的差異，那就是武器愈來愈先進，害得愈來愈多人死於非命。他們的動機看似五花八門，但其深層的主題都是一致的。再者，現今有很多這類槍手會尋求成為現代大眾傳播的媒體寵兒，他們要的是網路與社群媒體的鎂光燈關注。

他們有種欲望，是想把自身的怒火，發洩在廣大的群眾身上，讓自己的悲慘與痛苦也讓這世界嘗嘗。他們想要藉恐怖暴力的最後一舉來實現內心那股自毀的宿命與自殺的衝動。他們想要進駐眾人的記憶，想要在邪惡的名人堂裡有個屬於自己、不朽的一席之地。

帶著這些想法登場的，是史提芬・帕達克（Stephen Paddock）。這人在我落筆的當下，仍是美國史上由單一槍手犯下之大規模傷亡槍擊案中，殺死最多人的紀錄保持

10 作者註39。Joseph A. Califano Jr., "Gun Control Lessons from Lyndon Johnson," The Washington Post, December 16, 2012, https://www.washingtonpost.com/opinions/gun-control-lessons-from-lyndon-johnson/2012/12/16/38f3941e-47b4-11e2-ad54-580638ede391_story.html.

人。二〇一七年十月一日，這名六十四歲的豪賭賭客在拉斯維加斯曼德勒海灣（Mandalay Bay）賭場渡假村的三十二樓就定位，然後以多支火力強大的步槍，朝著底下約兩萬兩千名來賭城大道（Las Vegas Strip）參加「九十一號公路豐收」（Route 91 Harvest）鄉村音樂節的群眾彈如雨下，最終殺死了五十八人，並造成近五百人受傷。他在警方包圍逼近時朝頭部開槍自盡。

就其手法而言，這是一場非典型的大規模傷亡槍擊，但他從遠處狙擊受害者的方式與惠特曼雷同。今日更多的大規模傷亡槍手會選擇用較「親密」的方式，面對面殘殺近在眼前的被害人。

帕達克會下此狠手，並沒有單一確切的動機。他本人沒有留下遺書，客觀上也沒有任何蛛絲馬跡顯示他與隨機的陌生人有什麼深仇大恨。在後續的幾個月裡，聯邦調查局的行為分析小組銜命要在對此案進行深入了解後提出對帕達克的死後側寫報告，希望藉此釐清他的動機，好讓有關當局能有所本，避免類似的槍擊案再次發生。[11]

專家花了一年的時間挖掘帕達克的背景，過濾了各種蒐集自現場、車內與家中的證據。一如最終報告的記載，他們探究了「帕達克的身心發展、人際關係，還有臨床就診史，試圖找出當中有沒有人事物導致他決定動手」。一共三頁的報告摘要發布於二〇一九年一月二十九日。摘要中列出了十點關鍵發現，可能是帕達克潛在動機，但其中好幾點都被專家判定不屬於這樁犯行的要素。換句話說，分析小組並沒有找到證據顯示帕達克是為了意識型態或政治信仰而殺人。這份摘要也確認了帕達克是一人犯案而沒有共犯。[12]

聯邦調查局還判定，帕達克的犯案並無單一而明確的動機，還有他大費周章只為了讓自己的想法不為人知，這包括他從頭到尾都沒有跟任何人透露他的屠殺計畫。這一點在當今的大規模槍擊中，是很罕見的狀況。比較常見的是他們會把計畫預先傳播出去，包括他們會大剌剌地在社群媒體上留下足跡，會先寫好某種宣言書，或是會在事前與親友討論犯罪計畫。這些社群媒體貼文、宣言，或是與親友的交流，都反映了犯嫌想被記得，還有想成為大惡人來滿足其自戀心態的渴望。

某種程度上，帕達克刻意挑選了兩萬人為了喜歡的音樂而聚在一起的公開場合，

11　作者註40。John Wyman, Greg Saathoff M.D., and Andre Simons, "The Pre-Attack Behaviors of the Las Vegas Shooter: Key Findings from the FBI BAU's Expert Panel," Association of Threat Assessment Professionals Annual Training Conference, August 13, 2019.

12　作者註41。"FBI Behavioral Analysis Unit's Key Findings in October 2017 Las Vegas Mass Shooting," Federal Bureau of Investigation, January 30, 2019, https://publicintelligence.net/ fbi-las-vegas-shooting-motive/.

就是為了確保他的犯罪可以驚天動地，可以千古留名。所以他不需要事前在網路上放什麼貼文，他殺人的過程就是最好的貼文。

「行動派的槍手鮮少為了單一的動機或理由發動大規模殺人。比較常見的狀況是各種身心發展問題、人際關係問題、臨床心理疾病，還有生活環境的各種壓力源聚在一起，共同交織出他們複雜的殺意。」聯邦調查局如是寫道。「帕達克也不例外。」

雖說調查人員在聲明、影帶、遺書等自白資料的搜尋上一無所獲，但他們仍肯定帕達克一心求死。「隨著年歲增長，帕達克活得愈來愈痛苦，也愈來愈無法承受各種刺激，這樣的他十分不知道該如何因應伴隨衰老而來，日常生活中的各種壓力源。」報告指出。「在人生的最後幾年裡，帕達克歷經了客觀上（與主觀上）的身心健康下滑與機能衰退，同時他的財務狀況也每下愈況。面對這種人生的下坡段，帕達克決意要在人生的遲暮拿回主動權，他要安排一場自殺來終結自己的生命。他或許是不能、也可能是不願意去考慮其他的可能性，而這也最終導致了他決定發起攻擊。」

這種被我們稱為「感知緊縮」（perceptual constriction）的東西，是自殺與殺人後自殺者中常見的主題脈絡；這類人相信他們已經走投無路，自殺或殺人是唯一的選項。殺人與自殺者會堅信自己選擇的，是沒有辦法中的辦法。同時，就跟許多其他的大規模槍手、甚至是連續殺人犯一樣，帕達克也深深地想要成為知名的惡人，這也是聯邦調查局的判斷。而關於這一點，分析師們認為帕達克受到了他父親遺緒的影響。他有個前科累累的父親，是搶銀行慣犯，不但前科可以回推到一九四〇年代，而且還曾經上過聯邦調查局的通緝要犯名單。

班傑明・霍斯金斯・帕達克（Benjamin Hoskins Paddock）在一九六〇年被捕後遭判處二十年徒刑，但於入監八年後逃獄。他有個渾名是「鍍鉻圓頂」（Chrome Dome），原因是他理了個大光頭。他直到一九七八年才又重新落網。

聯邦調查局點出史提芬・帕達克「深受其記憶中的父親影響……帕達克的父親創造了一個門面來掩蓋他真正的罪犯身分，並隱藏住他被確診的心理變態病史，而這些做法，最終也確實讓他在犯罪史上留下臭名。」雖說當惠特曼從德州大學鐘塔上彈如雨下時，帕達克年僅十三歲，但那件事是否對帕達克的心理留下過長期的影響呢？他肯定看過新聞報導，知道發生了什麼事，並將之歸檔來做為一個參照點。那催生出了他內心的一個想法：精神上效法父親，但手法向惠特曼學習。

聯邦調查局認為史提芬・帕達克「終其一生對人幾無同理可言，且基本上都是用一種成本與效益的角度在看待旁人」，並指出他「決定在觀眾陶醉於音樂中時殺死他們的想法，與他的人格屬性一致。」出於成本效益的考量，他自然會找想要找個地方，把殺人效率放到最大。

另外也像許多其他的大規模傷亡槍手，帕達克極度地目標導向，且會專注於有特定任務要完成的事情上，由此聯邦調查局發現他投入了大量心力在賭博之類的興趣。「一旦下定決心要發動攻擊，帕達克就會拿出這種個性，開始投入時間與心力於槍擊計畫。帕達克展開了鉅細靡遺的準備功夫，包括他花了一年的時間爆買槍彈。光是殺人前策畫與籌備作業本身，或許就可以讓帕達克獲得某種滿足，因為這會讓他在身心走下坡之餘，仍能獲得一種人生的方向感與主控感。」

整體而言，聯邦調查局的發現只是提出了許多有趣的觀點，卻沒有真正解釋帕達克殺人的動機。最終他們只能簡單給出一個結論，那就是帕達克在很多方面都與其他的大規模槍手大同小異。

但也別小看這個結論，因為他不論在當時或現在，都算不上特別。這些年來，各式各樣的大規模傷亡槍擊何其多，我想專門為此寫一本書都沒問題。一筆接著一筆的這些案件，如今就像是間歇泉一樣每隔幾個月，就會至少噴發一遍。瓶中的精靈已經逃出來好一陣子了。在一個強調慾望要立即獲得滿足，並強調臭名也是一種成名的文化之中，大規模的凶殺就是會如此從幻想變為現實。

一如前面提到過的，艾略特．羅傑屬於大規模傷亡槍手中的一個分支——「非自願禁慾仇女者」（involuntary celibate woman-hater），簡稱 incel。二〇一四年五月二十三日，二十二歲的他在加州大學聖塔芭芭拉分校的校園附近兇性大發，刀槍並用地殺死了六人，傷及十四人，最終自盡身亡。

也一如前面說過的，他怒氣沖沖發表在網路上的貼文裡，看得到滿滿的仇女與嫉妒。有關當局事後發現，他的筆電開在一部他不久前上傳，內容非常讓人不安的YouTube影片上。

「明天就是復仇的日子了，明天就是我向全人類，向你們每一個人，討回公道的日子了。」影片中的羅傑人坐在車內的駕駛座上，語氣不疾不徐，雙眼直盯著鏡頭。「在從我進入青春期，過去八年的人生裡，我就一直被迫活在寂寞、被拒與欲求不滿的日子裡，只因為從來沒有女生看得上我。女生把她們的情與愛與身體都給了其他的男人，」他像是打開了話匣子，「我都二十二歲了，還是個處男，女生我連親都沒有親過。大學我也讀了兩年半，甚至不只兩年半，但我依舊是處男。這真的是酷刑。大學是所有人修習性愛學分與體驗各種人生至樂的階段，而這幾年的我只能在寂寞中腐爛，這實在太不公平了。」

羅傑具體而微地集自戀、自以為是、膚淺而物質導向的憂慮與價值觀，還有責任的外部化於一身。在他眼裡，女性就是用來滿足他衝動的「物體」。他完全不去檢討自己是不是哪裡不好才會遭到異性拒絕。他讓自己浸淫在虛擬的線上世界，任由網路支撐他極端而病態的仇女觀點。

艾略特，你懂得聽人說話嗎？你真心關懷過別人嗎？你有嘗試過也偶爾放下自己去考慮一下別人嗎？我要、我要、我要——這就是典型大規模傷亡槍手的正字標記。又一次，跟帕達克這一干人等一樣，艾略特毫無特別之處。

以二十二歲的年紀犯案的賈瑞德・李・勞納（Jared Lee Loughner），可以大致歸入由政治意圖推動的大規模傷亡槍手，只不過他真正的動機從沒有確切被判讀出來，且很顯然他在發動攻擊的當下心理並不穩定。

二〇一一年一月八日，勞納在土桑（Tucson）一家喜互惠（Safeway）平價超市外開火，當時那兒正進行著一場由民主黨亞利桑納州參議員嘉百莉・基弗茲（Gabrielle Giffords）主持的活動。他殺死了包括一名聯邦法院法官跟一名九歲女孩在內的六個人，並造成了十三人受傷。他在基弗茲參議員的頭部開了一槍，使身心嚴重受創的她不得不辭去國會議員職位。

根據其親友與調查人員的一致描述，勞納在大開殺戒前的幾個月裡，心理狀態持續嚴重惡化。他同時還不斷以政府為假想敵，累積著一種被迫害妄想的心情，並開始對基弗茲產生了莫名的執迷。

立場一如典型的極右派與反政府團體，他一面對非金銀本位的貨幣制度（在沒有貴金屬作為擔保的狀況下印鈔）頗有微詞，一面撰寫了對參議員基弗茲的刺殺計畫，另外還在網路評論中指控政府操控百姓心智。疑神疑鬼的他在網路噪音中受著各種刺激，變得一整個欲罷不能。

二〇一一年，他在遭判定不具備受審能力後被送往一處聯邦醫療院所接受治療。一年多一點之後，他被重新判定可進行法庭程序。最終他為了避免死刑而接受了認罪協議，法院於是判處他終生不得假釋的無期徒刑。

相比之下，戴文．派翠克．凱利（Devin Patrick Kelley）的心理就很正常了——至少是那種可以接受法院審判的正常。他只是很氣、只是對世界很不滿意，只是內心充滿暴力。他，是個出於家庭動機痛下殺手的大規模傷亡槍手。他想要復仇的對象，是與他貌合神離的髮妻。凱利在二〇一七年十一月五日星期天帶著火力強大的攻擊步槍，走進了德州薩瑟蘭泉（Sutherland Springs）的第一浸信會（First Baptist Church）教堂，然後緊接著開槍殺死了二十六個人，不少死者是孩童與長輩。他在犯案不久後自殺身亡。

有關當局認為凱利鎖定的是他的岳母。他岳母經常在第一浸信會參加主日禮拜，但就是剛好那天沒去而逃過一劫。換句話說，凱利最後殺死的都是些單純來做禮拜，跟他無冤無仇的普通民眾。

這些大規模傷亡殺手所不滿的，是自身遭受到的拒絕與遺棄，所以他們選擇在公眾場所來對主要的目標索命。在他們眼裡，自己的怒氣比什麼都要緊，所以光是把「該負責」的那個人幹掉是不夠的，他們需要更多人陪葬才能抵消自己的委屈。任何人哪怕只是剛好住在附近，都要為他受到的待遇負連帶責任。只有無辜的傷亡，才能確保他成功出口惡氣。有時他們甚至會責怪其他受害者站在其主要目標那一邊。

像帕達克與凱利這類的槍手，並沒有特別強烈的意識型態作祟。只是說今天的攻擊性武器與彈藥實在太容易取得，以至於大規模傷亡槍手有較低的門檻去實踐他們由權力慾所驅動的現代版惡名幻夢——並藉此去滿足他們對於認同感、控制欲、支配力的飢渴。但也有些人確實把意識型態的議題摻入了殺人計畫。有些人殺人，是笨手笨腳地要控訴體制、控訴社會、控訴他們認為與他們唱反調的團體。還有些人殺人，是為了恐嚇他們看不慣的政治立場。

在這個大規模傷亡槍手橫行的千禧年之前，扣除少數異數，像帕達克與凱利這樣的凶嫌只會在情緒控制不住後鎖定身邊的至親動手。但時至今日，悲劇已經無法在至親這個階層停損，主要是新的文化腳本會要求凶嫌做得更多。這些新的模板已經在雜誌封面上、大眾媒體上、還有虛擬的網路空間中被鑄成。工業社會裡，大眾傳媒已儼然是一波波大規模傷亡槍擊的加速器。

有件事我們知道得很清楚：這些殺人犯都邪惡到無以復加。不論他們的動機為何，也不論他們的心理狀態為何，更不論他們有著什麼樣的出身、受過什麼樣的欺侮、與人發生過什麼樣的爭端，或在經濟與社會上遭逢什麼樣的困難，都不影響我們的這一點認知。真正的勇者，會日復一日懷著堅忍、謙遜、信念與同理心去掙扎求生，去超越這些生命的考驗與人性的衝動，而這些凶嫌只不過是懦夫。

但這些凶嫌所硬拗出來且全心擁護、用來自圓其說的理由與藉口，還有他們那些死都不肯鬆手的執念，在他們看來就是那麼地有道理，同時他們又都非常具有執行力。那是種純粹的邪惡。他們會計算自己的殺戮成績，彷彿那是某種值得自豪的征服，並從中增加他們的自我價值。不論這些凶嫌在犯案後是死是活，他們最終的想法都是自己贏了。

對美國的大規模傷亡槍擊始祖霍華．烏恩拉而言，再怎麼扭曲的心靈都不妨礙他覺得自己成就了什麼。這一點至少在他剛殺完人的時候成立。與《肯頓信差郵報》的助理市政新聞編輯通電話的時候，他就很清楚地表達了這種心情。在警方對烏恩拉所在的公寓大樓彈如雨下的同時，編輯曾問了他殺了多少人。

「我不知道。我沒算。但看起來分數還不錯。」

第七章

烏有鄉：妄想中的行兇者

「這裡大部分人都都瘋了……你或許也看出了我不是完全神智清醒……」

——路易斯・卡洛爾，出自《愛麗絲夢遊仙境》

在巡迴全美與一個個凶神惡煞會面的過程中，我也同時遇見了不少真的患有精神病的人，而其中最具代表性的便是赫伯．穆林。他滿腦子想著要以活人獻祭來拯救加州不受災難性的地震毀滅，在從一九七二跨到一九七三年的四個月之間，有計畫地殺死了十三個隨機對象。他的內心是如此扭曲，以至於他認為聖安德列斯斷層（San Andreas Fault）如果放著不管就會裂開、吞噬舊金山，造成千上萬人死亡，每多殺一個人，斷層就可以暫時控制住。落網後的他被問到為什麼要殺人，他解釋說：「我們人類自古以來，就一直用殺人來保護美州大陸不受災難性的地震傷害。換句話說，這是一種兩害相權取其輕，以小型天災替代大型天災的做法。」[1]

我在一九九九年見到的，是已經被監禁大約二十六年的穆林。他至今仍身陷囹圄，估計再無重獲自由的一日。因為一名不論殺了人或犯了什麼罪的囚犯若要獲得假釋，假釋委員會必須確認該罪犯已為其行為負起責任，表現出悔意，並要能讓委員們相信他或她有意願跟能力成為對社會有貢獻的一員。更重要的是，委員們必須知道他不會再對社會造成危害。

有關當局必須相信罪犯已經不再會對自己或旁人構成威脅，並且服刑期間的教化已經大功告成。那意味著罪犯的心靈已經痊癒，想殺人或恐嚇人的衝動已經消失殆盡，且再犯的機率是零，讓他們釋放出黑暗衝動的扭曲心理已經冰消瓦解。

嗯，至少大部分的假釋應該是這樣。但在我們居住的加州，某些政治人物似乎很能接受把一群危險的罪犯放出來，或是讓隨便誰都能未經仔細查證便順利地通過我們的邊關，進入我們的國門。拜過於寬鬆的「庇護城市法」[2]所賜，這些政客拒絕遵守起碼的法律，不讓危險的非法人物在出獄後被馬上遣返。而這些讓政治考量凌駕於依法行政之上的政客，也沒有因為後續的犯罪潮與斑斑血跡而負起責任。有趣的是，因為怕冤案使人枉死而支持廢除死刑的同一批政客，往往也支持過度放大的庇護政策，進而使凶嫌能留在美國繼續傷人、性侵或害命。這是一個事實。許多無辜者——包括某些警察同仁——都死在不屬於這國家的一員、但因為之前的嚴重犯罪而被捕的凶嫌手裡。我想問的是：對比死刑案件的冤案率，這類政策可接受的錯誤率又在哪裡？

好吧，我離題了。因為我不覺得穆林有機會受益於這世上如傑瑞・布朗（Jerry Brown；前加州州長）、蓋文・紐森（Gavin Newsom；現任加州州長）與賀錦麗（Kamala Harris；美國副總統）之流的政客與其政策。直到今天，穆林都還不曾符合

---

1 作者註42。Katie Dowd, "'Murder Capital of the World': The Terrifying Years When Multiple Serial Killers Stalked Santa Cruz," SFGate, April 17, 2018, https://www.sfgate.com/bayarea/ article/santa-cruz-kemper-mullin-frazier-murders-12841990.php.

2 Sanctuary city。不配合聯邦政府執法，提供非法移民庇護的城市。

假釋委員會的任何標準，將來多半也沒機會。這就是何以我覺得他應該要關到死，免得這社會又得面對一個在腦中的惡魔驅策下，堅決要在世間散播死亡的傢伙。

當我與犯案多年後的他對話時，他說起當年的病態心理，用的多半是過去式。但其實如今的他仍有十分嚴重的妄想——他會把責任往外推、輕描淡寫地談論自身的犯罪，並且會把他過往的妄想當成是各種「可能性」——而這種種表現，都顯示他並沒有完全放下仍在餘波盪漾的病態思想。

「我會傾向於把那看成是一次性的暴衝式犯罪。」他告訴我，很顯然又是想要大事化小，模糊掉他是個連續殺人犯的事實。他在面前的桌上用手畫著圈圈，就像是要把所有的受難者捲成一堆。對他來說那只是一宗犯罪，而不是十三條人命。

所以如果能重獲自由，那會是——我就直說了——他想破頭想得到的東西，也會是他第二次暴衝殺人的機會。要說這麼多年的光陰，會讓他的幻覺稍微弱化一點，我只能說也許吧，但我更衷心相信那些妄想，主要還是冬眠在他依舊破碎的心靈中的深淵。

在加州州立騾溪監獄的訪客室架好攝影機後，我耐心地等候起穆林出現。後來我慢慢有點坐不住了，請教了一位監所同仁，我想知道他何時會被帶來受訪。沒想到搞了半天，靜靜坐在我旁邊那個弱不禁風還缺了門牙、髮際線明顯後退且戴著一副厚重圓形老花眼鏡的小男人，就是穆林！

他就是這麼沒有存在感。僅僅五呎七吋高（約一百七十公分）的身高與大約一百四十磅（約六十三公斤）的體重，穆林不起眼的程度就像個布景，就像個沒有什麼可期待、也沒有哪裡要去，只能在自己腦裡胡思亂想的傢伙。他就這樣默默地在訪客室裡東張西望，找尋著遍尋不著的目光焦點。

他連眼睛該看哪兒都不曉得。

他接著帶領我進入他驚人的黑暗扭曲內心世界一遊。即便是事隔二十年的現在，那場訪問的印象都還偶爾會爬進我的心中。每當我聽說有隨機殺人案可能涉及之前的某名凶嫌——不同的受害者，卻都顯然命喪於同一個罪犯，一個選擇受害者沒有特定模式，且手法往往邋遢、瘋狂且毫無條理的罪犯時——我就會馬上想起穆林。

我會想到一個可怖的現實：外頭還有個就跟穆林一樣的人，正準備朝著無辜的獵物撲上去，而我們每個人都可能是那個獵物，都隨時隨地可能莫名其妙死在一個精神異常的凶嫌手裡。其實我們每個人，都帶著幻覺活在這個世上，我們都以為自己控制著身邊的一切，都以為只要自己平常小心一點，我們跟我們摯愛的家人都可以平安度日。但事實很多時候並非如此。

妄想者的心靈，特別是那些會聽從想像的聲音命令、在徵兆的提示下去作案，或是會因為虛無飄渺的韻律帶動，一時興起去殺人的，在本質上是一種令人惶惶不安的存在，因為你基本上無法對這些殺人者是怎麼個瘋狂法理出一個頭緒，至少用他們大腦以外的正常邏輯是沒有辦法。不同於較有條理的殺手像泰德·邦迪獵殺女性，或是像傑佛瑞·達莫受男性與少年吸引，真正陷入妄想的凶手如穆林之流，會經常沒有特定的行凶標準，很多人死於他們之手，只是不巧在錯的時間出現在錯的地方。

這並不是說邦迪或達莫精神很正常，都沒有苦於任何心理的扭曲，但穆林是真心相信自己受到了外在力量的指引，也相信自己是真的為了某種大我的公益在殺人——這是典型陷入深層精神錯亂的妄想人格。邦迪與達莫型的凶嫌也往往有秉性上的異常——他們的自我認知與世界觀都有病態之處。但相對於邦迪與達莫型的人物會特別看重對人的支配、優越感、獵殺、變態的自我滿足等元素，穆林型人物則是為了自身以外的理由殺人。

用一種冷靜不帶感情的語氣，穆林對著同在監獄中坐著的我總結了一切。他解釋了何以殺人的是他，但該受譴責的是別人：「我相信我也是某種受害者，是我的家人與朋友對我進行了某種掃興的虐待狂巫術，讓我變得過於天真、變得容易受騙上當而不夠成熟，然後……就造成了我去殺了十三個人。」

掃興的虐待狂巫術，我心想——沒有這種東西好嗎。你表現出的就是精神異常，而你發明的這個詞語，只是精神錯亂的你用個人語言癖好堆砌出的胡說八道。這用語正好坐實了你符合典型的思覺失調和其他精神病症狀。

穆林於一九四七年四月十八日生於加州的薩利納斯（Salinas），那是美國一個漂亮到不行、有著「世界沙拉盅」（Salad Bowl of the World）美譽的地方，主要是那裡有著年產值高達二十億美元的農業，供應全美八成的萵苣與朝鮮薊。距離太平洋只有一步之遙的薩利納斯位於舊金山南方一百英里處，還是約翰・史坦貝克（John Steinbeck；一九六二年諾貝爾文學獎得主）的出生地。穆林的生日很諷刺地，也或許是像是預言一般地，正好是一九〇六年灣區大地震的四十一週年，那在當時是一場芮氏規模七點九的大災難。猛烈的搖晃一路從洛杉磯到奧勒岡州南部，都可以感覺得到。

舊金山市政府倒塌了，路面電車在尖銳的煞車聲中停下，整座城市很快就陷入了一片失控的火海，一燒就是四天。大約四平方英里的市區遭到夷平；逾二十八棟建築被毀，高達三千人殞命。

這場加州大地震是穆林心靈熔毀的關鍵。也許是他誕生在這場災難性的地震週年，已冥冥之中預示了後來的妄想與殺戮。

他很懂禮貌，完全不缺朋友，高中時代他什麼運動都參與，同學們甚至票選他是將來最有可能出人頭地的同窗。但很可惜的是他將終生與成功二字無緣。就如同許多前途無量的個體都最終毀於心理疾病的摧殘，穆林也很快就會病入膏肓地陷入心病中而無法自拔。

他的爸媽嚴格歸嚴格，但程度上並沒有太過分。他們一家就是郊區一個家教甚嚴的普通天主教徒家庭。在穆林的早年生活中，我們看不出什麼他將成為殺人狂的異狀。但這也算正常；不少人都是到了接近二十歲或滿了二十歲之後才顯現出精神疾病的徵象。

此後穆林人生中的好幾次事件，似乎都在他墜落深淵的路上推了一把。首先，就是他高中時代最好朋友迪恩・李察森（Dean Richardson）車禍身亡。事情即便過了三十四年，坐在監獄裡跟我講話的他仍難掩內心的激動。聽著他講述當時的事發過程，你可以看到他起皺紋的嘴唇因為失去摯友的傷痛而顫動，也可以看到純然的悲慟川流過他老邁的面容。

一九六五年的九月，穆林與李察森已經是相交兩年的好友，高一跟高二兩年他們幾乎天天泡在一起。

「他怎麼會發生那種事情？是他邊喝酒邊開車，還是單純走霉運？」我帶著幾分算計這麼試探性地追問，我知道穆林後來會成為那副模樣，跟生命中的這段劇變脫不了干係。

穆林輕聲談起了那場車禍，他的眼睛一會兒飄向天花板，一會兒飄向地板。

「他撞到了什麼？」

「一大團樹，然後像乒乓球一樣彈開。」

「那有影響到你嗎？」

「喔，何止影響，我簡直是撕心裂肺，撕心裂肺……若算掉的眼淚，我這輩子就是那一次哭得最兇。簡直是山洪暴發。那是我內心的小洪水。」

他緊緊地抿住嘴唇，像是很努力在忍住更多的眼淚，然後他前言不對後語地胡說八道了一番，才又返回到貫穿我們對話的主題：自由。

「我沒結過婚，所以我想要給自己第二次機會……就算他們放了那些墊子腳鐐在我的腳踝上，也在我的脖子上，但只要他們願意給我第二次機會，我確信我可以證明自己八九不離十也是個守法的好公民，我只不過是在人生的某個點上越了過那條線，進入了完全的瘋狂之中，當時的我徹底失控成另外一個人。」

我一邊聽一邊點頭來給他肯定，我知道不論他說出口的東西有多天馬行空，我都必須要「按捺」好他，這樣我才有機會得到我跑這一趟，最想要得到的真相，那就是像赫伯．穆林——我口中的小赫（Herb）——這種人是被什麼動機上緊發條。但這就代表我得多花點時間。

「也許你可以跟我說說，你覺得這一切是怎麼發生的？還有你在犯罪過程中的心路歷程？」

「我沒辦法帶你重複一遍當時的心情，因為我已經不想『重回舊地』了。你知道的，我覺得那段人生已經是過去式了。不去談當時究竟發生了什麼，也算是對死者的一份尊重吧。我希望他們現在都好好的。」

但很顯然我們還是得在『舊地』待上一會兒。

在李察森死後，穆林陷入了憂鬱，並開始使用少量的大麻與大量的ＬＳＤ（迷幻藥），而我們現在都知道，這些物質會加速原本就有精神疾病體質的人發作得更快也更嚴重。調準頻率、撥開開關、開始墮落。有的人這樣嗨上去之後，就再也沒下來了。

他打著零工，嘗試從軍但沒有成功。他還在性傾向上產生了疑惑，開始偶爾跟一名同性友人搞曖昧搞到床上。這一點也造成了穆林內心的崩解，因為他真的愈來愈搞不清楚自己是誰，等著他的又是什麼樣的明天。然後就是他開始幻聽，他開始覺得腦中那些聲音真的來自他的雙親、朋友、街坊。他開始進進出出精神治療機構，並會儀式性地點菸灼燒自己的陰莖。

一九七二年九月，穆林搬回了他爸媽在聖塔克魯茲的住處，並開始停止服用那些多少舒緩了他腦中瘋狂念頭的藥品。他在一個月後找了份餐廳跑堂小弟的工作，但他的狀況也在此時急轉直下。他開始在他腦中聽到父親的聲音，要他去殺人。

也就在大約這段時間，一名搞怪的灣區科學家對全球發表了加州將於數月內遭到大地震重創的預測。像這種自封科學家的信口開河，一般人都只會當笑話聽聽而不會放在心上，但穆林卻視之為行動的召喚。他必須要有所回應——事實上，他內心的聲音已經下令。他的第一次殺戮已經迫在眉睫。

事發是一九七二年十月十三日，一個陰沉的星期五早上。穆林後來宣稱說他父親從好幾天前就不斷用心電感應催促著說「如果我不殺人，就會讓全家蒙羞」。他於是拎起了家中車庫裡的一根棒球棒，蜿蜒著開車穿過森林，然後在途中發現一個男人獨自走在街邊。那個人是五十五歲的遊民勞倫斯·懷特（Lawrence White）。

穆林開車超越了他，然後在前方不遠處靠邊停下。他打開了所駕藍色雪佛蘭旅行車的引擎蓋，假裝在修車。經過時的懷特表示可以幫忙看一下引擎，而穆林就趁機持球棒將懷特的腦袋打凹。他把沒了氣息的懷特棄屍在路邊，開車揚長而去。

穆林後來說，懷特於他就像是聖經裡的約拿[3]（Jonah），而這名「約拿」用傳心

3　約拿在聖經故事裡違背了上帝的命令，並為了逃跑而搭上了一條船。上帝為此讓海上狂風大作，於是約拿便對船主說你們把我拋入海中，上帝就會放過你們了。

術告訴他的其中一則訊息是「殺了我，好讓其他人可以得救」。穆林稱之為「死亡之歌」（Die Song）。在被捕後，他曾對精神科醫師介紹過這首死亡之歌，但其胡言亂語的程度也幾乎讓人無法聽懂：「我要你去死，我要你去自殺或被殺，好讓我的大陸不會掉進大海裡。懂了嗎，這整個是轉世重生的概念，這人死了，才能保護我的地層。」

在我們事隔多年後的訪談中，他對我解釋說這第一次殺人是一切的起點。這之後有愈來愈多以他父親為主的聲音，出現在他腦中，告訴他說要是他不殺人，就會被當成懦夫。「如果你不去找個人殺，那你就是個懦夫。」他告訴我那些聲音是這樣說的。「而這都是非語言的溝通，所以就我所知，這些對話是有可能未曾發生。我是說，顯然那些聲音並不存在，因為心電感應與這類通靈的現象，多半是不可能屬實的事情。」

「有可能並未發生」？「多半是不可能屬實的事情」？這些事當然不可能發生或屬實。所以很顯然，即便過了三十個年頭，他還是沒有真正面對現實。

他的第二次殺人，發生在第一次犯案的十一天後。一九七二年十月二十四日，求職中的瑪麗·吉爾佛伊爾（Mary Guilfoyle）眼看著要趕不上面試時間了，於是——就跟在那個百無禁忌的奔放年代，很多人會在聖塔克魯茲做的事情一樣——她開始一邊走一邊伸出表示要搭便車的大拇指，而她攔到的正是穆林。

二十四歲的瑪麗沒多看第二眼，就跳上了穆林的旅行車。他算得上帥，說話又挺斯文，態度也很客氣，加上身材也沒比她高大多少，所以怎麼看都不危險。

就在瑪麗腿一伸，在車裡放鬆時，穆林把車轉進了小巷，抽出了獵刀，連番對著瑪麗白刀子進紅刀子出。行凶後他將瑪麗分屍，並把扯出的內臟丟棄在林中。瑪麗就這樣曝屍荒野了將近一年才被人發現。

就在案發過了一週多一點後的十一月二日星期四，穆林步入了從聖塔克魯茲駕車約半小時車程，位於洛斯加圖斯（Los Gatos）的聖瑪麗天主堂。身為罪人的他需要告解。那天適逢萬靈節（All Souls' Day），亦稱悼亡日。在這一天，天主教徒要紀念的是所有逝去的信眾——那些受過洗（浸禮）但因為小罪而卡在煉獄的靈魂。

穆林宣稱他腦中的聲音又再一次對他開口，並解釋說他在教堂裡遇到的亨利·托梅（Henri Tomei）神父自願為了全人類的大我而獻身成為祭品。死亡之歌再度在他的腦中響起。

他在告解室中刺死了六十五歲的神父。

這之後穆林會安分三個月。我只能推測他認為目前的死亡人數已發揮了遏止大地震的效果，但當然也有一種可能是他意識到，有關當局已經盯上了這些案子。精神病與妄想，都不妨礙人理解自己的所作所為在旁人眼中是一種犯罪。

但他也不可能安分太久。一九七三年的一月二十五日，穆林又在腦中產生了要致詹姆斯・吉安尼拉（James Gianera）於死的念頭。吉安尼拉何許人也？帶穆林入門抽起大麻的，是他；跟穆林一起吸食過大量迷幻藥的，也是他。穆林開車到了他記憶中吉安尼拉的住處，結果開門的是一個叫作凱西・法蘭西斯（Kathy Francis）的女子，而她表示吉安尼拉已經搬走，並給了穆林一個新的地址。

穆林很有禮貌地道了謝，但凱西與穆林並不只有這一面之緣。在凱西告知的新住處，吉安尼拉二話不說就幫穆林開了門，結果穆林給了吉安尼拉跟他太太喬安（Joan）頭部各一槍，然後再怒氣沖沖地在早已死絕的兩人身上猛刺。謀殺完這兩人之後，穆林驅車返回了凱西・法蘭西斯家，持槍射殺了她跟兩個年幼的兒子，然後又是喪心病狂地猛刺已然斷氣的母子三人。這究竟是他在發洩某種憤怒，抑或又是幻覺與精神異常在對他發號施令，是我想問的問題。但由於他拒絕再次「重返舊地」，導致我無法偕他去他內心一探究竟。

兩星期後，一九七三年二月六日，穆林邂逅了在林中露營的四名男性青少年。他說他用心靈感應徵求了他們獻身的意願，結果他們盡皆同意，於是耳邊再度傳來死亡之歌的穆林對少年們開槍，造成四人當場死亡。

至此他並沒有殺夠，亦即要是他沒被及時逮捕，穆林手上恐怕還會沾上更多的鮮血。在他自稱那「縱情一波」的犯罪過程中，穆林儼然化身成了一名多重殺人犯，這樣的他在短短兩週內，就實施了兩起大規模傷亡重案。而他的下一次動手，將為其殺人的三部曲寫下終章。

這一次穆林認為他聽到父親的聲音指示，是在他開著旅行車出門去撿家用薪柴的時候。「先別忙著把薪柴送回去，殺個人先比較要緊。」那聲音在他腦中說道。就在大約同時，穆林看到了一個名叫佛列德．培瑞茲（Fred Perez）的男人在自家的車道上忙著，他於是若無其事地把車靠邊停，然後一槍往培瑞茲的胸口開下去。

他此前都是算是福星高照。即便殺人殺得如此隨興，既無計畫也欠算計，但他還是都能成功地逍遙法外，警方甚至根本沒有鎖定他是嫌犯。但運氣總有用完的一天，主要是這次報案的鄰居不但聽到了槍響，還瞄到了穆林的車牌號碼。

案發沒多久，穆林就在紅燈前被巡邏警員攔下並逕行逮捕。乖乖束手就擒的他在當下沒這麼說，稍後在接受偵訊與法庭受審時也沒這麼說，但穆林確實向我坦承說落網讓他鬆了口氣。

「你被警察逮到時的反應是什麼？」我在一九九九年的監獄訪談中問他。

他噘著嘴吹了口氣，發出了口哨聲，然後翻了個白眼。「我不知道耶……我知道自己的人生會有巨變……我會說人生那個階段告一段落，讓我稍微鬆了口氣。我知道他們會讓我與社會隔絕很長一段時間。而從那時到現在，你知道的，我終於理解，終於知道了這種地方真能把人治好。要是你有心病而且入了獄，也下定了決心要把病治好，那這裡的人真能幫你找回健康。」

穆林對殺人坦承不諱，只不過他被起訴的部分只有聖塔克魯茲郡的那十條人命，而不包括發生在聖塔克魯茲以外的其他命案。審判的最終爭論點，變成他的神智是否清醒。誰幹的沒有問題，有問題的是他為啥這麼幹。很顯然，穆林殺人時並沒有火力全開，他更像是一個典型的妄想殺人犯。但他究竟是濫殺還是因為妄想而殺並不重要。這個案子的關鍵仍在於他在殺人時有沒有理智，而這衍生出的就是一場專家大戰。

辯方主張，他顯然已因為被迫害妄想型的思覺失調（精神分裂）而喪失了理智，所以正確的處置不是對他問罪判刑，而是把他鎖進精神院所。但檢方則認為穆林不論在殺人前或殺人後，都做出了理智而清醒的決策，甚至他還做了一些努力要掩蓋他的涉案情節，而會想掩蓋就代表他有預謀、有犯意、有在事前設想過他的邪惡計畫。

檢察官指出穆林曾在第一次犯案後清洗凶器（球棒）上的血跡，曾在另外一個犯案現場撿拾彈殼，曾把他犯案用的槍枝序號磨掉，還曾經把包含凱西．法蘭西斯在內的目擊者滅口——畢竟若不是因為凱西告訴了他吉安尼拉的新家，他根本沒有理由繞回去殺她。

檢方提出的這些事實都是辯方難以用狡辯去跨越的高牆，尤其是其中殺人滅口的部分。如果凱西真的只是替大地震沖煞大計的一環，真的只是被當成祭品的另外一個靈魂，那穆林大可以、也應該第一時間就了結了她。檢方想要表達的重點是，就算穆林存在妄想，就算他腦中有聲音在叫他殺人，也不表示他不知道自己在做的事情是錯的。有妄想人格跟知道是非對錯，並不是兩個互斥的特質。而如果他在殺人當下明白這是錯的，那就代表他在稍縱即逝的犯案過程中沒有完全喪失理智。

辯方找來的一名精神科醫師唐諾．朗德（Donald Lunde）作證說穆林確實是個妄想型的思覺失調者。他在法庭上播放了一段穆林受訪的錄影，當中可以看到穆林嘗試解釋自己為什麼會失控殺人，包括他再度搬出了死亡之歌的說法來合理化自身的罪刑。

「大家都愛唱『死亡之歌』，你知道的：大家都愛唱『死亡之歌』。如果我是高中畢業年班的班主席，那我應該可以叫兩個，搞不好三個年輕的智人去死。我可以對他們唱出死亡之歌，然後他們就必須要自殺或被殺……他們必須這麼做，才能保護大地不受地震侵襲……因為一整年裡，社區裡全數其他的人都一直在死去……我們也必須要出一份力，可以這麼說吧，來對黑暗有所貢獻。我們也必須要一起去死。而比起謀殺，大家寧可去唱死亡之歌。」[4]朗德後來在一本名為《死亡之歌：大規模傷亡殺人犯的心靈之旅（暫譯）》（*The Die Song: A Journey Into the Mind of a Mass Murderer*）的著作中，進一步闡述了穆林對他說出的胡言亂語：「他告訴我說若我去整理出世界上各大戰爭與飢荒的編年史，並將之與歷史上的大地震對照，那我會發現當世界人口的死亡升高，地震發生的頻率就會下降。」

穆林顯然很執著於地震這種自然現象，但這顯然與現實嚴重脫節，而且對他的審判也沒有任何幫助。法院判定他在犯案當時具備行為能力，所有罪名一概成立，由此他被判處了不只一個無期徒刑，二〇二〇年之前不得申請假釋。而自進入二〇二〇年以來，他的假釋申請也已經多次遭到駁回。我懷疑當年的陪審團員並不覺得他神智完全清楚，只是他們實在很怕穆林會有朝一日重獲自由，所以才睜一隻眼閉一隻眼地把他的精神狀態當成是次要的細節，為的就是要確保他沒有活著出獄的一天。

判決結束的幾年後，知名聯邦調查局側寫專家勞勃．瑞斯勒證實，他認為陪審團的心證內容是穆林確實瘋了，是個不折不扣的神經病。他認為穆林被送進監獄而非精神病院，有遭受不公平待遇之嫌。也許瑞斯勒的看法沒錯，但為歷史翻案沒有意義，何況你也很難去推翻主張穆林具有行為能力的論點：他知道他在殺人，而且也試圖掩蓋自身的行為。

穆林始終待在他應該待的監獄裡，畢竟他始終不願意為自己的犯行負起完全的責任，也始終在心理上看得到那條斷層的裂縫，隨時可能釋放出暴力攻擊的能量來撼動這片大地。「我已經被關了二十六年，我不想被關到死，也不希望大家覺得只因為我是動手的人，就把所有責任推到我一個人頭上。」他話說得信誓旦旦。

「你說你的家人、朋友造就了好騙、天真跟不成熟的你，這一點是如何導致你的犯案？」

「我是覺得人慢慢在心智上成熟，他們會開始認知到社會上有尊卑與階級之分。你去參加派對，裡頭也不是人人平等。有些人的權力就是比較大。而隨著心智成熟，你會開始知道怎麼跟這種階級制度交手，好讓自己也偶爾可以大權在握。或者有時候你得低聲下氣地裝孬，好讓自己不要遭到放逐，不要變成眾矢之的……但事實是我對這種社會階級一無所知。」

他三兩下就把事情怪回到親生父母的頭上，一副哀愁不堪的模樣。「我想可以這麼說，世界上最美的事情，莫過於父母親教導孩子去過健康的生活。我巴不得能有那

---

4 作者註43。Donald T. Lunde and Jefferson Morgan, The Die Song: A Journey into the Mind of a Mass Murderer, (New York: W. W. Norton & Company, 1980).

樣的爸媽。我曾不斷用言語表達這樣的渴望，但我爸媽並沒有回應我的需求。」他用低沉而隱約帶著憤恨的耳語如是說。

順著這個話題，穆林接著解釋起何以真正的罪犯不是他，而是他的爸媽。

「所以你爸媽犯了什麼罪？」我問。

「基本上可以往二級謀殺的方向去想吧。因為他們不知道誰會來殺我，他們只知道可以把我派出去殺人……我知道在案子發生的過程中……他們對那是怎麼回事一清二楚。所以說我覺得他們就是想培養我犯下這些罪行，才會一直讓我處於之前的那種狀態，而且還刻意讓我的狀態愈來愈糟，愈來愈糟。」

「所以你感覺他們在控制你？」

「你知道，我現在五十一歲。我現在才說出這些。我爸媽都已經死了，他們死了。所以也許上帝正在折磨他們。也許上帝正在懲罰他們。」

像這種把責任往外推的做法，也完全是妄想的一部分，至少這麼說在穆林的案例中是成立的。又或者這種卸責的行為是整體人格異常的一環。存在妄想問題的人若兼有異常人格，會讓問題變得更加複雜。亦即有妄想問題的個體往往會秉持某種執拗或違反現實的信念，然後這種執拗又會被建構成一種與其所患心理疾病相關的陰謀論——在穆林的案例中，這個陰謀論就是地震災難背後的規律。

這種陰謀論本身不是一種疾病，而是一種可以連結到各種心理異常與特定迷醉狀態的症狀——包括由大麻或致幻劑所引發的迷醉狀態。頻繁的吸毒不見得會引發心理疾病，但心理疾病一旦爆發，病情確實有可能因為吸毒而加重。而很不幸地，某些吸毒者一嗨上去就再也沒能「盪」下來，這是因為毒癮已經撥開了開關，讓他們對於特定的心理異常狀態失去了反抗力。於是，原本由毒品誘發的狀況，最後會演變成是無法痊癒的慢性心理病態與妄想。

可是，容我特別澄清一點：大部分有心理疾病的患者，甚至包括那些有嚴重幻覺的個案，都不會衍生出暴力傾向。事實上，會在內心惡魔的召喚下採取行動，把憤怒或想完成某種任務的衝動表現出來的人，只佔極小的比例。只不過那些真正會採取行動的，都不是普通的恐怖，這一點看看穆林就非常清楚。

即便是在毒品世界裡被視為最小兒科的麻醉藥，比如說大麻，也有可能對心智產生巨大的影響。事實上比起上世紀六〇年代到八〇年代，現在的大麻產品簡直是宛若火箭燃料一般的存在。一代代的品種改良與強化，讓二十一世紀的大麻成為一種對某些人而言非常強效且具有高毒性的藥品，主要是大麻中一些原本可以對抗精神病的天然化合物沒了，而這也就使大麻失去了中和精神不穩定的能力。

雖然大麻的支持團體再三進行遊說，但多項研究已顯示，在青春期濫用過大麻的青年人會因為使用大麻的習慣而讓精神疾病平均提早三年發作。這是一項不容小覷的事實，因為精神疾病發作的時間愈晚，他們在發病時的運作基準線就愈高，也就是說他們「保底」的正常心理水準就愈高，而有了贏在起跑點上的這項條件，他們比起較早發病的病患就會比較容易治療。愈是在心智尚未成熟的階段發病，精神病患即便順利就醫，其預後也會比較不理想。

妄想者的執拗且與事實不符的信念，其怪誕程度可以沒有極限，比方說有人會覺得自己被外星人綁架過。或者也有一些信念比較容易想像，也沒有跟現實脫離太遠，比方說有人會覺得自己得了（其實並沒有得到的）愛滋病或癌症。妄想者的特點是即便鐵證如山擺在眼前，他們還是會堅持自己那匪夷所思的想法。

如達瑪斯修．托雷斯（Damascio Torres）就是一例。這人怒髮衝冠地闖進了洛杉磯郡暨南加大醫學中心的急診室，槍擊了三名醫師，然後挾持了一名人質；他最終棄械投降，已經是與有關當局對峙了五小時後的事情。

那天是一九九三年的二月八日。托雷斯這個時年四十歲的遊民，最早是在一九八二年來到他犯案的醫院，當時他宣稱自己遭注射了一種年復一年在啃食他生命的神秘病毒。他覺得自己正從裡到外，活生生地在腐爛。火冒三丈的托雷斯接二連三來到了醫院，一次次抱怨著自己身上散發著惡臭，還說自己吃下去的食物無法消化，腸胃蠕動也控制不住。

他宣稱不論自己去了多少回醫院，醫生都不肯幫助他，還信誓旦旦地說他身體沒毛病，要看就去看精神科。但他卻還是堅信自己毫無事實根據的想法。在他妄想的心靈中，他自認是某宗醫學研究陰謀的受害者。案發之後，警方從他留宿的飯店中搜出了文件，上頭載明了他是如何在秘密實驗中被當成白老鼠。

「他們要為了把我當成實驗室動物付出代價！」托雷斯寫道。在日記裡，他井然有序地條列了自己的復仇計畫：

1. 步行到南加大醫院。
2. 前往五〇四〇室。
3. 避開金屬探測器。
4. 被女警逮到就投降。
5. 被一群警察逮到就投降。
6. 可能的話對男警開槍。
7. 軍外套口袋放點四四麥格農手槍。
8. 皮袋裡插點三八（手槍）。

9. 把點四四的槓桿式麥格農（手槍）繫在身上。
10. 把槍托切短！
11. 在早上八點半抵達疾病篩檢桌。
12. 將三名篩檢員全數射殺，每人頭部一槍，身體一槍。
13. 若篩檢員有四人，則一人兩槍；三人則其中兩人打在屁股上，口袋裡的槍把子彈打光。
14. 抓兩個護士當人質，帶到靠醫院裡面的病房。
15. 拔出口袋裡的點四四麥格農，射殺所有醫生。
16. 射殺任何有槍的人。
17. 不要講話，不要與人對話，那種垃圾只會爽到電視。
18. 把槓桿式手槍從夾克中掏出來。
19. 多抓些護士當人質。
20. 不抓男人。
21. 不抓黑人當人質。
22. 把人質抓到門口然後關門。
23. 前往大廳，進入病房射殺醫師。

24. 給人質戴上手銬還有腳鐐。
25. 重新裝填點三八零點四四麥格農，點三八零的彈匣靠不住。
26. 練習上膛還有擊發點四四麥格農。
27. 回到辦公隔間然後在那裡待一整天。
28. 提出要求（不要錢，不要脫逃），但要讓南加大為七九年、八〇年、八一年與八二年的愛滋病實驗負起責任。
29. 用束帶綁縛其他人質。
30. 確認病房中沒有醫師，有的話就對他們開槍。
31. 喊出「人質，我手上有人質」、「退後」。
32. 不要被警衛拖緩你的腳步，他們一遲疑就對他們開槍。
33. 對外宣告自己是被南加大注射愛滋病毒的人類白老鼠。

如此鉅細靡遺的計畫，看得讓人瞠目結舌，只是並沒有多少行動如計畫完成。雖然他的暴力行徑有目共睹地源於妄想，但這並不妨礙他在實施與執行面上表現出高度的條理，同時他也清楚地認知到自己在做什麼，還有警察會設法阻止他。是不是妄想姑且不論，他知道他所計劃的行動是錯的。

各方醫師都認為他集多種病態於一身：邊緣型思覺失調、偏執型思覺失調，還有偏執型妄想症，還認為他真心相信自己採取的是一種自衛的行為。但檢察官主張他只是一心想要復仇，還說他即便可能患有心理疾病，但仍知道自己的行為是錯的。他的日記內容等於是打了主張他只是一時衝動的辯方一記耳光，因為他計劃犯案當天行程的風格只能說是處心積慮。

他的殺人未遂與妨害自由罪名成立，精神異常不成立，最終法官判了他一個有機會假釋的無期徒刑。他最近一次入獄是二〇一八年，下一次有機會申請假釋將是二〇二三年。

一九九九年，大約是他攻擊醫院的六年後，我走訪了關押他的一所加州監獄。他的妄想比起案發當年並無改善。他對我解釋說「他們還繼續在陰謀對付我，他們還沒有歇手」。

「你覺得重來一次，有沒有你可以改變做法的地方？」我問。

「那倒沒有，因為木已成舟。不知怎地，他們就是堅持要對我死纏爛打，一打就是十年……他們就是這樣一直釘我，一直釘我，逼得我不反擊都不行。」

「你信教嗎？當時或是現在？」

「嗯，那天我向神禱告，願主可以把敵人送到我的面前，而他們也真的出現在了我的面前。他們出現了。」

醫護出現在醫院，是因為那是他們的職場，但在托雷斯滿是妄想的心靈中，他自顧自地做成了是上帝把敵人送給他發落的結論。這種思想就是所謂的「穿鑿附會」（referential thinking），一種廣見於精神錯亂者的現象。

「他們的意圖你知道嗎？」我問。「做實驗吧。他們用街上的人做實驗……我就是他們的科學怪人……他們創造了我，所以他們要負起全責。」

推動著妄想，強化著妄想的，經常是人錯誤的感受，也就是大家常說的幻覺，而幻覺又經常與嚴重的精神疾病併發。這就是何以有人，比說赫伯・穆林，會聽見有聲音在威脅他們、在貶低他們，或是在說服他們相信有潛在的危險存在。接著這些幻覺又會反過來以證據之姿，支持他們昧於現實地相信自己的執念，推著他們陷入更混亂的深淵，讓妄想系統在他們腦中生生不息。我說這是個「系統」，是因為當中經常存有極其詳細的情節線、解釋、背景故事，還有一個個具有厚度，栩栩如生的登場人物，尤其愈是長期的妄想，愈是沒有漏洞。

就以馬克・希爾邦（Mark Hilbun），也就是讓「發郵瘋」成為美國俚語的其中一名妄想者為例。現在，在美國說起發郵瘋，聽到的人都知道那指的是有罪犯失控地訴諸暴力而大開殺戒，而且通常是在職場環境（如郵局）裡這麼做。近似於穆林式的妄想，希爾邦的思想牽涉到毫無實感的將至末日。

他從過去到現在，都只是個不折不扣的神經病。

希爾邦生於一九五四年五月九日，在加州橘郡郊區一個舒適的中產階級家庭中成長。學生時代的他一直是個安靜內向的孩子，興趣主要是閱讀與聽音樂。高中畢業後他投身空軍。身為愛德華茲空軍基地（Edwards Air Force Base）的警備中隊成員，他初次展現出了精神不穩定的跡象。希爾邦被送進醫院進行了精神評估，診斷結果是他具有類精神分裂人格兼憂鬱徵象。

他的這種精神疾病有一個特點，一種對社交關係無感的處事模式。通常具有這種模式的人，會盡量減少社區型的活動或與跟他人的互動。他們並不害怕社交，也不見得會為了必須社交而焦慮。他們只是單純無感。類精神分裂人格者一進入青年期，就會開始在情緒上與社會疏離，而這種疏離會讓他們無從與人建立親近的關係。

精神診斷的準確性，在這類案例中一直存在爭議，像希爾邦這種病例就常頻繁遭到誤診。更別說還有不肖的外聘心理醫生會為了在法庭上迎合雇主，而扭曲自身的專業意見，到了逼近匪夷所思的地步。這就是何以我對於資料傾向於眼見為憑。我會仔細評估手邊所有最稱得上客觀的資訊，然後形成自己的意見。

就以希爾邦的個案為例，我實在不太相信他會只因為類精神分裂人格加憂鬱傾向就被強制住院檢查。通常會被強制住院，都是因為某人已經對自己或旁人造成危險，而典型的這種人都處於急性憂鬱發作期，也就是由躁鬱症衍生出來，進一步會導致思覺失調等精神異常，使得人與現實脫節的現象。

由於希爾邦後來被診斷出有躁鬱症，且明顯展現出思覺失調的症狀，因此他很可能是因為精神狀態的不穩定已經形諸於外，才被強制送醫。他自然很有可能自我封閉，但那並不是他被送醫的原因。

空軍基地後來收走了希爾邦的武器，主要就是擔心他的身心狀況與人身安全。然後在一九八〇年十二月，無不良紀錄的他從軍中退伍。幾年之後，希爾邦在美國聯邦郵局（US Postal Service）中找了份郵差的工作，工作地點是加州達納角（Dana Point）的一處郵務據點。此時的他在一間狹小的公寓中過著幾近與世隔絕的生活，每天除了上班就是划獨木舟、閱讀、看MTV台的節目，或是透過耳朵與他相當可觀的音樂收藏為伴。

就這樣，希爾邦也與這世界相安無事了好一段時間，直到一九九二年的春天，一些同事才注意到他的行為有些讓人覺得不太對勁的改變，包括他似乎懷抱著一種難以撼動的深度偏執。自此他的思覺失調開始生根。幾個月後，在與郵局同仁一起前往橘郡展覽中心（Orange County Fair）的時候，平時鮮少對女性感興趣的希爾邦煞到了金姆·史普林格（Kim Springer）這名女同事。他在接下來的幾週為金姆陷入了癡狂。求愛被拒之後，希爾邦開始形影不離地尾隨金姆，逼得她不得不報警。後來是希爾邦同意與她保持距離並接受心理治療後，金姆才把報案撤回。同一個月內，希爾邦就因為行徑愈發誇張而遭到辭退。之後他很快就被送進了精神病院，而院方也讓他服用起可穩定情緒的藥物。但一出院，他停止服藥後，整個脫序的行為模式就又故態復萌。

不到一年後，使用了大量大麻的他開始深陷入自身的妄想中。他深信不疑起末日將近，世界即將在不久後毀滅。他覺得身邊到處都是這樣的跡象——甚至包括當時瘸幫與血幫的大和解，還有燕子每年飛行數千英里從阿根廷來到加州的聖胡安—卡皮斯特拉諾（San Juan Capistrano）過冬，都莫名其妙地被他認為是一種訊號。

這些人事物對希爾邦而言，都毫無疑問地是人類文明即將畫下句點的鐵證。世界即將重開機，而他的使命則是要擔任新時代的亞當，與他的夏娃——金姆·史普林格——一起挑起繁衍人類香火的重任。他覺得末世已近，近到他已經有了確切的日期：一九九三年的五月九日星期天，也就是那年的母親節。

「世界即將終結；地獄的大門就要敞開。」希爾邦在案發數年後的監獄面談中告訴我。「我一心一意……要按計畫活過這場人類的浩劫。」

話說在讀這本書的各位，你們有沒有納悶過為何每個陷入妄想的人，都那麼剛好覺得世界繞著他們在轉，都覺得自己是某個驚天動地大計畫的核心？又或者他們怎麼都正好與某個非同小可的人物有關係，不是身為某個家喻戶曉的歷史人物轉世，就是受到這些大人物的迫害？

嗯，我不知道你們怎麼想，但我是經常會想起這些事情而一頭霧水。而我的結論是，這些人渴望著被舉世唾罵，而這當中也包含有自戀的成分。至少我是沒聽過有人妄想自己前世是被逼著去修建金字塔的悲慘奴隸。

一九九三年的五月六日，也就是他心中世界末日的前幾天，希爾邦持刀殺害了他六十三歲的母親，然後在她養的可卡犬脖子上劃了一刀。他宣稱自己這麼做，是不希望她與牠親眼見證人類的滅亡與末世的苦難，畢竟廣播節目主持人霍華·史登已經在某次節目上暗示並警告過他。

他接著便動身前往達納角郵局去接他的夏娃，金姆·史普林格。他的計畫是綁架她，然後把她一起帶到墨西哥的巴哈（Baja），也就是他們將在災難使人類死絕後繁衍子孫的地點。他帶著把槍，怒氣沖沖地闖進了郵局，而當有名朋友兼前同事擋在他與金姆之間時，希爾邦一槍打在他的眉間。在後續的槍林彈雨中，希爾邦又射傷了另一名前同事。

沒能如願帶走金姆的希爾邦，隨即逃離了現場，並自此展開了為期兩日的大爆發，期間他又發動了造成多人槍傷的三次攻擊，才在距離巴哈還不知道有多遠的加州杭廷頓海灘（Huntington Beach）落網於一間運動酒吧，當時他正一邊喝著雞尾酒，一邊看著電視，一點也沒有在期待世界末日的模樣。

他現已入監服無期徒刑，終生不得假釋。

幾年後我在監獄中會見到的他，看起來頗為低調，說起話來輕聲細語，態度也顯得內斂。他是個不折不扣的愛樂人，而我本身也是個搖滾迷。共同的興趣有助於他對我敞開心房，而我們的話題也很自然地轉到了音樂上——齊柏林飛船、尼爾．楊、滾石樂團、水牛春田樂團。某套即將發行的盒裝專輯讓他興奮不已。

他告訴我說他弒母是愛的表現，而發動攻擊則是為了上帝：「上帝指引著我，這一切其實是上帝的作為。神可以給人以生命，當然也可以奪走生命。至於我，只是上帝的工具……世界就要墜入地獄，巨變眼看就要降臨。」

「是什麼東西讓你相信這種事情？」

「出於某種原因，我成為了要促成世界重啟，人族重啟的天選之人……既有的權力結構似乎是鐵了心要在原地待下去，於是上帝決定要一舉把我們掃盡。」他的想法是，地球變成煉獄、人類消失後，世界仍能靠著他跟金姆延續下去：「我們會廝守在一起，成為新時代的亞當與夏娃。我們會從零開始……其餘的世界則將獲得重生。」

我很難判斷他是不是還相信這些妄想，主要是他仍來來回回地徘徊猶疑，一下子好像認知到這些都與現實不符，一下子又滿嘴自稱是天將降大任於己身的救世主。

「你還相信這些嗎？」我問。

「不了。」

但這有可能只是因為世界末日之說終究落了空，所以他不得不設法自圓其說。

「回首前程，我覺得自己真的是越界了……才會去把計畫付諸行動……**但是**我實在不能棄延續人類香火的責任於不顧。」他說。他這裡用上**但是**二字的意義深遠，因為這凸顯了他仍沒有自絕於那顯非事實的妄想。

像希爾邦這種思覺失調者有一個傾向，那就是他們會罔顧現實，覺得無害或正常的事件中有隱藏的訊息，會自顧自地在獨立的事件間加上並不存在的連結。舉例來說，妄想者在看新聞的時候，會因為主播一個無心的動作或語氣的抑揚頓挫而多心，即便那動作或語氣都沒有什麼特別的意義。對喜歡這樣穿鑿附會的妄想者而言，他們會覺得這些額外的動作跟語氣是一種暗示，只有少數人如他們才能秉持信念，看出那代表世界即將終結——換言之，妄想者覺得自己天賦異稟。

剛剛提到妄想者會覺得不相關的事件間有所連結，比方說日月蝕，或發生在另外一個國家的震災。他們相信這些自然現象或天災，都是大禍臨頭的前兆。我訪問過一個人，他相信政府在幹一種把人綁架然後掉包的勾當。他認為政府會開垃圾車來把這些受害者運走、殺害、火化，而且效率極高。案發前的他停了藥，抽起一堆大麻，然後預約的門診也不去了。

為了抵禦這種威脅，也為了與他已不認同有正當性的政府對著幹，這人闖入了一間民宅，入手了一支裝滿子彈的獵槍，然後在被捕前殺死了兩名無辜的受害者。費再多的唇舌，都無法改變他對於陰謀論的深信不疑。陷入偏執的他已無法改變想法。他一點也不覺得自己做錯了什麼，犯了什麼法，還是違反了什麼道德原則。

心理疾病用藥，尤其是針對帶有幻覺的思覺失調藥物，可能會讓焦躁、幻覺、幻聽等外顯症狀變鈍，但在我見證過的許多案例裡，服藥者仍會秉持著妄想的信念。暴力控制下來了，但想法並沒有被捻熄。

以赫伯．穆林來說，他的心理疾病似乎也讓自己害怕。雖然還是存在若干妄想，但現在的他起碼知道他再也不想產生那樣的邪惡念頭，那些殺人的慾望。在跟他的最後一場監獄會面時，我針對這一點試探了他，我想知道的是他對自己在殺人當時的心態有沒有一絲了解，也想進一步了解他是否確實知道，嗯，自己心理有病。我不確定我有沒有得到自己想要的答案，但很顯然他知道自己從過去到現在，都有哪裡不太對勁。

「我可以說，你當時身處在雲深不知處的烏有鄉中嗎？」我在訪談的尾聲提出了這個綿裡針似的問題。穆林帶著驚訝的表情頓了一拍，幾乎像是擔心起自己會再重新墮入那個恐怖的內心世界。

「嗯，我不確定你指的是什麼，但我想那應該不是個好地方吧。我一步都不想再踏進去了。」

第八章

「我會盯著你」：跟蹤狂與他們的獵物

「我在殺你之前，曾先給你一吻……現在我也只能，為了了結自己，在一吻中死去。」[1]

——莎士比亞，出自《奧賽羅》

1 多疑的奧賽羅殺死了他以為對他不忠的妻子，然後在知道真相後後悔莫及。這是他持劍自刎後，在妻子屍體前留下的遺言。

蕾諾拉．克萊兒的這場噩夢始於二〇一一年春天，當時她策劃的藝展正開始嶄露頭角，在好萊塢的發展也慢慢站穩了腳步。《洛杉磯週刊》（*LA Weekly*）還用跨頁的篇幅介紹她，你可以看到她頂著一頭亮紅的披肩長髮，跟大腿上的猴子一起坐在椅子上。

「蕾諾拉．克萊兒是美國的一個怪咖。」那篇報導劈頭就說。但「怪咖」對克萊兒而言，是一種親切的稱呼。她無疑是個「怪美」的女孩，畢竟她自己都對雜誌介紹說她是「有胸部的P. T.巴爾納姆[2]」。《洛杉磯週刊》固然不是《紐約時報》，但仍不失為是一本酷炫且時尚的免費報紙，對走在時代尖端的時事與引人入勝的人物潮流，都有一定的敏銳程度。

只是那個命運的春日，當克萊兒在她旗下一間藝廊裡與賓客打成一片時，「怪咖」二字於她產生了一種全新的意義，一場難以想像的恐怖旅程也將自此伴隨她多年至今。那天有個男人朝她走近，身上是萬聖節的太空裝打扮，包括頭盔什麼的都一應俱全。

她在第一時間並沒有心生恐懼。因為一如她近期向我說明過的，「我對怪人有很高的容忍度，所以我一開始並沒有想太多」。她每天都活在一堆怪人之中，怪根本是她的正字標記。只不過沒過多久，事情的詭異程度就超乎了奇怪，超乎了古怪，甚至超乎了讓人不舒服，而直達了非常嚇人的程度。

克萊兒跟我在接下來的幾年中成為了朋友，這段期間她一直努力要在被打亂的人生中找到航向。但這一節容我們稍後再談。

「所以他走過來向我攀談。看得出他是個聰明人，但我也看得出他的怪，看得出他有哪裡不對勁，只是說一開始我並不覺得那有什麼好大驚小怪。」克萊兒在本書動工的幾個月前告訴我，她當時正仔細為我回憶著徹底改變她人生的那天。「然後，就像在彈指之間，他的眼神裡出現了瘋狂，而後他看著我說，『妳長得好像潔西卡・拉比特（Jesscia Rabbit），我要當妳的跟蹤狂。』」

她被人說長得像真人動畫電影《威探闖通關》（Who Framed Roger Rabbit?）中的這個爆乳美女角色，也不是第一次了。這兩人都有飄逸的紅色長捲髮，也都有，嗯，低胸禮服中呼之欲出的雄偉上圍。但當然，說要跟蹤她的言論還是嚇到了她，她隨即讓人把這傢伙帶出了藝廊。

事隔數日，真正的怪事發生了。在藝廊上見過那人的朋友開始打電話給她，告訴

2 P.T. Barnum，全名為Phineas Taylor Barnum，美國十九世紀著名馬戲團經紀人兼演員。一八四二年在紐約創辦博物館，當中有斐濟美人魚等許多怪誕的展品。

她說他們看到各媒體報導說那人曾多次因跟蹤伊凡卡被捕，當時伊凡卡的父親川普還沒當上美國總統，而只是一個生意做比較大的老百姓。這麼一來，事情就沒那麼單純了，不過真正糟糕的還在後頭。

這人是賈斯汀．馬斯勒（Justin Massler），而他顯然有思覺失調的病歷，並曾合法地把名字改成克勞德．史達切瑟（Cloud Starchaser）——沒錯，他自認是「雲端的追星者」。說起精神恍惚的跟蹤狂為自己改名，這並非孤例。我曾在監獄訪談中問過瑪丹娜的跟蹤狂要怎麼稱呼他，結果他激動地回說：「我是上帝的第五號阿米巴（原蟲）！」（聽他這麼說，我心想不知道前四號是那些人）。

名導史蒂芬．史匹柏的跟蹤狂要我在監獄會面中叫他「米奇——米老鼠」，當時的他正在單獨監禁中，原因據稱是他跟蹤起另一名受刑人。

妄想可以扭曲自我身分的認知。而克勞德．史達切瑟這名字，正好說明了一切——黑色的雲，追逐著群星。很有趣的是瑪丹娜的跟蹤狂也曾威脅要在出獄後弄把槍，他要讓大家看看他怎麼把天上的星星打下來：「那就是我要去的地方，我要去把你們的星星打下來。」

馬斯勒已經由於跟蹤伊凡卡．川普等人而在監獄或精神院所中進進出出許多年，但最終他總是會獲釋而回歸社會。

克萊兒繼續過著原本的日子，最終她結束了藝廊的營運，集中心力在洛杉磯的影視生涯發展。但克勞德．史達切瑟並沒有放過她。他說到做到地開始跟蹤她。

在接續的數個月裡，克萊兒收到了數十封她說「乍看之下前言不對後語，完完全全是胡說八道」的信件。但重點是，這代表馬斯勒找到了地址而能把信件送達。這代表他不論有什麼樣的思覺失調，都並沒有喪失規劃自身行為的能力。

按照她的描述，這些信，「奇怪歸奇怪，但當下並不太讓人緊張」。但那也就只是當下如此而已，因為隨著她收到的信件、電郵與網站留言愈來愈多，有時馬斯勒一天就會嘗試聯絡她數百次，這些信就已經不只是怪了，它們已經上升到某種暴力的程度。

馬斯勒堅信自己跟克萊兒是夫妻，而他有責任拯救她。克萊兒就此即將成為全美數百名天天被陌生人跟蹤的受害者之一。這種跟蹤狂無端認定自己與被害人相愛或有某種交往關係的狀況，臨床上的專有名詞是「情愛妄想」（erotomania）。

以瑪丹娜的跟蹤狂，勞勃．霍斯金斯（Robert Hoskins）為例，他就相信自己在丹佛的觀光巴士上與這名女星結為了精神上的連理，而且當時的瑪丹娜還是男兒身。可想而知這類妄想會讓受害者不堪其擾。

克萊兒回憶說：「那些電郵愈來愈色情。他寫了一篇以《魔戒》（一譯《指環王》

故事為原型、以我為主角的強暴性幻想故事，標題為『胸部之王』……內容是我在一座火山裡被某哈比人強佔。還有一些是色情而且怪誕的科幻故事。這些東西真的是源源不絕，於是我第一次去報了案。」

時間來到二〇一二年初，她開始去到哪裡都得頻頻回頭，生怕一個不注意，就會跟這個不折不扣的瘋子面對面，畢竟在他居住的姦殺奇幻王國裡，自己可是個領銜主演的明星。但洛杉磯警方很意外地，並沒有幫上忙。洛城警局在一九九〇年成立了全美第一個在地的反跟蹤狂單位，其宗旨除了是要親自處理像克萊兒遇到的這種案子，也是要培養整個洛城警局在面對這類案件時的應變能力。

只不過人事的異動、任務優先順序的調整、還有免不了的局內政治角力，導致了反跟蹤狂小組的陣容未臻於理想，而人沒能適才適用，就代表錯誤難免會發生。實際的狀況是，克萊兒首先聯繫上的警官表示他們可以先發張保護令給她，但他們得先知道馬斯勒住在哪裡，以便相關文件可以順利送達。然後，就沒有然後了。克萊兒根本不知道馬斯勒住哪裡。她不過就在藝廊見過對方一面，也沒有回過對方任何一封信或者訊息。「他們只對我表示愛莫能助，還補了句『祝你好運』。」你會以為這種突破下限、讓人發毛，又毫無疑義的跟蹤狂案例，他們應該會躍躍欲試地想要來拿試試手，但很遺憾地警察也是人，也會發懶。而她正好就倒楣遇上了一名懶鬼警察。

她氣呼呼地走出了警局，心頭一下子湧上了憂鬱、焦慮與憤怒的情緒，外加「有種身為被害者還被檢討、被羞辱」的感覺，克萊兒回憶說。

馬斯勒，或稱雲端追星者，隨便你想怎麼叫他，就此繼續恐嚇騷擾了克萊兒好幾年。他一下子在訊息裡說自己愛她，跟她是一對，一下子又說要殺害她、強姦她。她連一面都沒有見過他，也不曾與他有過身體上的接觸，但就她所知，馬斯勒監看著她的一舉一動。

他把死亡威脅寄到了一間選角公司給克萊兒的友人兼老闆，結果她隨即失去了那份工作。

但工作不保，只是跟蹤狂會造成的其中一個問題而已。受害人身邊的人會開始嚇得皮皮挫，他們會把受害人當成瘟神，對其避而遠之。但你也無法真的責怪他們。重點是，受害者明明什麼錯都沒有，卻要為跟蹤狂的行為承擔後果。

時間來到二〇一五年，克萊兒已經被馬斯勒跟蹤了快四年。「在那個點上，我手邊已經累積了成山的實體信件、不下數千封電郵、強暴性幻想、死亡威脅，種類可以說應有盡有。」克萊兒回憶說。她第二次去找了警察，她想這下子警察總能做點什麼了吧。

並沒有。而且你知道警察給了什麼建議嗎？「妳可以先去染個頭髮，不要像現在這麼顯眼。然後妳可以戒掉上網。」克萊兒說警方就是這麼說的。

對於少數不肖警察會懶惰與無能到這種地步，竟然臉皮厚到好意思暗示她應該改變生活方式來配合跟蹤狂，甚至還充滿歧視地暗指是她的外貌太過高調，才會導致有人跟蹤，我有著不知該從何說起的失望。像這種宛若尼安德塔人的敗類，根本沒資格擔任警務人員，更沒資格配戴洛城警局的徽章。這人玷汙了絕大多數警察同仁兢兢業業的努力與正直，要知道有很多人夜以繼日的辛勤付出，就是為了要幫助如克萊兒的被害人掙脫痛苦。

這麼個散漫鬼，不知道哪天就會害死無辜的生命。終有一日，這種害群之馬應該要被揪出來接受懲戒。

在那之前，克萊兒只能孤軍奮戰地保護好自己，因為警察暫時是無法指望了。但可不是人人都像伊凡卡．川普可以花大錢請全天候的保鑣，克萊兒只能自立自強。

「我需要執法部門把眼睛睜開。」她說。

在自行研究該怎麼辦的過程中，克萊兒發現馬斯勒被全美被他騷擾過的人申請了不下二十四張保護令。克萊兒最終也成功申請到了一張，但這並沒有讓她脫離困境。因為保護令要順利送達才能生效，所以她必須要查出對方住在哪裡。

說巧不巧在不久之後，馬斯勒現身在舊金山灣區一間他高中女同學任職的商辦大樓裡，顯然又是要去騷擾他新發現的目標。所幸事情的開展並沒有如他所願，大樓叫來了保全，警力也隨即抵達，而隨著他遭到拘留，克萊兒的保護令也完成了法律上的送達。

「我心想，終於！這是我第一場小小的勝利。」她跟我分享了自己那天是如何感覺跨越了第一道巨大門檻，多年來頭一回可以鬆一口氣。只是那天才過沒多久，她就又收到了對方傳來的訊息。

「我知道洛城警局綁架了妳。」上頭寫著。他滔滔不絕地講起他們的「夫妻關係」，還有他將如何把她從強權中拯救出來。事情又恢復了原樣，同樣的性暴力電郵與死亡威脅又開始天天轟炸。

「這已經變成了我的日常。」她說她曾一邊這麼想，一邊陷入了憂鬱。

保護令是值得慶幸的第一步，但那並不是金鐘罩鐵布衫。區區一張紙，不可能對付得了從樹叢中跳出來的持刀歹徒。好消息是馬斯勒若不斷絕聯繫，執法人員將有十足的理由逕行逮捕他，因為保護令足以證明犯嫌是明知故犯。

事實上，大約在六成的案例中，保護令確實有助於遏止跟蹤狂的行逕，但我們絕不會對外宣傳保護令是某種「防彈背心」。這紙命令在多數時刻，只能給嫌犯造成一些不便，讓他們礙手礙腳一點，還有就是讓他們的行為變成一種重罪：違反保護令會讓嫌犯遭判處較長的刑期。我告訴受害人的是，保護令是一種測驗，它測試的是跟蹤狂的決心跟接下來的計畫，所以身為被跟蹤者，我會要他們找個地方躲好、替最壞的狀況擬好對策，並別忘了保護令說穿了就是白紙一張。如果保護令真的把跟蹤狂嚇跑了，那很好；如果對方執迷不悟，那我們身為執法者就可以把邊線踩得更硬，或具體而言就是由警方與檢方採取更積極的偵辦行動。簡單來講，保護令是執法者的利齒。

總之，保護令作為重大的第一步，代表著克萊兒開始從那不能——或者應該說單純不願意——幫助她的司法體系中，取回了一部分可以為她所用的力量，免得體系繼續讓她當個受害人。她迅雷不及掩耳地發動了媒體上的「閃電戰」，在訪問中大談她的受害經驗，試著教育其他人關於跟蹤狂的一切，並協助他人面對跟蹤狂，還主動聯繫政府官員，設法倡議有利於她與其餘受害者的立法。

她同意了登上哥倫比亞電視網（CBS）的《四十八小時》（48 Hours）節目分享被跟蹤的恐怖人生。而在為上節目做準備時，主持人艾琳·莫里亞提（Erin Moriarty）主動透過網路視訊連繫了馬斯勒。馬斯勒牛頭不對馬嘴的胡言亂語，顯示了他的精神狀態有多差。雖說這類接觸有其風險，我也不是百分百推薦，但這種片段一段播出去，確實可以提供強而有力的實證顯示克萊兒面對著什麼樣的敵人。莫里亞提很有同理心且負責任地試著介入，由此我們可以看出她懂得了有關當局一直不懂或在裝死的一個重點：克萊兒身處危機，而她需要幫助。

「你可以趁現在保證你不會再發電郵、臉書訊息給包括蕾諾拉．克萊兒在內的這些女性了嗎？你願意就此打住嗎？」主持人莫里亞提問道。

「妳一個小小的主持人！我幹嘛要向妳保證什麼東西！首先，這些什麼禁制令，根本不合法；再來第二，妳不就是個電視主播嗎？妳有什麼權力對我發號施令。」他睜著瘋狂的大眼對女主持人出言不遜。「聽著，我是耶穌基督，我才有權利對所有人下命令……所以妳給我聽好了。我才不會停止發信跟傳訊息，因為那些禁制令根本就非法，膽敢忤逆我，我就會繼續抗拒政府的命令，誰敢反對我，我就會用上帝的力量去他媽的毀滅誰！……跟我對著幹，就是跟耶穌基督對幹，我就會他媽的毀了妳！敢阻止我妳就試試看！」

莫里亞提試著阻斷馬斯勒愈來愈脫序的發言，畢竟他已經開始對著攝影機嘶吼，「誰不聽上帝的，就是死！他們要是想阻止我，我就殺光他們！我跟你們保證！他們死—定—了！你們誰也別想妨礙我發出訊息，敢的話，你們就死—定—了！……我絕對不會停止發email給蕾諾拉．克萊兒或我孩子的媽媽伊凡卡．川普！我要殺了你們！我要毀了你們！」

當週稍早才接受了同一個電視節目專訪的我，在上述的失控視訊後接到了一通電話，來電的艾琳．莫里亞提與《四十八小時》製作團隊都體認到了事情的嚴重性。他們一方面覺得這人不能放著不管，另一方面也想徵詢我的意見。我前去檢視了馬斯勒受訪的過程，而那並不是一次很困難的威脅評估。這傢伙必須有人介入處理。那天是星期六，我們連絡上了威脅管理小組的新主任警官，但從這位警官口中聽到的回應讓我深感不可思議，而我也立刻體會到了官僚體系讓克萊兒感受過的挫敗。

這位警官提到他人正在露營。所以現在不能打擾他囉？我心想。不能及時處理像馬斯勒這種貨色，養這麼多警探還設這個小組是在搞笑嗎。我真的是開了眼界。所幸有那段超誇張的視訊影片，有我的專業意見，還有艾琳．莫里亞提與《四十八小時》製作團隊威脅要掀開鍋蓋，讓全世界看看克萊兒受了何種恐怖的騷擾、還有官僚是多具有服務民眾的熱誠，那名警官才勉為其難地立即採取行動，沒有把事情拖到星期一上班。正義之輪終於轉動起來，馬斯勒的行蹤也才終於被掌握。

但馬斯勒的變態追求行為並未在視訊之亂後有所收斂，克萊兒也沒有停止收到電郵與訊息，事實上在視訊訪談後，克萊兒就隨即遭到了電郵與訊息的轟炸。馬斯勒在視訊中昭告天下他絕不會歇手，而他也證明了自己的威脅不只是空言。

「一切都很清楚地顯示我們是一對。有時候他會以為自己是羅傑．拉比特（Roger Rabbit，《威探闖通關》裡的那隻兔子），而我是潔西卡．拉比特。我們已經結了婚。

他是真的開始相信我們之間存在連結。」克萊兒告訴我。他傳來的聯絡內容擺盪在性幻想與死亡威脅之間。好幾次他告訴她說他會殺了她，而且還很具體地說他會趁她入睡時把毒氣打進她的門縫。

「他會一下子愛我，一下子又想殺了我。」她說。真是說有多恐怖，就有多恐怖。

但不久之後，他終於因為威脅了某人而被猶他州的警方逮捕，並關進了精神病院。這算是自那個星期六的視訊通話後，第一次有成功的對應作為。該有的邊界終於出現，而馬斯勒就需要有人替他畫下底線。在我看來，要是這條線沒有及時拉出來，有人死在馬斯勒手上只是遲早的問題。

克萊兒還記得她當時是如何大大地鬆了一口氣，她的情緒就像坐了一趟雲霄飛車。「終於，苦了這麼多年，我總算走了一次好運。我重新感覺到了樂觀，也終於不用再每天收到死亡與性侵的威脅。」她說。

但好日子沒有維持很久，因為馬斯勒成功從精神病院逃脫。

不過好消息是，在三週之後，唐諾·川普當選為美國總統。又一次，克萊兒有了鬆口氣的感覺。畢竟馬斯勒也同時是新任第一千金伊凡卡·川普的跟蹤者，而伊凡卡的老爸如今已貴為自由世界的領袖。

骨子裡是個自由派而並非川粉的克萊兒與我分享了她的想法，「我贏了跟蹤狂樂透的大獎。我跟新總統的女兒被同一個跟蹤狂騷擾。要說川普當選對誰有好處，大概就是我了吧，畢竟總統的女兒被騷擾，誰敢不當回事。」在那之前，克萊兒說她曾嘗試透過各種管道聯繫伊凡卡・川普。她的想法是若能把事情分享出去，那與她同病相憐而且資源顯然多很多的伊凡卡或能提供她一些幫助。但結果是伊凡卡那邊音訊全無。

然而，隨著川普搖身一變成為總統，或許，只是或許，情勢可以有所轉變。「這人對這個國家或許是災難一場，但搞不好對我是好事一樁。」她半開玩笑地回憶起當時的心情。而也確實事情有了變化，馬斯勒不久就在紐約落網。

「所以我就在想，『OK，他這下子有坐不完的牢了』。結果非也，因為他大概只被關了短短六個月，就被放出來了。」馬斯勒很快就回到了洛杉磯的大街上，繼續恐嚇克萊兒。事情完完全全沒有任何改變，她的生活仍舊徹底地脫軌。

然後到了二〇一七年底，馬斯勒決定主動出擊，他表示他會找到她，然後在洛杉磯動漫展這一年一度的漫畫／恐怖片／科幻動畫／流行文化盛會上綁架她。他不是在開玩笑。克萊兒一在動漫展上出現，他就準備好了要執行計畫。所幸在場的一群克萊兒粉絲將他撲倒制伏，隨後抵達現場的警方也順利將他以違反保護令的罪名拿下。這一次可就是重罪了。

「他們（警方）完全沒幫上我任何忙。」克萊兒回憶說。「跟蹤狂是我自己抓到的。」

這種自立自強的案例我也不是第一次見到。多年前，我第一次經手網路跟蹤狂案件時，一名求愛遭拒的追求者為了騷擾被害人，刻意登入了S&M（施虐／受虐狂）與BDSM（分別為bondage & discipline／dominance & submission／sadism & masochism的縮寫，也就是由綁縛與調教／支配與臣服／施虐與被虐合稱的性偏好）的聊天室，假裝是被害人，然後邀請站內的男性前來演示強暴的性幻想。

他在網路上貼出了被害人的地址。於是有好幾次，意圖不軌的陌生網友出現在她的住處，滿心期待地要實施輪暴等各種施虐性愛橋段。被害人的父親也上網發了一些文章，終於在聊天室找到了這個傢伙，並把資料交給了聯邦與地方的執法人員。司法單位順利抓到人以後，判了他七年有期徒刑。

在克萊兒的案例中，她再一次得以暫時脫離恐懼，是因為馬斯勒終於被收押等待受審。二〇一九年初，馬斯勒與檢方達成了認罪協議，換得有期徒刑四年的裁定。

但事情遠沒有畫下句點。

有金州之稱的加州或許已推動了很多正向的發展，但許多引發社會關注的跟蹤狂案件還是層出不窮。曾經有個時期，跟蹤狂在加州是無法可管的。直到一九八八年，身為跟蹤狂的李察·法爾利（Richard Farley）犯下了造成大規模傷亡的兇殺案（這人我們稍後會介紹），還有隔年一九八九，女星芮貝卡·薛佛（Rebecca Schaeffer）遭跟蹤狂開槍而遇害，而且兩件大案都發生在加州，加州才痛定思痛地在一九九〇年完成了反跟蹤的刑事立法工作。

如今美國已經在聯邦層級備有了反跟蹤法，且全數五十個州都已經以不同的形式完成了跟蹤行為的入罪。這一點，全球多數的工業化國家也已經跟進。

有個規定不知道各位曉不曉得？那就是萬一病人發表了不當的威脅，那治療師就有打破保密義務來完成「示警」的義務。說到這一點，首例出現在一九六九年的一宗跟蹤狂案件中，有一名加州大學男學生把自身的暴力衝動告知了他的女性治療師，後來這名偏執的學生也因追求不成而刺死了他迷戀的對象。

在法律還不到位的那個年代，提心吊膽的受害者會去報警，然後警察會說，「你要不要等有人犯法了再來電話。」很不幸的是，跟蹤狂一旦犯法，往往都是暴力型犯罪，屆時生命已無法挽回。

要符合「跟蹤狂行為」在法律上的基本定義，有個條件必須具備：引人反感的接觸行徑經不斷反覆後，致使受害者心生恐懼。行徑通常意味著一次以上的行為，但在現實世界中，跟蹤狂行為的成立往往需要在數量上比兩次多非常多，外加在模式上要有各種質的變化。

近年來，隨著社群媒體的蓬勃發展讓世界在某種意義上變小了，人與人的接觸可以發生在各種溝通場域或平台上。而這一點的好處就是我們不再處於完全的被動，我們不用再只能等著有人被捅刀、被殺害，或甚至發生了大屠殺，才能去介入並遏止那些恐怖情人。

但即便立法工作已經完成了三十個年頭，我們在跟蹤狂的防治上仍不是一片坦途。而我們遇到的路障，就包括少數怠惰執法的不肖警察，包括法律素養本身就不太夠的失格警察，包括害怕事態惡化而不敢報警的受害者，也包括太忙著應付接連不斷的恐怖行為，而沒意會到自己遇到跟蹤狂的狀況外受害者。

考量到受害者必須要提供文件資料給警方，好讓警方可以有所本地去辦案，而警察單位又工作堆積如山且人手嚴重不足，惰性就自然而然地形成了。

反跟蹤狂的法律中提供了判輕罪的空間，而輕罪對應的往往就是輕刑或簡短的緩刑。其他時候至少在加州，跟蹤狂重罪的加重判刑，往往也就是七年上下而已。

但七年算得了什麼？這七年還得扣掉審判前的羈押，而且萬一人是在州立監獄服刑，這七年只要關一半就可以假釋了。還有些狀況下，跟蹤狂會因為精神異常被送進精神院所，屆時犯嫌會關久一點，但環境較輕鬆，甚至有機會在被認為不構成旁人威脅後，提早重返社會。

這不是個完美的體系，但還是完勝我們之前的一無所有。

跟蹤狂其實有很高的潛在危險性。跟蹤是一種源遠流長的犯罪行為，但關於跟蹤的成文法律相對而言是新興的刑法分支，所以直到今天為止，這批法律都還在與時俱進。網路跟蹤狂就是個很好的例子，因為這幾個字代表了各種不同的行徑，包括代理人的犯罪。別忘了，前述的網路跟蹤狂並沒有侵門踏戶，而是用假身分與詐騙貼文引誘了其他變態前往受害人住處。所幸檢方還是順利將他起訴。

在史蒂芬・史匹柏的跟蹤狂案子裡，相關的法律又一次得以進化。這名大導演很幸運地剛好不在家，沒有跟帶著絕緣膠帶、手銬與不軌意圖上門的犯嫌狹路相逢，否則對方打的可是要在其家人面前性侵史蒂芬・史匹柏的主意。但等後來得知有這回事後，這位好萊塢名導還是嚇壞了。於是，時至今日，哪怕受害者是在逃過一劫後心生恐懼，或只是意識到自己遭到跟蹤，執法部門都可以於法有據地去逮捕犯嫌。

你可能會想說，法律是不是很愛鑽牛角尖，還真是。但法律就是這麼回事，而且這麼做是有道理的。在法條沒有寫到這麼龜毛之前，嫌犯可以為了拒捕而狡辯說對方人根本不在家，怎麼可以說他是跟蹤狂？又或者在網路跟蹤狂的案例中，你要怎麼去逮捕一個根本沒實際去過受害者住處的嫌犯？

所以說法律就是會與時俱進，也確實有此需要。

雖然我們常聽說到的都是名人被跟蹤狂纏上，但這其實是一種影響一般人更鉅的犯罪。我根據逾千宗跟蹤狂案件所進行的研究顯示，普通人被跟蹤狂騷擾的案子有七成五的暴力犯罪率，且嫌犯往往是分手的親密伴侶，反倒是公眾人物或名人遭跟蹤狂施暴的比率只有區區百分之二。

會有這種落差，可能是因為如我們在伊凡卡．川普的案例中所言，名人可以請隨扈或私人保鑣來保護他們不受暴力相向。但尋常百姓通常沒有那樣的資源，因此只能自求多福。所以說低至百分之二的暴力犯罪率不代表犯嫌不危險，而只是說統計資料反映了名人有能力築起保護層的事實，犯嫌不見得不想傷害他們，而是傷害不到他們。

為了方便大家進一步了解跟蹤狂的施暴率，我把這些犯嫌分成了四大類。

蕾諾拉．克萊兒的跟蹤狂，賈斯汀．馬斯勒，就不偏不倚地可以套進**公眾人物的跟蹤狂（Public Figure Stalker）**的類型。這種人鎖定的，是小有名氣或聲名遠播的目標。

親密型跟蹤狂（Intimate Stalker）代表他們騷擾的對象是現任或前任的親密伴

侶。這一型裡最惡名昭彰的一個，也是我曾與執法單位共同深度處理過的，就是辛普森（O. J. Simpson）案。他們也通常是在跟蹤狂當中，威脅最不容小覷的一類。

熟悉型跟蹤狂（Acquaintance Stalker）專攻同事、照顧者或學校同學等目標。這類跟蹤狂也可能相當危險。我們發現這個族群有五成的暴力犯罪率。

最後是**素昧平生的跟蹤狂**（Private Stranger Stalker）。這種人會騷擾他從生活圈中認識，但從沒有真正見過面或只有過點頭之交的受害人。這類跟蹤狂可能是受害人住在巷尾的鄰居，也可能只是去賣場購物，莫名其妙盯上某個陌生人的傢伙。

莫洛伊博士用指涉比較廣泛的「偏執跟蹤」（obsessional following）一詞來捕捉跟蹤狂的動態，包括他們是如何投身不正常或反覆的威脅或騷擾模式來鎖定某個對象，並採用不止一種外顯且令人反感，被受害者視為騷擾的手段來追求對方。換句話說，跟蹤狂的兩種元素分別是偏執，還有追求。

他們會對受害者造成各式各樣的恐怖與痛苦，手法包括但不限於打電話、傳訊息、親身前往受害者的住處／職場、寄信／包裹，還有送上一些不請自來的禮物。這一切行為都有可能最終導致極端的暴力，甚至鬧出人命。

跟蹤狂是害羞而且自戀的一群，但內心的想法卻又很自我膨脹，因此他們會覺得自己不應該只有這樣，他們會覺得自己有資格得到更多。他們自認與受害者共有的聯繫，會變成一種癮頭。他們會不斷想透過這種外在且永遠無法滿足的癮頭去修補他們自認不足的自我或填滿他們心中覺得自己「應該不只如此」的溝壑。一旦追求遭拒，失望的心情就會讓他們的理想迅速變質為貶抑、羞恥與侮辱，而這幾樣東西又會突變為純粹的憤怒。生起氣來的他們會立刻想方設法去懲罰、教訓受害者，而這也就是騷擾升級為暴力的起點。

受害者常覺得跟蹤狂的主要動機是想要控制別人或灌輸恐懼，但那當中的行為成因可能比我們所想更為交纏扭曲。就以他們的精神狀態而言，多數跟蹤狂若追逐的是他們認識的對象，則他們基本沒有妄想或幻覺等精神疾病；但如果是那些鎖定名人或陌生人，並自認與他們有交往關係的跟蹤狂，那思覺失調等嚴重精神疾病存在的機率就會上升。

所以舊情人轉型的跟蹤狂，是哪裡有問題呢？嗯，這種跟蹤狂通常有某種人格異常，包括邊緣性、自戀性，或是依賴性的人格問題。自戀性的人格我前面已經有所著墨，但邊緣性的人格值得我們在此稍加討論。有看過電影《致命的吸引力》（Fatal Attraction）的讀者，可以參考一下當中由葛倫・克蘿絲（Glenn Close）所飾演，那個由愛生恨，無法接受自己被拋棄的女人。劇中有個橋段是葛倫・克蘿絲趁她騷擾的男性不在家，把他的寵物兔丟進沸水煮死，自此「煮兔子」（bunny-burning）就成了英文裡形容恐怖情人的新詞。

酗酒與吸毒也常見於各類型的跟蹤狂。所以當問題是我們如何能治療或「修復」跟蹤者時，直截了當的答案往往並不存在，因為每一個跟蹤狂都是不同的案例。也就因為跟蹤狂不好處理，所以我們優先處理的往往是受害者的安全問題。

提起親密型跟蹤狂經典到不行的案例，莫過於知名的O・J・辛普森案。確實，現在很多人想到辛普森，都會覺得他就是個殺人而逍遙法外的惡棍，但歷史往往忽略了造成他犯下罪行的前面那一段。不論你覺得他是否殺了前妻與前妻的友人，辛普森都是跟蹤狂的經典案例。

O・J・辛普森與妮可・布朗・辛普森（Nicole Brown Simpson）在一九九〇年代初期離異，是他對家暴指控未表異議之後的事情。妮可在當時去報了警，並表示辛普森出手打她、踢她，還威脅要殺了她。她說她多年來在與這名前美式足球傳奇明星的婚姻生活中，始終忍受著毆打與心理上的虐待。而人總是有極限的，她終於還是來到了忍無可忍的一天。

只是緣盡了許多年，辛普森始終沒能真正放手。

悲劇最終爆發在一九九四年六月十二日的晚間。

妮可的友人，朗諾・萊爾・葛德曼（Ronald Lyle Goldman）剛從他任職的餐廳來到妮可家中歸還她遺忘在那兒的眼鏡，就與妮可一同遭到了陌生歹徒的襲擊。兩人都在妮可位於加州布蘭特伍德（Brentwood）的獨立產權公寓外被連續狠刺致死。一名路人在行經時發現血淋淋的妮可陳屍在通往公寓的走道階梯上。葛德曼的屍體則被發現在幾英尺外的鄰近樹叢中。我想當時新聞報得很多，細節我在此就不另行贅述。

總之，由於辛普森對前妻施虐的資料歷歷在目，所以警方很快就鎖定了他，但有關當局表示，一開始他們只是想請他以潛在目擊者的身分來面談。當時的辛普森人在芝加哥，而且顯然是在案發後沒多久搭了晚班飛機離開洛杉磯。在電話上被警方聯絡上並告知了事發狀況後，辛普森跳上了第一班飛機返回洛杉磯，一下飛機就被上了手銬。

經過他堅定地否認涉案，手銬不久就被拿了下來。接著他前往了警局接受偵訊，並在數小時後獲釋。

由於此等兇殘的血案讓調查工作有拖不得的壓力，因此警方最終在案發後一個星期不到，就針對嫌犯是誰做成了結論。他們認定辛普森就是真凶，非常確定。

一九九四年六月十七日星期五的早上八點三十分，警方以電話聯絡上了辛普森的其中一名律師勞勃・夏皮洛（Robert Shapiro），並表示他的客戶必須要在上午十一點前投案來面對謀殺指控。警方已經排定了要在當天下午傳訊他到案。

但辛普森還沒有做好自首的心理準備，於是十一點一過，他就成了通緝犯。接下來發生的事情，堪稱是犯罪史上最奇幻的一段展開：白色福特野馬的飛車追逐透過新聞直升機的鳥瞰視角在全球電視上直播，而辛普森的車子就這樣在洛杉磯四通八達的高速公路網上奔馳如脫韁野馬，警車則閃著警示燈在緊追其後。

辛普森是跟他的前大學與職業美式足球隊友艾爾·考林斯（Al “A.C.” Cowlings）一起從住家出發，而在這趟追逐當中，地區檢察官吉爾·加爾切提（Gil Garcetti）在（下午三點召開的）記者會上表示任何人膽敢協助辛普森逃亡，都會被以重罪起訴。「我們會找到辛普森先生，讓他接受法律制裁。」加爾切提對媒體說，並表示他們還在考慮要不要建請法院判處極刑。

時間來到下午五點，辛普森的律師夏皮洛也開了場記者會，席間一名多年好友替還在逃亡中的辛普森朗讀了一封他的親筆信，裡頭有著彷彿是遺言的內容：「不要替我難過……我這輩子過得很精彩，也交了很多好朋友。請記得那個真實的ＯＪ而不要記得現在這個迷失的人。感謝大家讓我的人生不同凡響，也希望我的存在有點綴到大家的人生。祈求和平與愛。ＯＪ。」[3]

不到一個小時（下午五點五十一分），由友人陪同的辛普森就在行駛中的白色野馬車裡致電九一一，有關當局追蹤了發話位置，飛車追逐於焉展開。群眾聚集在空橋上與公路兩側為這名前美式足球明星加油打氣，而這場冗長的追逐就此開始歹戲拖棚。

時間來到大約晚上八點，辛普森與考林斯轉進了辛普森在布蘭特伍德的家中，警方則仍在後方緊追不捨。這之後雙方開始對峙談判，而辛普森最終也同意了投降並遭到羈押。

我當時是洛城警局負責回應對峙狀況與擔任談判小組顧問的輪值心理學家，但我當下並不清楚發生了什麼事情。事發當時我人在帕薩迪納的家中聽著廣播，被一直打斷我聽搖滾樂的公路追逐快報弄得心浮氣躁。

我心想，這個公路飛車追逐影響正常的電視節目播出就已經很糟了，現在連廣播都不讓人聽？我這時才意會到新聞的主角是O．J．辛普森。

我打了電話到霹靂小組總部確認我們有沒有被呼叫出勤，然後就被叫到了辛普森的住處報到。警探們已經跟辛普森有過對話，理論上他應該馬上就要投降。我花了二

3 作者註44。Times Staff, "'The Juice is loose': How the O.J. Simpson white Bronco chase mesmerized the world," Los Angeles Times, June 17, 2019, https://www.latimes.com/local/lanow/ la-me-oj-simpson-white-bronco-chase-timeline-20190617-story.html.

十分鐘從帕薩迪納趕到布蘭特伍德。在街道最深處聚集了一群大約五百人的圍觀民眾，那感覺非常地不現實，媒體車輛停滿了道路兩旁。

我停好車加入現場後，見到了一個老朋友，是霹靂小組的麥可．阿爾伯尼小隊長。他把我介紹給了辛普森的律師朋友勞勃．卡戴珊（Robert Kardashian），由他向我們簡報了大致的前因後果。

辛普森失魂落魄地拿著手槍，在野馬車內威脅要自殺。我套上了防彈背心，在人陪同下，途經兩尊等身的辛普森塑像，通過後院，進到屋子裡，我發現四面牆上都裝飾著辛普森用來自鳴得意的照片。我沒有印象哪張照片拍的是他家人。舉目四顧，所有的照片都拍的是辛普森自己，沒有例外。

所以側寫他並不困難，他就是個自戀狂──他只在意自己想怎樣、自己需要啥，他眼裡看到的是一個繞著他旋轉的世界。

霹靂小組警員彼特．衛睿特（Pete Weireter）已經以其住處的門徑為據點在與辛普森談判。我溜到了他身邊，確認了辛普森在意的是什麼。辛普森擔心著自己的聲譽受損還有地位不保。我可以看到有金屬光澤的槍抵在他的太陽穴，然後他另外一手握著我們後來才得知是照片的東西。我提議因地制宜，讓現場的群眾為我們所用，由此我們對他心戰喊話：「看看這些人，他們還是很愛你。」

沒過多久他便向警方投降，洩了氣的他安全地崩潰在一名警員的懷中。他想要上廁所，打電話給媽媽，還有喝點什麼。這一切的要求都獲得了滿足，就只有飲料來得慢了些。我不久後才知道那是因為有位警察同仁翻遍了冰箱，才找到他要的柳橙汁。「O．J，來點柳橙汁吧。」辛普森的外號就是The Juice[4]。這種警察的幽默感，你怎麼能不為之拍案。

這是徹頭徹尾的悲劇一場，也是典型親密型跟蹤狂案例中我們最不樂見的結果。接下來發生的事情，便是眾所周知，直播到全世界的世紀審判。最終在辛普森被捕後經過漫長的四百七十四天，法院做出了令人震撼的判決：無罪。被控的兩宗謀殺罪名皆不成立，辛普森於是以自由之身步出了法庭。

但跟蹤狂的行為仍在這場審判中扮演了要角。如前所述，真凶是不是辛普森或許見仁見智，但他自與妮可分手後，或甚至從那之前，就無庸置疑地一直是她的跟蹤狂。

副地區檢察官克里斯多福．達爾登（Christopher Darden）在他於審判中的開場陳

---

4 O．J是英文裡Orange Juice常見的縮寫，再加上juice是英文口語中用來表示爆發力的用法，所以速度與力量兼具的辛普森就在美式足球明星時代有了The Juice的綽號。

述裡就闡明了這一點，當時他描述了辛普森不為人知的嫉妒與醜惡面，並點出他殺害前妻是「因為他得不到她」，殺死前妻友人則是因為他「從中作梗」，妨礙了他與妮可[5]。眼看著達爾登猛打辛普森糾纏並恐嚇妮可的劣跡斑斑，辛普森搖頭表示不以為然。在某個點上，他曾靠過去跟律師咬耳朵說，「那是胡說八道」。典型的否認事實與大事化小。跟蹤狂從不覺得自己做錯了什麼。冰雪聰明的他總是張嘴就能自圓其說——他跟受害者就是那麼巧合地會不斷邂逅。

「他殺死妮可，只有一個理由。」達爾登告訴陪審團。「不是因為他恨她……他殺她不是因為他不再愛她，因為他心中仍就愛著她……他殺她是因為他得不到她，而他得不到的東西，別人也休想得到。」達爾登補充說：「殺了她，他就實踐了終極的控制之舉。」這也是典型的跟蹤狂行為——他們有種鋪天蓋地的慾望，是想要控制受害者的人生，而這種控制在辛普森案中的具體表現，就是奪走受害者的生命。達爾登為陪審團詳述了好幾起辛普森的施虐與跟蹤行徑，當中包括在一九八五年，辛普森曾在還是夫妻的兩人吵架時持棒球棒砸碎了家中賓士車的前擋玻璃。達爾登還舉出了一九九三年一通九一一報案電話為例，當時的錄音可以遠遠聽到歇斯底里的辛普森對被嚇壞了的妮可大吼大叫。那段錄音後來也在法庭上當作證據播放。

「你們可以馬上派人到葛雷特納綠道（Gretna Green〔Way〕）三二一號嗎？他回

來了。拜託。」妮可・布朗・辛普森對調度員如是說。

「好的，他長得什麼模樣？」調度員問道。

「他是O・J・辛普森。你們應該知道他的紀錄。」妮可答道。

「他在說些什麼？」

「喔，他在講我認識的一些人，還有妓女，還有基斯（妮可的前男友基斯・茲隆索維奇〔Keith Zlomsowitch〕）……這些狗屁倒灶的事是我以前起的頭，一切都是我的錯……我只是不希望孩子們受到影響。」

檢察官還詳述了另一起跟蹤事件，是辛普森前往分居妻子的住處，然後透過窗戶偷看她與另一名男子發生關係。很諷刺的是，辛普森本人在後來一場二〇〇六年的福斯電視訪談中描述了這次事件。在這場超過十年後才播出的訪談中，他表示他那天是跟幾個朋友出去，然後心血來潮地決定晃到妮可家「去看看她是否還醒著。我不清楚她都多晚睡，然後你知道的，我想碰運氣去看看有沒有點搞頭。」

---

5 作者註45。"The O.J. Simpson Murder Trial: Excerpts of Opening Statements by Simpson Prosecutors," Los Angeles Times, January 25, 1995, https://www.latimes.com/archives/la-xpm-1995-01-25-mn-24229-story.html.

他燦笑著用手拍上了椅子，簡直像個陽光男孩在坦蕩蕩地解釋說：自己只是剛好在錯的時間出現在錯的地點。辛普森接著說他在靠近前門時聽到了屋裡有些動靜跟聲響。他於是偷偷從窗戶看了進去。

「我一看，就知道她顯然在忙些什麼。我不知道她是跟誰搞在一起。反正我就搥了門然後閃人。」他說。「我希望他們意識到外面有人，然後他們或許就會移動或是有些反應。結果怎樣我連看都沒有看。我只是搥了門就走人。」這等於是他親口承認了自己去了妮可家，而這無非是典型的跟蹤狂行為，但他仍想打哈哈把事情蒙混過去——這又是跟蹤狂的通病。

妮可在一九九三年那通九一一報案電話中提到的基斯·茲隆索維奇，是她從離開辛普森後就斷斷續續交往過的對象。事隔多年在頭條新聞網（HLN）上接受知名電視醫學專家德魯·平斯基博士（Dr. Drew Pinsky）訪問時，茲隆索維奇回憶了他與辛普森的互動，其中他特別提到辛普森曾在得知他與妮可交往後，在他答錄機上留下過一則皮笑肉不笑的留言。

「他聽起來話中有話。『嘿，這是你的老朋友O·J·辛普森，我現在跟你的一個朋友在一起。』」茲隆索維奇說。他沒有說出口的意思是：我知道你在幹嘛，我不太爽，你聰明的話就該知道害怕。

辛普森再三否認曾對妮可做出跟蹤狂的行為，但茲隆索維奇說那是無庸置疑的事實。「我們都親眼見證了他的所作所為。他到處跟著我們，他會從窗戶外盯著我們，會出現在我們去光顧的每家餐廳跟每間酒吧。他的存在讓我們想在一起變得非常困難，甚至有點走不下去。」茲隆索維奇回憶說。「我知道她以前被家暴得很頻繁，被他虐待也是家常便飯。我是說，她跟我講過很多她是如何被他打，被他凌虐，如何受到他的非人對待。我自己也見證過不少這樣的狀況，人在現場會有很恐怖的感覺。」

運動明星O・J・辛普森的這些行為，跟一般的親密型跟蹤狂並無二致。另一位受害者凱瑟琳・貝提（Kathleen Baty）從跟蹤狂那兒體驗到的折磨，則始於一九八二年。當時還沒有嫁給NFL美式足球選手葛雷格・貝提（Greg Baty）的她還叫做凱瑟琳・加拉格。

在一九七〇年代尾聲，於舊金山南部的紅木市（Redwood City）念高中的時候，加拉格並沒有太注意一名叫做賴瑞・史塔格納（Larry Stagner）的同學。他們會一起跑田徑，但她一點也想不起來跟他有過任何有意義的接觸或交談。但她倒是記得他有語言障礙。

大約十年後，史塔格納會變成加拉格的夢魘，也會成為標準的素昧平生型跟蹤狂。在某種程度上，也有人會覺得他算是熟悉型的跟蹤狂，畢竟就技術上而言，他與加拉格不是真的零交集，只是說他們那種交集其實可以「四捨五入等於零」。他們的狀況與其說是有交集，不如說兩人剛好在同一個時空念了同一所高中。

一九八二年的感恩節當天，就讀加州大學洛杉磯分校大三的加拉格正在家裡與家人團聚，結果電話在此時響起。這是她不想記得的過往找上了門來。她固然從高中畢業後就沒再見過史塔格納，但那聲音與語言障礙馬上就勾起了她的回憶。

怪的是，形同陌路的他天外飛來一筆地邀她去旅行。她禮貌地婉拒了對方，但並沒有把這莫名其妙的事情放在心上，畢竟怪事年年有。但是隔天電話再度響起，來電的又是史塔格納。他沒有要放棄的意思，而就此開始，他的騷擾與跟蹤狂行為惱人地延續了八年。

加拉格最終取得了保護令，並希望這能為一切畫下句點，但那只是進一步惹毛了史塔格納。在一九八七年，他追蹤到了在南加州海灘上漫步的她，那兒距離她位於瑪麗安德爾灣（Marina del Rey）的獨立產權公寓不算太遠。她立刻跑回家報了警，並眼睜睜在自家庭院看到他從車裡取出了手槍。她為此受到非常大的驚嚇。

最終史塔格納因為違反了保護令被捕，刑度是拘役兩個月。

後來加拉格嫁給了葛雷格．貝提，並在加州門洛公園（Menlo Park）市找到了房仲的工作，但史塔格納仍舊陰魂不散。他會隨機在各種地點蹦出來，一蹦就是好幾年；期間史塔格納有被警察逮住，然後坐了幾個月的牢，但只要一放出來，他就又會故態復萌地去糾纏加拉格（婚後改夫姓為凱瑟琳・貝提），一次又一次。有一回他在凱瑟琳家附近被捕時，身上被起出了一把半自動步槍與一百八十發子彈，結果他只為此被關了短到令人難以置信的四十八小時。

如同許多的素昧平生跟蹤狂，乃至於其他與受害者並未實際交往過的跟蹤狂，他患有嚴重的精神疾病。史塔格納有被診斷出偏執型思覺失調的病史。他相信只要自己能跟凱瑟琳在一起，一切的問題就都可以迎刃而解。

時間來到一九九〇年一個看似平靜的午後，凱瑟琳從公司返家休息，但沒想到那卻是她恐怖經歷的開端，甚至她差一點就賠上了性命。史塔格納帶著獵刀等武器在她家守株待兔，所幸她抓到一個空檔打了電話給母親，警方才得以根據報案，攔下了把她綑綁住並宣稱要帶她離開的史塔格納。

就在他嘗試要把凱瑟琳從住處拖往車上的時候，警方一擁而上，凱瑟琳才得以逃過一劫。史塔格納跑回了凱瑟琳的家中，並掏出了手槍與警方一對峙就是十二個小時。談判專家為了避免他尋短，甚至連葡萄酒的冷藏櫃都給他送了過去。

於是在某個點上，史塔格納進入到車庫去喝凱瑟琳的家的紅酒，而就在他為了品酒而放下槍的瞬間，警員們就趁機攻堅而將他制伏。一道火光與巨響傷及了他的眼角膜，然後他就被押起來了。

他被定了個綁架未遂罪，判處有期徒刑近九年。但一板一眼的法律有時就是這麼令人挫折：他被判的是綁架未遂，因為他把凱瑟琳拖得還不夠遠，所以構不成法律定義上的綁架行為。

「他九年的牢一坐完，就換我坐牢了。」凱瑟琳當時說。「我知道他一出獄，就會馬上回到我家門口報到。」

只坐了四年牢的史塔格納在一九九四年尾聲獲得假釋。「我跟她毫無瓜葛。我是個完全的陌生人。」史塔格納在獲釋時接受《信使報》（原本的《聖荷西信使報》〔*The San Jose Mercury News*〕）訪問時說，當時記者問的是他還會不會與凱瑟琳牽扯不清。「我對她的生活造成了很大的傷害。我完全沒有理由跟她交談。未來我會改頭換面，不會再用跟以前一樣的方式接近女生。」[6]

大約一個月後，他會因為違反假釋條件而再次被捕入獄一年。他故意讓電子腳鐐失效，然後逃亡了六天。但自那之後直到今天，他都是是自由之身——不是假釋，也不受任何控制。

凱瑟琳與葛雷格·貝提夫婦過起了有點深居簡出的生活，連住家地址都盡量不外流。她無意討論自己的跟蹤狂現居何處，但長期為爭取受害者權益不遺餘力。她協助遊說了眾議員埃德・洛伊斯（Ed Royce），讓加州通過了第一部反跟蹤狂法，並長年助其他受害者一臂之力，包括在私人安全的課題上提供諮詢。她甚至還出了一本書叫《女孩為所當為：活得安全又聰明的終極指南（暫譯）》（*A Girl's Gotta Do What a Girl's Gotta Do: The Ultimate Guide to Living Safe & Smart*）。這是本寫給女性的人身安全手冊。她已經把跟蹤狂用恐懼從她身邊竊取走的權力，收復了回來。

但他並沒有消失不見。他就在某個海角天邊。而且就我多年來研究這一類人的心得而言，我敢說他多半已經「另謀高就」，又開始騷擾某個誰。這種跟蹤狂行為都是一波一波，沒有終點的「單元劇」，那反應的是一種三合一的終身行為模式：執念、癡戀與追逐。

李察・法爾利也是一例自我中心且自以為是的追求者。他在分類上屬於熟悉型跟蹤狂，但也不難被視為職場的槍手或甚至大規模傷亡的槍手，畢竟他最終造成了七人喪生、多人重傷的慘劇。

法爾利邂逅他跟蹤的被害人，是在他一九八〇年代中期任職的一家北加州科技公

6 作者註46。"Man who sparked stalking law released," Associated Press, https://www.recordnet.com/article/19960127/a_news/301279992.

司。當時年方二十二的蘿拉・布萊克（Laura Black）完全不想理他，但為她癡狂的法爾利完全聽不進這些話。他的字典裡沒有「拒絕」一詞，畢竟他徹頭徹尾就是個自戀狂。雖然老家有個女朋友，但他還是認定布萊克屬於他，所以他會幫忙她出落成一個更好的人。他內心是一種良藥苦口的想法，「她或許不想要，但她需要。」

他就此開始跟蹤她，一跟就是四年，甚至在他因為騷擾布萊克而被開除後都不改其志。他寄了數以百計的信件，還會去她的公寓跟健身房堵人，鍥而不捨地要她跟他約會。布萊克最終申請了保護令，聽證會被排定在一九八八年二月十七日舉行。

是時候出手了。他必須趁她取得法律護身符前動手。所以就在他預定要出庭的前一天，李察・法爾利在他的車屋中囤積了將近一百發彈藥與各式槍枝，然後朝著他前公司出發。他打算綁架布萊克，拍一些她半裸的照片來反駁她申請保護令申請——這是個很扭曲的威脅計畫。

他打的如意算盤是法官會因此做出有利他的判決，因為「她要是覺得我是個威脅，怎麼還肯擺姿勢讓我拍這種照片？」

先來到公司但苦等不到她的法爾利在沒了耐性後，就索性持槍衝進了建物，並在一番狂掃後造成七人死與多人受傷，當中包括布萊克也在傷者之列。

就在他龜縮於樓房裡時，警方將科技公司團團圍住，並藉談判與他交涉投降事宜。法爾利考慮著自殺，因為他無法想像投降後的牢獄生活。他擔心的是自己在牢裡會沒法找樂子，也不能用電腦。

他極度的自我中心，欠缺對受害者的絲毫同理心，並且滿腦子都是布萊克如何逼他做出這種事，所以她必須要為此付出代價。同時間在談判過程中，他告訴警方說他無意殺人，他只想自盡。他對布萊克在中槍後的傷勢如何表達了極濃厚的興趣。他說他希望她能撐過去，然後活在她害他做出這種事，也害死這麼多同事的痛苦回憶裡。他一心覺得這全都是女方的錯。

最終法爾利對自殺失去了興趣，還因為談判拖太久而餓了起來。他在數小時的談判後棄械，並在投降同時領到了加州知名Togo's餐廳的三明治——火雞、火腿、切達起司，不要番茄——還有健怡百事可樂。

在我寫下這段文字的同時，法爾利正以死刑犯的身分服刑於加州的聖昆汀州立監獄（San Quentin State Prison）。一九九八年三月，我跟已故的恩師，也就是心理學家克里斯・哈契爾（Chris Hatcher），就是在這裡跟法爾利見了面。

我們請他敘述一下事情的前因後果，結果他劈頭就是各種推託之詞。他把責任賴給他自稱患有的「解離性心理疾病」（dissociative disorder），但之後卻再也沒提起這回事。從他接下來跟我們訴說的各種細節跟回憶，都看不出他有解離性症狀的任何蛛絲馬跡。

解離性人格是律師與其客戶眼中的「高級辯護理由」，常被他們拿來規避刑事上的罪責。在通稱為DSM-5的第五版《精神疾病診斷與統計手冊》（*Diagnostic and Statistical Manual of Mental Disorders*）這本供心衛專家使用的診斷工具書中，解離症患者被描述為可以順利通過心理學中的現實測驗（reality testing），意思是他們完全知道自己在做些什麼，包括行為的對與錯。

法爾利仍沒忘記把責任推到蘿拉·布萊克的頭上。他對我們說他「基本上是神魂顛倒地愛上了她」，並稱那是他當時沒有立即向她表達出的「一種迷戀」。

「我跟所有人一樣，都有權利上前對她講，『妳願意跟我共進晚餐嗎？』」他嘴硬地告訴我們，即便我們都知道布萊克已經再三拒絕了他的追求。「一開始她很有禮貌地說，『嗯，我有點忙，今天沒辦法』。我解讀她的意思是，『我們改天再約』，而不是『我不想跟你有任何交集』。」他說。他從過去到現在，都顯然一直癡戀著布萊克，所以他才選擇性地對她沒興趣的各種表示視而不見。

「她有時候會生氣。她真的就是忽冷忽熱那一型。」他這麼說，又是想把責任推給布萊克對他的訊號反反覆覆。他說她等過自己一次，或至少他覺得她是在等他，主要是他們同時走出了公司的有氧運動課。他覺得這就是她在向他示好，就是她慢慢對他產生興趣的證明。

「我的回應可能有點冷淡，以至於她隔天就沒再等我了。」法爾利說，然後又繼續一面把錯推到布萊克身上，一面繼續表達他的愛意。「是說，她大概會否認這一切，因為她對當時的記憶不如我清晰。只要我一空下來，她就是我的生活的全部——我的興趣、我的生命、我存在的意義。」

七條無辜的生命因他而死，但法爾利沒有表達任何一絲悔意。在他心裡，他的行為都是情有可原，都是無可厚非。她怎麼可以這樣對我？他骨子裡仍舊是個可怕的人物，仍舊是那個什麼都敢做，什麼都敢說，藉口跟矛盾一堆的傢伙。即便是其他的受刑人，那些服著無期徒刑的兇神惡煞，都覺得法爾利「不正常」。

在我們訪問法爾利的空檔，一名獄友把哈契爾博士跟我叫了過去。我想說，來了，不知道哪裡被惹到的這人要把我們扁一頓了。但結果完全不是那回事。實際的狀況是他剛剛也聽到了法爾利的故事——法爾利那個大言不慚而又冷血自戀，跟蹤騷擾兼濫殺無辜的故事。

「那傢伙，說實在，真的很不對勁。」這名獄友告訴我們。

即便是同樣在監獄內，在另外一名殺人犯的眼裡，法爾利都被視為異類，都被視為是殺人犯中的殺人犯——罪大惡極的邪惡化身。他讓其他的無期徒刑獄友都覺得惶惶不安，而那些重刑犯可不是被嚇大的。

從人類發展出交往關係的頭一天起，跟蹤狂的行為就一直存在到現在。在過往，由於科技不如現在發達，我們或許比較容易掌握到必須親自出現的跟蹤狂行蹤。惟如今隨著數十億人活躍在社群媒體上，跟蹤者變得可以隔空接近去恐嚇並打擾受害者的生活，同時網路資源也讓跟蹤狂得以探知受害者的情報。

隨著網際網路崛起成為新的標準溝通管道，虛擬跟蹤狂可以說如雨後春筍爆發，每年光在美國被隔空跟蹤的網友就數以百萬計。事實上終其一生，美國會有約一成的民眾有過被跟蹤騷擾的經歷，且其中絕大多數是女性。

你被跟蹤了嗎？有人死纏爛打地反覆追求你嗎？你所關心的某個人讓你感到不安或害怕嗎？那你就要注意幾件基本的事情。首先，你要體認到自己可能遇到了麻煩。你要聽從自己內心的直覺，要相信自己那種不舒服的感覺。很多我們精神面不想相信的事情，身體會告訴我們。

再者，雖然會覺得噁心，雖然會本能地想要把所有跟那個變態有關的東西通通丟棄，但你就是要勉強自己把所有的證據記錄並保留下來——書信、錄音，乃至於任何一點可以用來指控惡人的呈堂證供。想要把跟蹤狂關進牢裡，你需要這些資料來在法庭上建立他的「行徑」。看到CBS《四十八小時》的記者去主動連繫蕾諾拉·克萊兒的跟蹤狂，我一開始是懷抱疑慮的，但事實證明那個人在電視上發飆的身影，成為了對他最為不利的有力證據，逼著執法部門再也無法漠視。

你還必須懂得求助。遇到怠惰執法或回應有氣無力的警察，你要鍥而不捨地發聲直到有人傾聽，沒得到回應前絕不放棄。你要在合法範圍內窮盡一切的努力去確保自身的安全無虞——人身安全的強化、搬家，你想得到的都行——要體認到命是自己的，積極一點是應該的。你要去尋求心理上、情緒上的奧援。近年來，社會上已經存在有跟蹤狂受害者的支持團體，也有相關資訊的分流站，包括像蕾諾拉與凱瑟琳等幸運活下來的「學姊」，都會根據經驗提供有用的建議與教訓。

最後一點是，不要氣餒。希望永遠在，關心的人也永遠在。只是你要認清很遺憾地，面對恐怖的跟蹤狂我們沒有可以讓其「一槍斃命」的神奇子彈，也沒有一體適用的解決方案。對蕾諾拉．克萊兒而言，馬斯勒被判四年徒刑的那天什麼都沒有改變。確實，那讓她暫且鬆了口氣，但創傷提醒著她，他終有出獄的一天。所以每一個今天都跟昨天一樣讓人膽戰心驚，畢竟法院判四年，不等於馬斯勒就真的會被關滿四年。

馬斯勒不僅已在受審前被拘提近一年，而且根據加州法律的分類，跟蹤狂並不屬於暴力犯罪，因此四年的刑度其實只會關到兩年，然後還得再減掉他已經被羈押的時間。覺得這很荒謬嗎？記得去找加州前州長傑瑞．布朗（Jerry Brown）與他的黨羽們算這筆帳。

馬斯勒預計在二〇一九年底獲釋（實際上在二〇二〇年初出獄）。

「忙了半天，就只是這樣的結果。」克萊兒因為這段回憶而重重嘆了口氣。她說她一知道馬斯勒關不了太久，感覺就像肚子上狠狠挨了一記。「所以那次判決完全不是句號，而只是一個小小的頓點。我一點也沒有鬆口氣的感覺，因為那四年判決的意義小得可憐。那只不過是讓我有多一點的時間重溫什麼叫提心吊膽而已。」後來的發展被她不幸言中。但畢竟她是個很令人敬佩且聰明堅強的女性。她做得到的，你一定也行，相信自己。

執法部門裡有一句話，是用來形容這類罪犯：跟蹤狂的忌日，才是我們真正結案的日子。

「對我而言，跟蹤狂是什麼很好解釋。」克萊兒說。「我只是過著自己的小日子，直到有個混帳瘋子看上了我。」

第九章

謊話連篇：虛假的受害者

「不可做假證言，陷人於罪。」——十誡之一

——舊約聖經《出埃及記》二十章十六節

美國有線電視網ＣＮＮ在二〇一九年一月三十日的頭條：美劇《嘻哈帝國》（Empire）男星傑西・斯莫列特（Jussie Smollett）遭到疑似仇恨犯罪襲擊。這宗未經證實的攻擊報導首見於一月二十九日。按照警方所言，斯莫列特宣稱攻擊他的兩人「叫囂著種族歧視與仇同（性戀）的髒話」，而且還「傾倒了不知名的化學物質到受害人身上」[1]。此外也是警方所說，斯莫列特宣稱其中一名攻擊者拿繩子繞在他頸子上。兩名犯嫌都逃逸無蹤，而斯莫列特在驚魂未定之餘，對有這樣的事情發生感到十分氣憤。斯莫列特對ＣＮＮ說他反抗了攻擊者，還說兩名攻擊者大喊著他擅闖了「MAGA的國度」，那指的是川普競選時所喊出的Make America Great Again（讓美國再次偉大）。消息一出，斯莫列特的東家二十世紀福斯（Twentieth Century Fox）就立刻發了聲明來表示憤怒與支持，同時縮寫為GLAAD的同性戀者反詆毀聯盟（Gay & Lesbian Alliance Against Defamation）也表示願意提供奧援。

案件情節變得更加混沌，是因為後續有報導指出，在斯莫列特據稱遇襲的幾日前，一封夾帶（經判定是阿斯匹靈）白粉的信函被寄至了《嘻哈帝國》在芝加哥的拍攝現場。芝加哥警方告訴ＣＮＮ說這封一月二十二日由電影空間芝加哥製片廠（Cinespace Chicago Film Studios）收訖的信件，引起了他們HAZMAT（危險物質hazardous materials之縮寫）小組的關注。芝加哥警方發言人安東尼・古列爾米（Anthony Guglielmi）說有關當局判定粉末是阿斯匹靈，但不願對信件內容的細節發表評論。

斯莫列特的家人在初步報告出爐的隔天提出了聲明：「我們希望社會視聽勿受混淆，這就是一宗種族主義與反同的仇恨犯罪。」斯莫列特也親上社群媒體火線，並致函《精華》（*Essence*）雜誌報平安並感謝粉絲說：「我的身體很堅強，但更堅強的是我的靈魂。」他並藉機平撫了當時甚囂塵上、批評他的說法兜不攏的傳言：

> 我正全力配合有關當局的調查工作，並百分百在各層面上都據實相告且無前後矛盾處。對於外界傳言中特定的失真與扭曲，我固然感覺到挫折惆悵，但我仍相信正義將獲得伸張。
>
> 如我家人所言，這類懦夫所為的攻擊正天天降臨在我的兄弟姊妹身上，不論他們是男是女、或不符傳統性別定義。我既不是也不該被視為個案。我們很快就會有機會開門見山地暢談，藉時我會就這場恐怖事件的細節跟大家交代。但在那

1 作者註47。Sandra Gonzalez, "'Empire' star Jussie Smollett attacked in possible hate crime," CNN, January 30, 2019, https://www.cnn.com/2019/01/29/entertainment/jussie-smol-lett-attack/index.html.

之前我需要一點時間消化沉澱……最重要的是，在這個創痛與悲傷的過渡期，還是有人得挑起責任，用愛領著大家向前走。這是我的信念，我不會因遭受打擊就遺忘這一點[2]。

對斯莫列特而言不幸的是，他宣稱的案發區域有密度極高的公設與私立監視器。在芝加哥警局鍥而不捨地詢問過上百名目擊者、申請了五十張搜索令，還看完數百小時的監視錄影後，兩名兄弟遭到了指認，但奈及利亞籍的兩人已經出境返回到他們的母國，而且等他們返美後，兩人也經過偵訊被判定為目擊者而非嫌疑人。大陪審團組成之後，斯莫列特被判定是自導自演，讓自己成為仇恨犯罪的受害者，並遭到十六宗妨害社會秩序罪（disorderly conduct）起訴。芝加哥警方認為，威脅信還有他身上的輕微抓痕與瘀傷，都是他一手造成。至於那兩個非裔兄弟，也是收了他的錢才假裝對他施暴。為此他除了面對最高三年的徒刑，還被逐出了原本出演的劇集。

到底誰會出於什麼樣的動機，做這麼無聊的事情？報導指出是他不滿於自己的演出酬勞，才想要用苦肉計來助長自己的聲望。

但這之後，案件的混沌不明變得更上一層樓，是因為在二〇一九年三月二十六日，檢察官撤銷了所有的指控，並做出了以下的聲明：「在考量過所有的案情與狀況後，包含斯莫列特先生參與了志願社區服務並同意將其（一萬美元）保釋金捐給芝加哥市庫，我們認為這是本案一個公正的處置與合宜的結果。」[3]

檢方這番話，等於是拐彎抹角地在說志工服務跟起碼的捐款就可以抵銷斯莫列特在此案中的所做所為。

芝加哥市長拉姆．伊曼紐（Rahm Emanuel）對此表達了情有可原的憤怒：「這無疑是司法部門在為此人『洗白』，也等於是公開承認只要你有權有勢，司法就會對你有特殊待遇，一種普通人得不到的待遇。」伊曼紐市長說。「這樣的體制完全做不到讓人為自己的行為負責。這有違是非，沒什麼可狡辯。」[4]

---

2 作者註48。Dory Jackson, "Jussie Smollett Slams Conspiracy Theories About Attack: I've Been '100% Factual and Consistent On Every Level,'" Newsweek, February 1, 2019, https://www. newsweek.com/jussie-smollett-conspiracy-theories-slams-factual-responds-attack-1314807.

3 作者註49。Julie Bosman and Sopan Deb, "Jussie Smollett's Charges Are Dropped, Angering Mayor and Police," The New York Times, March 26, 2019, https://www.nytimes. com/2019/03/26/arts/television/jussie-smollett-charges-dropped.html.

4 作者註50。Colin Dwyer, "Making Sense Of The Smollett Legal Drama: What's Going On Here?," NPR, March 27, 2019, https://www.npr.org/2019/03/27/707247716/ making-sense-of-the-smollett-legal-drama-whats-going-on-here.

芝加哥警局的大家長，艾迪・強森（Eddie Johnson）局長，說他支持麾下警探的結論，並重申斯莫列特確實是自導自演。他對斯莫列特喊話說：「你要是還想說自己無辜，那大家就法院見。」

比起調查本案所花費的社會成本，那點保釋金捐款只是杯水車薪：二十四名警力被從例行的案件中抽調出去，浪費掉的一千小時人力（尚不含加班時數），逾百位民眾接受面談、五十五台監視器的影片必須看完，還有五十張搜索票背後消耗的警力。更別說本案對真正仇恨犯罪被害人所造成的傷害，對社會信任感造成的破壞，還有讓族群間的針鋒相對變得更加極端——種種禍害真的是罄竹難書。伊曼紐市長說得好，他說斯莫列特不惜把芝加哥的市譽「從泥巴中拖過去」，只為了成就一己[5]。這場詐騙還恐怕會波及其他受到仇恨犯罪傷害的同性戀者，讓他們在報案時遇到困難：「此後接到這類報案，其真實性都會遭到質疑，而他（斯莫列特）這麼做只是為了自抬身價。」市長如是說。二〇一九年三月二十八日，律師代表芝加哥市向斯莫列特求償十三萬美元來彌補調查成本，並限他一星期內付款。而等斯莫列特對此不聞不問，期限過了之後，芝加哥市府便宣布了要循法律途徑求償的意向。在此同時，時任總統川普用推特貼文表示，聯邦調查局與司法部會進一步檢視這個「惡質」的案子，然後伊利諾州的檢察總長也說要深究本案。

明明有這麼多問題交代不清，斯莫列特與其律師團卻還變本加厲地宣稱他百分百向警方交代了實情。真是這樣嗎？所以斯莫列特的意思是，正好有他的兩名非洲同事一邊喊種族與性向歧視的垃圾話，一邊攻擊了他，最後還不忘撂一句「讓美國再次偉大」囉？而且就在這之前的幾天，一封信還夾帶恰好是阿斯匹靈的白色物質寄來囉？斯莫列特一案凸顯了我們在質疑可疑的自稱被害者時，會面臨到的挑戰與危險，因為一個不小心，後果就會一發不可收拾。但在此且讓我們倒帶一下，問一句究竟是誰會想做出這樣虛假的指控，圖的又是什麼。

讓我們倒退回很久很久以前。我本身不是聖經的鐵粉，但對新舊約聖經倒也不陌生——這年頭我常得為了辦案，而去研究犯嫌引用的聖經內文有什麼含意。由此我知道十誡裡的第九誡是：「不可做假證言，陷人於罪。」以謊言構陷無辜的人，是一種不道德的邪惡行為。而聖經所言等於證實了在信史早期，人類就在走向文明的過程中創造了這樣的行為規範。

5 作者註51。Chicago Tribune Staff, "Read Mayor Emanuel, Chicago top cop's comments about Jussie Smollett charges being dropped," Chicago Tribune, March 26, 2019, https://www. chicagotribune.com/news/breaking/ct-met-jussie-smollett-emanuel-johnson-transcript-20190326-story.html.

其實《創世紀》的第三十九章裡有個故事，講的就是這件事情。波提法（Potiphar）身為埃及法老的衛隊隊長，雇用了奴隸約瑟（Joseph）來照顧他的家庭。約瑟生得一表人才，波提法的妻子日復一日勾引著他，但都沒有得逞。求歡不成而惱羞成怒的波提法妻子於是大喊強姦。她對丈夫謊稱說她一喊救命，約瑟就拋下了他的斗篷潛逃。波提法怒將約瑟關入法老的大牢，兩年後才被法老放出來替自己解夢（而不是因為洗刷了清白才被釋放）。

惹龍惹虎，不要惹到狠婦！

謊稱是犯罪受害人，是幾百年來可見於諸多文化裡的事情。我們對這種假被害人提供了很多美稱與開脫之詞，其中一個是假被害者症候群（false victimization syndrome），而在一九九八年由莫洛伊博士編輯的傑作《跟蹤狂心理學（暫譯）》（*The Psychology of Stalking*）一書中，我們利用其中一章陳述了關於這種病症的見解。我說那是我們的見解，是因為在文中對這種心理現象提出鞭辟入裡之見的，還包括我的恩師克里斯．哈契爾博士，以及實務經驗同樣豐富的道格．雷蒙（Doug Raymond）警探。我說的實務經驗，也並不只限於我們幾位作者經手過的案子，因為我還很榮幸地訪談了幾位也書寫過類似主題的作者，包括已故的洛伊．海澤伍德、令人讚嘆的約翰．道格拉斯，還有已故的約翰．麥唐諾博士（John Macdonald）。這幾位作者的經驗既涵蓋了謊稱的性侵案，也包含不實的跟蹤狂等犯罪指控。

我們追查了各式各樣的假受害人謊報案例，歸納出了在不實報案者、找不到具體病灶的病人，以及孟喬森症候群（Munchausen syndrome；無法控制裝病來博取同情的精神病）或代理性孟喬森症候群（為了滿足照顧慾而強制認定子女有病的精神病）患者這三種族群之間，存在著若干共通性。

像是在十九世紀，醫師就遇到過病人宣稱他們的手或腳癱瘓——但他們的身體完全沒有癱瘓的理由。經過催眠，這些病人都順利痊癒。肢體功能的失去，似乎能滿足他們在生活中的某種需求，因此他們就無意識地體現出了這樣的幻覺。

孟喬森症候群得名於十八世紀德國作家魯道夫・埃里希・拉斯柏（Rudolf Erich Raspe）在小說中虛構出的貴族人物——孟喬森男爵（Baron Munchausen），而其人設就是喜歡周遊世界講一些天花亂墜的謊言。這種病的患者會不斷地看醫生，然後每次都會說自己得了某種很複雜的怪病，搞得不少人最後真的上了手術台。這些人這麼做的動機，似乎是源自於裝病的好處，包括可以逃避責任或衝突。

代理性孟喬森症候群有異曲同工之妙，只差在換成照顧者謊稱被照顧者（通常是小孩）有病。代理性孟喬森症患者也顯得很享受醫療體系的關照。這種病最讓人聞之色變的是，某些病態的家長會不惜下手把健康的孩子強行弄成有病，手段包括餵他們吃藥或投毒。還記得連續殺人犯那一章裡的死亡天使李察・安傑羅嗎？他就有一點代理孟喬森症的傾向，他追求的就是人為引發醫療急救事件來扮演英雄。

謊稱被害的一種特殊變異，是有人會謊稱自己是從綁匪手中逃出生天的某個失蹤者。一個很有名的案例是費德列克・布爾丹（Frédéric Bourdin），外號變色龍，一個來自法國，假冒過高達五百種身分的知名偽裝者；他從小就喜歡假裝是別人。一九九七年，他假裝自己是尼可拉斯・巴克萊（Nicholas Barclay），那是一個一九九四年六月從德州聖安東尼奧家中失蹤的十三歲少年。雖然布爾丹有著棕色眼睛跟法國口音，但他還是成功說服了巴克萊家，使其相信他就是他們家那個藍色眼睛的孩子。他編的故事是他這段時間被兒童賣淫幫派抓去，而幫派改變了他的眼珠顏色。布爾丹就這樣在巴克萊家生活了近五個月，直到一九九八年三月，反反覆覆的說詞才讓起了疑心的巴克萊家去做了DNA鑑定，身分被拆穿的他也才面對到犯罪起訴。他在二〇〇四年於西班牙重施故技，宣稱自己是於同年三月十一日馬德里爆炸攻擊中喪母的青少年。布爾丹表示他這麼做的動機是騙取「愛與溫暖」，還有就是他兒時缺少的關懷。

更近一點在二〇一九年，一名男性主動宣稱他是在二〇一一年失蹤的一個孩子。他也說自己在這段期間成為了兒童賣淫與人口販運的受害者。他也同樣被DNA檢驗拆穿了謊言，並坦承他是在看了美國廣播公司ABC的《20/20》新聞雜誌節目專題，才會知道有這樣一個失蹤的孩子。他說他是想逃離自己的家庭，想要一個那樣的父親。他被起訴了對聯邦幹員說謊的罪名。

另外一種新現象是對警方「報假案」（swatting）——會叫做SWATting，是因為這種人常用緊急或暴力犯罪的假消息把霹靂小組引到現場。在某個案例裡，有個電話報案的男人因此被起訴，是因為他把警察騙到了距他有一千四百英里遠的堪薩斯州威奇塔（Wichita）。這人宣稱那兒有緊急的人質事件，結果導致了一名男性在他說的地點遭到無辜擊斃。這名居住在洛杉磯的謊報者據稱會這麼做，是因為他在玩線上多人射擊遊戲《決勝時刻》（Call of Duty）時因細故生了氣，他想要為了一筆一點五塊美金的賭注所引發的爭端，去懲罰另外一名玩家。他最終認了五十一筆與謊報電話跟假威脅有關的聯邦罪名，被判二十年徒刑。不少報假案的例子都涉及線上遊戲的青少年玩家，也都牽涉到他們與其他玩家在遊戲對戰中產生的嫌隙。常常就在這樣的背景下，這些玩家會透過可以隱藏身分的電話APP來通報假的犯罪事件。

當然也有人會宣稱自己染病或誇大自己的病情來贏得官司，規避刑事責任，或是逃避兵役。我們這一行對這種行為有一個術語：詐病（malingering），指的就是裝病或渲染病情來取得明顯的附帶利益。我在經手的刑案裡看多了這情形——殺人等重罪的嫌犯會假扮思覺失調或解離型人格來求取減刑。

最終，有些人會受到思覺失調或妄想的影響而宣稱自己是病人或犯罪受害人。這類人並不難察覺，而由於他們是真心相信自己有病，所以我並不認為他們是真正在謊稱被害。如前所述，達瑪斯修・托雷斯之所以在某家醫院射殺了三名醫師並挾持了人質，就是因為他誤認自己被那家醫院當成醫學實驗的對象，且自己被感染了類愛滋病毒而命在旦夕。我還記得有一名女性曾報案說她被警方竊取了卵巢。

用曲折離奇去形容那條通往裝病者或假受害者內心的道路，一點也不過分。這些假被害者所編造的故事有多複雜，理解他們的那條路就有多不簡單——他們往往是從電視、電影、通俗犯罪概念中得到靈感，編寫出縝密繁複的情節，惟他們往往會把故事編得太過火，而不太能接軌現實世界中的犯罪行為。同時他們往往會挑選眾所週知的時事，比方說仇恨犯罪或政治動盪與衝突，來作為故事的主軸。有沒有覺得聽起來很耳熟？

但這裡有一個重點要注意。多數被害者都是真實無欺，我們只有在證據顯示疑似謊報時，才應該立案調查。以跟蹤狂的案件來講，謊報的比率大概是百分之二。我認為若把騙子當成真正的受害者，我們是會在一段時間內被耍得團團轉，但要是把真正的受害人當成騙子，那傷害或許更大。不過也的確，假案會浪費大量的社會資源，讓真正的犯罪被擱置一段時間，而且這些假案往往會充斥於政治上的意識型態論戰——

一旦有假受害者被揭穿，反彈的怒氣與敵意會不容小覷，而且那股反彈會來得又快又急、一發不可收拾。警方會因為讓個人受到不公的待遇而成為千夫所指，相關團體會跳出來表態，想要藉消費事件來收割好名聲的正義魔人會跳出來給警方安上一堆罪名——更別說這些路見不平的人士有的還樂於興訟。這些團體與正義魔人會搧風點火，引發族群間的緊張而動搖社會的穩定。

像是一九八七年發生在紐約，惡名昭彰的塔瓦娜・布羅利（Tawana Brawley）一案就坐實了許多這樣的社會動態。十五歲的非裔美國少女宣稱六名白人男性，包含一名警員，綁架了她四天，並強暴、虐待了她。當明顯精神恍惚的塔瓦娜被發現時，她在紙上寫下了White cop（白人條子）這兩個英文字。世界拳王麥可・泰森（Mike Tyson）、「天才老爹」比爾・寇斯比（Bill Cosby）等人都加入了聲援黑人少女的陣營。其中泰森送出了勞力士錶當大禮，還說要提供她五萬美元的獎學金。只不過短短數月後，大陪審團就判定整件事都是她虛構的。而事情到此並沒有告一段落。布羅利的顧問群，包括艾爾・夏爾普頓牧師（Reverend Al Sharpton）不惜把矛頭指向一名地方檢察官，也就是後來高升為州助理檢察總長的史提芬・帕格尼斯（Steven Pagones）。帕格尼斯最終對夏爾普頓、布羅利等人提告求償一百七十萬美元，並在一九九八年打贏了這場誹謗官司。

在檢視我們對謊報被害的所知之際，我們發現了不少假的仇恨犯罪。出於同情的媒體關注，這類指控幾乎都能順利獲得輿論支持——至少在謊言被揭穿之前是這樣沒錯。但我們發現不少這類案子，其核心都只是貪婪而已，包括有人是想詐騙保險金或其他東西。像愛荷華州就有一名牧師報案說有人用噴漆加種族仇恨的用語破壞了他的賓士車。他把事情鬧上了媒體，並在保險公司拒絕給付後投訴到歐普拉秀（The Oprah Winfrey Show）；他宣稱自己是種族歧視的受害者。有趣的是他被發現在「破壞事件」前去了好幾家鈑烤廠詢問車體烤漆的價錢。在地的警察局長開玩笑地發表他對牧師報假案的看法，「我猜他是想知道把車子鈑烤成醜八怪要多少錢。」[6]

但如果我要從頭來過再做一次研究，我會完全捨棄「假受害者症候群」的標籤。我會改用一個名符其實的名字：犯罪現場布置（crime-scene staging），意思是有人布置出了一個犯罪的場面，好讓自己有受害者的角色可以扮演。

對於這個「犯罪現場布置」，我們有多少解呢？我們知道這是在刻意製造出犯罪現場或是虛假的報案內容，藉此來讓焦點從真正最有可能的嫌犯身上移開。那我們要如何查出有人在「布置犯罪現場」呢？關於這點，我們可以去留意以下的幾種蛛絲馬跡：非典型的受害者言論、顯而易見的附帶利益、心理疾病（尤其是人格異常）、說謊的紀錄、想要扮演受害者的傾向、啟人疑竇的嫌犯側寫，或是其他顯著的動機。

常見的動機呢？有些人是需要不在場證明或託辭，來掩蓋小自劈腿出軌、大至殺人害命，種種他們不想被人知道的行徑。還有些人是想使出苦肉計讓伴侶來拯救自己，藉此彌補雙方的關係。當然也有人是單純想要復仇，這時所謂的「受害者」就會指名道姓地控訴誰就是犯人。但如果一指名道姓，對方就有可能被逼著出手來捍衛自己的清白，這麼一來謊言就有可能被揭穿。而這也就是何以在不少這類案件中，假受害人都沒有明確指出犯人，不然就是在描述上含糊其辭。打迷糊仗的好處就是可以讓戲演得下去。

通常來說，假案的背後都有某種私心，包括屢見不鮮的「需要人關心與同情」。受害者的身分會換來大量的理解與同情。報假案在家事法庭裡是很常見的東西，因為水火不容的雙親會尋求各種施力點來爭取小孩的監護權，也會希望藉此在誰能在老家住到官司結束的爭議上，使法官判決有利於自己。

其他的假案指標還包括報案的時間與生活低潮或家庭巨變的時間點重疊，或有時候假案會讓人產生一種事情就是不對的直覺。但若要讓假案一槍斃命，就得有科學跡

---

6 作者註52。K. Mohandie, C. Hatcher, and D. Raymond, “False Victimization Syndromes in Stalking,” in R. Meloy (ed.), The Psychology of Stalking: Clinical and Forensic Perspectives (San Diego: Academic Press, 1998).

證證明檯面上受害者宣稱的案件版本根本不可能發生。還有些時候，這些假受害者根本就是撒謊的累犯。

還在洛城警局服務的期間，我以心理治療師的身分診治了很多警察同仁。洛杉磯就是洛杉磯，是吧？洛杉磯什麼沒有，就是心理醫生多，多到幾乎是警察也不例外，人人都有一個心理醫生的程度。我給警察看診，地點是在一個衛星診間，那是顧及同仁隱私而做的安排。在唐人街的一棟銀行大樓裡，我有一處可以俯瞰全城，景色超棒的診間，那兒有舒服的沙發，有一面書架，書架上還放著莫洛伊博士一九九八年編著的跟蹤狂專書，裡頭就有由我執筆關於假受害人的專章。

來找我的警察問題形形色色，有夫妻失和的，有屢見不鮮的焦慮、抑鬱與失落，有開槍造成的心理創傷，有跟上司溝通的挫折感，偶爾還有因為被申訴或處分而造成的壓力。那個診間裡有我跟警察大眼瞪小眼的各種回憶，他們有的威脅要尋短，有的威脅我，有的背著滿滿一包槍在身上，只因為他們怕把槍放在局裡，他們會一時衝動把上司給斃了。點點滴滴的苦辣辛酸都發生在我唐人街的診間裡。那就是我宛若第二個家的空間。

有一天，有個人來找我，他的問題是因為陷入局裡的懲戒程序而感到壓力。他開始對我訴說一個他前女友是如何陷害了他。他說他之所以跟她分手，是因為她凡事都很戲劇化，而且要求太多。話說這種故事我已經聽了不下一百遍；有句話是這麼說的，警察大都敗在喝酒、男女關係處理不好，還有債務問題上。但這個人稍微有點不同。他告訴我說，前女友邀請了他過去她家，身上只有一件薄紗，沒想到才一轉頭，他就被指控攻擊了她。他被捕之後雖然得以交保，但卻因為身負重罪指控而被勒令停職，未來不但工作可能不保，甚至弄不好還得坐牢。

我想起了我寫過的那一章，然後本能地從加上抽出了莫洛伊博士的專書，交給了他去讀。而讓我驚訝的是他在讀過該章之後，對我說了一句：「就是她。」我本以為他只是比喻性地說他前女友有類似的狀況，但沒想到他的意思是，他的前女友就是我在文中舉出的實例！

大約在此同時，我正在閱讀一本書叫《聖境預言書》（*The Celestine Prophecy*），大意是世界上沒有意外、沒有巧合，而這名警員的遭遇就是最好的例子。

於是他試著把前女友是謊報累犯的事情上報給洛城警局的長官與督察室，包括她曾經自殘。很不幸的是當時局裡的政治氣氛控制在一個很糟糕的局長手上，而他會像抄家一樣進行各種鬼話連篇的人事調查，包括我前面提過說有人自稱卵巢被偷，他都照查不誤。在一個警察同仁不過上萬人的警局裡，人事申訴案就一舉突破了三千件，有人因此私下戲稱這名沒事找事的局長是達斯·維德（Darth Vader，《星際大戰》電影裡的大反派黑武士）。在這名局長的當家主事下，洛城警局似乎不是很擔心內部調查氾濫會造成的負面影響，反而變本加厲地猛查。這導致了各種訴訟，而來找我的這名警員也花了點時間，才洗清了自己的名譽。

但事情並沒有到此為止。指控這名警員不成的女性最後跑來告了我誹謗，理由是她在與前男友那令人暈頭轉向的訴訟中，發現了我曾在書中舉她為例！所幸我當年曾仔細與調查單位確認過案件的細節，而且我寫的東西多半都屬於公開資料。勿忘第一修正案（保障新聞自由與言論自由）！就因為被報假案的官司搞到四面楚歌，所以她想要讓我閉嘴，但最終我反告了她，她告我的案子被撤銷，她反而得賠償我律師費與訴訟費。

寫本書還搞得一身腥。

不過我的案子也不過是滄海一粟。我再說一個扭曲的案例。二十來歲的吉娜身為洛杉磯都會區的一個女大生，向所屬大學的公共安全部門通報說有人性侵她未遂。她宣稱說嫌犯從後方抓住她，把她的頭推去撞牆，然後把她往後拉進走廊另一頭的另一個宿舍房間。她鉅細靡遺地描述了那名攻擊者是如何扯破了她的衣物，抓她的身體。她秀出了身上的抓痕，還有她外衣與內衣上被扯破的地方。等她終於對警方做完筆錄後，當中出現了一些非常精確的細節，「他笑著盯住我的眼睛」，但她卻說不出他的五官特徵。

過沒多久，吉娜告訴警方說犯人在她宿舍房間的門墊底下留了一個信封，裡頭寫了首詩，還有半個她在遇襲時被扯破的胸罩。她說她原本去附近找男朋友，然後突然覺得心裡「感覺不對」，結果一回到自己房間就發現了這些東西。

她宣稱她在校園裡走路時曾聽見過攻擊者的聲音，結果某名學生被指認了出來，但由於她提供不出特定的目擊者，所以案子也就查不下去。那名年輕人沒有被逮捕，但卻被勒令退學。

吉娜告訴家人跟其他人說她接到了一些沒出聲就掛掉的電話、一些威脅來電，還有送來的卡片，還說她在最初的事件後被跟蹤了六個月。她因為安全考量而在校內獲得了專屬的停車位。又過了六個月，她收到了一尊被弄得支離破碎的「分屍」芭比娃娃，上頭還塗著紅色的顏料，外加附上了一封威脅信。

由於擔心跟蹤狂的行為，洛城警局威脅管理小組的成員被起初調查性侵未遂案的警探引進了調查工作中。兩方開了一場會議。特別部署的安全警力開始跟進跟出，陪著吉娜上課。就在與威脅管理小組警探排好要開會的前一天，有堂課提早下課的吉娜去到了學生交誼廳。在安全警力來接她之前，一名同學在洗手間的旁邊發現衣衫不整的她，而她背上還出現了長長的抓痕與表層的撕裂傷。她看起來非常狼狽，就像剛被泰德．邦迪之流的人攻擊過一樣。

吉娜宣稱她是在學生交誼廳聽音樂的時候，從後方被人攻擊，還說她一醒來，就發現自己被臉朝下被綁在了書桌上，手腕也被綑住，牛仔褲則被往下拉到了腳踝處。她被轉送性侵危機中心，而在急診室拍下的照片捕捉到她臉上一抹淡淡的假笑，就像她頗享受自己成為眾人的焦點一樣。

這件案子慢慢成為了地方媒體關注的事件，校園開始爆發了騷動，提醒學生小心的傳單開始四處分送。

警探隔天找她問了話，自此兜不攏的小地方開始浮出水面：這不像典型的跟蹤狂案件，因為一般的跟蹤狂多半能查出身分或自己透露身分，更別說此案中關於性侵的手法有兩種截然不同的風格（偽無私 vs. 性虐待）。吉娜的母親是性侵受害者的權益促進者，且本身也曾經有過被色狼襲擊的經驗。進一步的調查顯示吉娜曾經在校內出現過學業上的問題，在畢業前夕感覺到前途茫茫，同時她還換了個男友。她的前男友曾在肉體上虐待過她，但在她成為「被害人」之後，這種虐待行為便有所收斂。這名前男友表示她曾謊稱自己有了身孕。

她宣稱她咬開過綁她的鞋帶——但鞋帶上的截面太過乾淨。再者所有的撕裂傷，都在她伸手可及的範圍內。

警探檢視過所有的證據跟行為史後，再加上我親自提供了諮詢並看了資料，結論是這是起謊報案。下一步就是把她叫來問話，希望能在取得她的自白後結案。警方安排了好幾次約見，但通通被她請假打發。最終她來見了道格・雷蒙與蓋瑞・凡・艾許（Gary Van Esch）這兩名警探，以及我本人。

我整理了一下思緒，走了遍我用來做好心理準備跟集中精神的私人儀式。最終我帶著活絡的五感、通電般的注意力，還有如雷射般銳利且專心致志的每一個細胞，走進了偵訊室。

房間裡擺著好幾個大信封跟檔案夾，上頭除了她的案件名稱，還有用清晰大字寫成的標籤：「鑑識證據」、「實驗室檢驗結果」、「監視器」。喔對了，那些信封跟檔案夾裡其實都空空如也，但千萬別說是我說的喔。

我其實不久前才接受了一次庭外採證，而出席的律師也擺出了厚厚的活頁本，一本本上頭都寫著我的名字。他們像戲精似地當著我的面，叫人把那些活頁本搬進房間。但我絲毫也沒有放在心上，因為很可能那裡頭多半是跟本案八竿子打不著的資料，甚至很可能只是用白紙充數。反正我坦蕩蕩，有什麼說什麼，他們掌握了什麼情報與我無關。

會受到影響的，都是心虛之人。他們知道什麼？我被他們人贓俱獲了嗎？我一路說謊下來，他們該不會已經心裡有數了吧。

檔案夾與大信封，對吉娜產生了催眠的作用。它們就像是關係錯綜複雜的棋局裡，一批畫龍點睛的道具，也絕對是調查行動開展中貓捉老鼠的利器。

雷蒙首先發難：「我們今天齊聚一堂的一個理由，就是妳對案情的描述出了一點問題。我去找了莫漢迪博士，也把情報讓他不受干擾地過了目。吉娜，博士也得出了跟我們相同的結論。」

如坐針氈的她身體前傾，跟雷蒙與我隔著桌子，在一個除了高聳空蕩的書架以外，彷彿是廢墟的房間裡——一個像卡夫卡小說場景一樣詭譎的房間裡——她急忙地回應了一句：「嗯……我們現在說的……我是說，是整件事情嗎？」

她既沒有反問「你們在說什麼？」或是驚呼一聲「你們在說什麼我聽不懂」。她的回應已經證明了，她知道我們在質疑她各種指控的真實性。

雷蒙警探接著往下說，而我則半像個道具、半像個隊友似地等待著扮演「好好醫生」的機會。「我們今天找妳來的一個原因，是為了一一釐清一些對不起來的地方，還有更重要的，是讓這件事情告一段落。」

吉娜開始支支吾吾：「我真的不明白現在是怎麼回事……我不懂，因為這件事是真的發生過。我不懂這是為了什麼。」她把手擱在桌上，掌心朝上，這是她用來假裝困惑的演技。

雷蒙理直氣和地回應說，「妳說的事情是子虛烏有。吉娜。」

吉娜半抗議地說：「我醒來人就在浴室了，這是真的。等我反應過來——」

雷蒙打斷了她。「我們一起來回顧一下第一次事件的發生，去年七月……」

吉娜繼續喊冤。「我只知道，發生了的事情就是發生了。」雷蒙再度插了她的話。「那些事情沒有發生，實際的狀況不是那樣。妳首先得了解這裡有三個人想要相信妳，我們一開始也確實相信妳，但擺在眼前的證據讓我們信不下去。」他的語氣冷靜而堅定，而吉娜則開始緊張地把左手放到臉上，我看得出她一觸即發的情緒開始在表面上積累。她用手摸上了眼睛，就像是在按掉她蠢蠢欲動的淚腺開關。她的堅定開始崩解，而我也把握機會趁虛而入。

「我們會坐在這裡，吉娜，是因為很多人花費了很多心血在調查此案。就像雷蒙警探跟蓋瑞・凡・艾許警探一再重申的，我們三個今天來，是為了跟妳懇談並釐清真相。我平常也會去牢裡跟做過這種事情的人談。我也跟真正遭遇過這類事情的人談過，我很清楚受害者能記得什麼，能看到什麼，而那跟妳所說的差異之大，就像一個是黑夜……一個是白天。」

她用手摀住了雙眼，像是希望再一睜眼就會發現這只是場夢。她不想讓我們看到她的情緒崩潰。真相已經在一面脆弱的薄紗後，呼之欲出。

雷蒙接下了我的棒子。「吉娜，我是在給妳機會。我們可以坐在這裡來來回回。妳顯然還在做困獸之鬥——我從妳臉上看得出來——妳還在思考要怎麼把謊圓回來，但如今唯一能跟事實吻合的，只剩下事實了。妳不說實話，我們在此就不會有任何進展。」

她哭了起來，兩隻手仍遮著自己的眼睛，然後她哽咽地說了聲「好吧」，並點了個頭。雷蒙跟我往前一坐，而她則幾乎是把頭捧在手中，開始邊哭邊讓實話來到嘴邊。

我補了一刀說，「妳何苦把這骯髒的小祕密一個人扛下去。」

於是她梨花帶淚地啜泣著，並開始宣洩：「我不是很喜歡自己……而我……我覺得自己是個很糟糕的人……但問題不在這兒，而這也跟任何人都無關。」

雷蒙鼓勵她繼續：「我沒看到什麼很糟糕的人，只看到一個在求助的人。」

「我連想解釋都不知從何解釋起。」

我也加入了鼓勵的行列：「盡力就是了。盡力就夠了。」

「我不喜歡自己，我也不知道為什麼……我家裡跟所有人，他們全都當我是個堅強而且一切都在掌握中的人。但我其實，嗯，不是那樣的人。我變得不想活了，什麼都不想了。我完全不想去處理這些事情，也完成不了任何事情。那我該怎麼辦呢？所有人都在問我是怎麼一回事。你們懂的。而問題是我什麼都沒說，然後大家就各自想當然耳地認為我是怎樣怎樣……」

吉娜指的是她身上的傷，還有她讓大家以為那些自殘的傷是他人造成的。

「不然我該怎麼做呢？跳出來說，『ＯＫ，沒錯，這些傷都是我自己弄的』，或是之類的嗎？你們懂的。所以我什麼都沒有說。」她繼續哭著說。

我思考了一下。「所以妳先是自殘，然後說不出口，然後妳需要對外有套冠冕堂皇的說法。但妳還沒想到，他們就自以為地有了一種想法，而妳就順著他們的劇本演了下去？是這樣嗎？」

她哭著說。「大概就是這樣。」

雷蒙推了一把說：「妳有在那個房間裡自殘嗎？」她點了點頭。「那是第一次嗎？」

「是。」

雷蒙加入來確認了一些事實：「妳沒有把鞋帶咬斷，是吧？」

吉娜重複了警探的問題，「我有把鞋帶咬斷嗎？」藉此為自己爭取完時間後，她才說道，「我去到那裡，外面有些人，而我不想被找到。所以我就想說要是能回到家就沒事了。我沒想到自己把頭撞得那麼厲害，我真的很暈……我實在是受不了了。」

她這等於是承認了頭是自己撞的。

雷蒙思考了一下。「同時要考慮這麼多事真是辛苦妳了。」此時我們開始想為這個案子收尾，讓一切塵埃落定。

我們找來了她的爸媽——那對控告大學的環境過於危險，以致於女兒成為被害者的雙親——好讓他們親耳聽見這一切都是謊言。在她哭著自白完後，我們在外頭走廊把事情告訴了她爸。

後來父親進到房裡問了她：「他們說這些都是假的，都是妳自己幹的。是真的嗎？」她不敢直視父親的眼睛，只能繼續一把眼淚一把鼻涕，並把臉埋在手裡。那無聲的確認已經透過她的罪惡感，一目了然。

這個案子就此告一段落。她自導自演了身為假受害者的一切，包括謊稱遭到性侵與跟蹤。動機？因為她討厭自己，因為她無法解釋自殘的傷痕，因為她來到人生的十字路口，因為她夾在男友與（會動粗的）前男友之間，也因為她可以從謊言中收獲到關注、停車位，還有成名等附帶利益。

真相最後雖然水落石出，但一名學生已經無辜被開除、成千上萬元的公帑被浪費，大學蒙受了莫須有的安全疑慮汙名，更別說校方還挨了告。吉娜最後也被學校退學。別不相信說謊的代價竟是如此之高，因為報假案就是會有這樣的結果。

第十章

承先啟後：我們該何去何從？

「活著就是受苦，想活下去，就要在苦難中尋得某種意義。」

——尼采

「他們肯定是瘋了。徹底的瘋了。神經病。他們在想什麼。」這些是每次有殺人等各種慘案發生時，社會大眾就要來上一遍的評論。我是說，那些人怎麼可能不瘋？不是瘋子怎麼做得出那些泯滅人性的事情？

但這個問題的答案，其實遠較一般人所想的複雜。確實，許多暴力犯罪者內心存在心理疾病的元素，但很也多時候情況並非如此。而即便犯人確實有病，一般人觀念中的「瘋」跟嚴謹刑事司法體系中的狹義「精神異常」，兩者間也存在很大的差別。

比方說，許多連續殺人犯確實表現出各種可診斷出的精神異常，但整體而言他們仍會被判定為有能力受審，並在走完司法程序後承擔刑責。這是因為依照法院的標準，一個人只要知道自己在幹嘛，也知道自己的行為是錯的，就可以受審服刑，跟有沒有可診斷出的心理疾病無關。

雖說美國作為聯邦，司法程序的規定因州而異，但辯方如果主張客戶的心理病情嚴重到無法受審，他們首先可以申請由法官主持的受審能力聽證會，屆時首要得釐清的問題，是當事人是否受制於心理疾病而無法參與自身的辯護過程。或許這個人的妄想嚴重到他會以為自己的律師也是陰謀論的一環，又或許他根本意識不到自己人在法庭裡。瑪丹娜的跟蹤狂勞勃·霍斯金斯自認他人是在「天國的法庭」，而瑪丹娜是出庭「來救他的」，但即便如此，他還是被判定有能力受審，因為他很知道法官的作用，知道有犯罪行為遭到了起訴，知道認罪或不認罪的差別，也知道這場審判會決定自己日後自不自由——大概是這樣。

基本上而言，辯方與檢方會各聘請一名由法庭核准的心理衛生專家來評估犯嫌。他們會在所謂的「法官審判」（bench trial；相對於由陪審團來決定有罪無罪的審判）或是一般的陪審團的審判中擔任證人，發表他們對當事人心理狀態的專業看法。如果嫌犯被判定有能力受審，審判就會繼續往下走。反之嫌犯就會被送往醫療機構接受治療，直到狀況好轉到足以受審為止。

審判的一開始是所謂的「定罪與否階段」（guilt phase），期間檢辯兩造會各自提出主張犯嫌有罪與無罪的證據來說服陪審團。這裡有一個重點是，辯方只要認定客戶的精神狀況惡化，則他們隨時可以重新申請獨立於審判外的聽證會來重新評估嫌犯之受審能力，包括有些這類聽證會會開在審判的定罪階段之後、陪審團決定刑期之前，或是有獨立的「神智清楚與否階段」（sanity phase）。

在刑事審判中要證明一個人有罪，檢方必須在嚴格意義上滿足「排除合理懷疑」的要求，意思是他們要做到讓陪審團對嫌疑人的犯罪事實提不出合理的質疑，而為了做到這一點，舉證之責必須百分百由檢方承擔。法庭上永遠先假設嫌犯無罪，此即刑事司法體系的一個大前提是：無罪推定（innocent until proven guilty），也就是在被檢方證明有罪之前，所有人都是清白無辜的。

但神智清醒與否的聽證會，則有一點不同，這個階段的舉證標準會稍微降低，從對應無罪推定原則的「毋庸置疑」（beyond reasonable doubts）弱化為「證據優勢」（preponderance of the evidence），說白話一點就是「有過半的可能性」，是比不是更的可能性更大即可。再者在包括加州的大部分的司法轄區中，犯嫌神智不清的舉證責任都會從檢方轉到辯方身上，而這就是所謂的「主動抗辯」（affirmative defense），即辯方團隊若主張其所代表的犯嫌神智不清，則他們就必須要主動負責證明。這時法庭上的大前提就變成了「神智清醒推定」，也又是只要辯方不能證明當事人精神有問題，那他或她在法律上就是清醒的。

不過，我也曾經在科羅拉多與新墨西哥等好幾個州出庭作證，而那些州的狀況正好顛倒：檢方必須在辯方提出當事人精神狀況疑慮時負責證明嫌犯的神智清醒。我在想，難道在那些個州，所有人除非經過證明清醒，否則都多半是瘋子？我還以為美國這麼多州，只有加州才那麼多神經病！

司法審判一旦動起來，時而會相當之糾纏而複雜，但這些複雜不是沒事找事，而是要確保美國的司法體系可以做到公正客觀，使嫌犯可以接受到公平的審判。就以赫伯．穆林為例，他明顯是個精神有問題的個體，否則他也不會接受腦中的幻聽指揮，以為殺人就可以拯救加州不受震災的侵襲。他毫無疑問地會妄想，但他也在十三宗謀殺前後都做成了非常理智的決策，也在事後嘗試要掩蓋自身涉案的事實與痕跡，包括他至少殺害了一名目擊證人滅口。這些行為替他的辯護律師們設下了難以跨越的高牆，畢竟這在在都顯示他很清楚自己在殺人，也明白這樣（至少在法律上）是錯誤的行為。

而且別忘了在不少案例中，某些人眼中的「瘋」，其實在當事人心中可能只是一種「意識型態」。所以說我們在法律上不用「瘋狂」去形容人——因為說一個人是瘋子真的沒有什麼實質上的意義。

在神智清醒與否的審判流程中，是否該為了伸張正義而讓犯嫌為自身行為負起責任的論辯，往往會演變成證人席上的專家大戰，各為其主的辯方與檢方心理衛生專家會分別嘗試證明他們的理論屬實。在理想的狀態下，他們應該要盡量保持客觀，用可驗證的資料來支持他們的結論與看法。檢辯兩造依照其立場，會提出相左的發現、診斷與意見，而他們也會為此提出相關的證據給陪審團做為判決的參考。勝敗的關鍵，往往就是看哪一邊的專家感覺比較可信。

問題在於，不少腐敗的心理衛生專家未能堅守專業倫理，他們墮落了，受到金錢的收買或個人偏見的扭曲。那一幕，看了真的會讓人深感斯文掃地。我曾經以檢方專家證人的身分對上一名受雇於辯方的精神科醫師，而他曾在另一宗廣受矚目的案件中承認他應辯方律師之請刪除了二十四筆陳述並改寫了十頁的筆記。他的可信度在此一舊案中的陪審團面前，遭受到了重擊，也削弱了他在以證人身分接受問題「質詢」（impeachment）時的發言效力。再加上他在現行案件中的見解啟人疑竇，看法反反覆覆，旁人難免會產生他在扭曲專業來迎合辯方需求而不夠客觀的觀感。他的偏頗與對專業的棄守似已形成一種模式，而新案的嫌犯最終也被判定精神正常，必須為其犯行付出代價。

在另外一個案子中，我被延攬去為檢方作證，案件內容是一名年輕人被控一槍打在同性戀同學的腦門上，殺死了當時（跟犯嫌一樣都）還是青少年的對方。辯方專家的意見散發著濃厚的反同偏見。他基本上是在說被冷血殺害的死者反抗了，所以懷著恨意的犯嫌才會開槍。換句話說，他覺得死者是真的該死，誰叫他要是同性戀。陪審團最終根本沒能在這場爭議性十足的審判中做成判決，因為死者竟然被辯方跟（令人匪夷所思的）至少一名陪審團員指稱必須負責。某陪審團員在事後竟說凶手只是「在解決一個問題」，真是令人憤慨。最終，凶手認了二級謀殺與過失殺人兩罪，並接受了二十一年的有期徒刑。

所幸，自一九四九年的霍華．烏恩拉害死十三條無辜生命、犯下美國有史以來第一起被確認的大規模傷亡槍擊案以來，事情已經有了長足的改變。烏恩拉只在精神病院裡被關了六十年，至死都沒有受審，只因為一名法官判他沒有這種能力。當時只有一名心理學者呼籲烏恩拉應該要受審，他獨排眾議地指出只把烏恩拉關進精神病院，讓他在法律上全身而退，等於是「心理學者救援成功」[1]。

心衛專家不該在這些案件中喧賓奪主地上場「救援」，可是我知道確實有某些同業在有意無意間懷著這種觀念。我們的工作很單純，就是要根據專業——而非情緒——去判定嫌犯的心理狀態，乃至於他的心理狀態與案件本身有何關聯。

時至今日，大多數鑑識心理學者與精神科醫師都已經有倫理方針與規則供他們遵守，但這些東西在烏恩拉大開殺戒的那個年頭根本無人關心。

不論多麼繁複，我們都需要走過這些程序，才能用嚴謹的法庭審判與辯論來決定該起訴嫌犯什麼罪名、有什麼其情可憫的因子足以酌予對嫌犯輕判，乃至於最終該給予嫌犯什麼樣的刑度。這當中其情可憫的因子可以包括受虐的童年，甚至是精神狀態

---

1 作者註53。Joseph A. Gambardello, “Inside the Mind of the Philadelphia Area’s Worst Mass Killer,” The Philadelphia Inquirer, October 2, 2017, https://www.inquirer.com/philly/news/ breaking/inside-the-mind-of-the-philadelphia-areas-worst-mass-killer-20171002.html.

與智商高低。

然而在犯罪學的領域中，我們要思慮的還有更大格局的問題：我們該如何管理這個我們賴以生存的世界？我們可以促成改變嗎？我們有辦法預防或遏止下一場犯罪嗎？

讓我在此先爆一個雷。我之所以說我跟同事們所從事的是「威脅管理」而非「威脅預防」，一方面是自謙，但一方面也是我們真的力有未逮。我們當然想預防、避免與截斷所有的威脅，但事實就是我們多半做不到這種程度。生活在美國這樣一個自由民主的社會，我們不可能在辦案時無限上綱，所以也自然不可能在事前做到滴水不漏。如果要硬幹，那成本會高得入不敷出，而且我說的還不是花錢的問題，我說的是我們得為此犧牲早已習慣了的許多自由。

證據顯示大約有百分之七十五的校園槍手與大規模傷亡犯嫌會洩漏自身的殺意——他們會把計畫告知親友，或是事前把相關訊息張貼在社群媒體上。而這就給了我們機會去進行確認、評估、最終達到威脅管理的目的。一旦有人看到了令人不安的人事物並將之告知了其他人，專家就可以針對各種變數進行評估，包括是否有證據顯示特定人物處於施暴的思維路徑上，或是此人有沒有在準備武器或進行其他殺戮的前置作業[2]。

我們還會去觀察目標有沒有針對特定人物或理念抱持病態的固著，有沒有對過往的犯罪者或暴力犯罪懷著不正常的認同，有沒有在行為上針對相關的目標與暴力行動展現出能量的爆發，具體而言包括勤跑靶場、製備宣言影片等。

我並不想像個末日論者一樣「危言聳聽」，但我們確實活在一個危險前所未見的世界。我們卡在針鋒相對的語言與意見之間，不同陣營的人就像兩條平行線，永遠沒有交集，也永遠不會有在共識上出現進展的一天。其中一條線哀嘆著槍枝暴力正日益失控，另一條線則宣稱我們必須堅守住第二修正案（擁槍自由）的底線，即便那代表軍用級攻擊武器會流傳在民間，動輒就會成為在全美各地造成大規模傷亡的凶器。

美國公民自由聯盟對人身自由的捍衛，已經到了任由有如定時炸彈的妄想者在大街上趴趴走，直到他們轟然爆炸的程度。該團體與可以安全控管、甚至治療這些潛在罪犯的法律為敵。這些法律可以讓高危險個案在出現不穩定跡象，可能對自身與旁人造成危險時，被強制送入精神病院。在此同時，美國國家步槍協會的成員把政治人物

2 作者註54。J.R. Meloy, A.G. Hempel, T.B. Gray, K. Mohandie, A. Shiva, and T.C. Richards, "A Comparative Analysis of North American Adolescent and Adult Mass Murderers," Behav-ioral Sciences and the Law 22 (2004), 291-309.

玩弄於股掌之間，有意義的槍枝管制法案有如天方夜譚，因為手握立法表決權的國會議員都受制於連任的考量，而任由自己被擁槍的遊說團體收買。

有個辦法或許可以有效地避免下一次大規模傷亡或校園攻擊的發生，那就是建立某種熱線報案中心，來供民眾通報我們覺得有疑慮的個人，藉此未雨綢繆。但如果我們有某種立竿見影的法源，那警方就更可以名正言順地將這些人阻絕在民眾生活的大街小巷外，直到他們不再構成威脅為止。

再說，我們開車的駕照要定期更換，那擁槍的執照為什麼不用呢？這是哪門子的道理？我們應該思考的是，一張給人擁槍權利的執照，其取得的難度是不是起碼要高於駕駛執照？

我們始終走不出這個你一言我一語的泥淖，結果就是舉國在想要剷除校園與大規模傷亡槍擊之惡的努力上停滯不前。輿論現在已經出現了讓教師在校園中攜帶武器，並且增加校園駐警的風向。就像機師也可以配槍。所以問題的答案是以暴制暴，把更多槍塞到好人的手裡去對付壞人？哇，擁槍的遊說團體跟槍枝產業的廠商應該會喜出望外。

我們真的想要讓槍出現在最不應該出現槍的環境裡，讓受訓來教育孩子或駕駛飛機的人才掏槍與惡人火拼嗎？若真有那一天，那犯嫌就根本不用傷腦筋要如何取得槍枝跟如何把槍帶到學校裡或飛機上了，他們只要趁根本不懂槍的老師或機師一個不小心，把槍拿來自己用就行了。所以這種提議根本就是請鬼拿藥單。

槍枝的管制應該要更加嚴格，民眾應該要定期重新接受持槍資格的審查，包括身家背景的調查要更加深入。而且如果預定購入槍枝後要存放的家戶中有某人罹患精神疾病或有已知的憤怒與衝動控制問題，那麼，各位知道嗎？這個家就應該不准買槍。

只要住家裡可以放槍，我們就應該要設置熱線，好讓人在擔心情緒不穩者可以輕易取得槍枝時能逕行通報。一旦有人來電，這類報案就應該要觸發有關當局對當初的購槍審核程序重啟審視，進而判斷當事人還適不適合繼續持槍。如果重審未過，那原有的槍枝就應該沒入。

要這麼做，就意味著要擴大編制投入更多的人力、金錢，配套的修法也必須同步進行。這會是一條所費不貲而且充滿挑戰的旅程，而且必然會遭到金權既得利益的阻撓。但人命可以用錢去衡量嗎？可以的話那一條命值多少呢？兩或三條或一打人命又值多少呢？

我不是槍不離手的槍粉。我有槍，但我知道槍該如何正確使用，並且，嗯，我也不是個危險人物。但也真的有太多不該擁槍的人，成為了槍的主人。

我們應該要配置更多訓練有素的警員、航警與便衣執法人員在校園、賣場、機場與火車站等大眾交通樞紐。人工智慧也可以在高科技監視攝影與生物識別的篩檢等方面協助人類。另外我們還應該要有聯邦資料庫，來集中管理有暴力傾向或精神失控疑慮的高危險群名冊，以便這些資訊不會佚失在州際的聯絡上，而能讓從上到下，所有高層與基層的執法單位共享。

某些州已經頒布執行了「紅旗」法（red-flag laws），跟進的州也愈來愈多。紅旗法讓家庭成員與執法部門可以尋求「極端風險保護令」（Extreme Risk Protection Order）來限縮某人取得槍枝的權利，以免他或她對自身或旁人造成危險。相關的條例因州而異，但一般而言紅旗法的觸發條件，包括了某人本身陷入危機，或其身邊的親人或執法人員觀察到此人似乎對週遭形成了威脅。

有了紅旗法，我們就可以求助於法庭，藉此讓槍枝從危險的處境中被抽離。受理報案後，正式的聽證會就會在法官的主持下召開，期間法庭便會判定某人是否會因為持槍而對自身或旁人造成人身安全的風險。如果法院判決危險確實存在，那相關當事人就會被暫時禁止購槍或擁槍，現有的槍枝也會被勒令交出來。

各州之間的細微差異，自然是存在的。比方說康乃狄克、印第安納與佛羅里達州就只容許執法人員訴請法庭做這樣的裁定，而加州、華盛頓州與奧勒岡州則同時容許親人與家戶成員這麼做。第一個將紅旗法明文入法的，是一九九九年的康乃狄克州，主要是當時有一名心懷不滿的州樂透會計殺死了四名他看不順眼的上司。加州在二〇一四年達成了相同的立法成就，原因是就在那一年，艾略特．羅傑暴走於加州大學聖塔芭芭拉分校的校園附近，六人因此遇害。

佛羅里達州是較近期才實施紅旗法的其中一州。二〇一八年發生在該州帕克蘭，馬喬里．史東曼．道格拉斯中學的大規模傷亡槍擊，造成了十七死的慘劇。而也就在這慘烈的犧牲後，在地的年輕學子號召了銳不可擋的基層動員，一舉撼動了地方、州級與聯邦的政治走向，而其動能也讓國家步槍協會與槍枝遊說團體等傳統勢力無法阻擋。

佛羅里達州的紅旗法在二〇一八年三月九日，也就是帕克蘭槍擊悲劇後的一個月不到，由果敢做出決斷的州長瑞克．史考特（Rick Scott）冒著激怒槍枝遊說團體的大不韙，正式頒布執行。此法授權警方向法官申請緊急命令，藉此在無需對方同意的情況下從危險人物手中沒收槍枝。在法官的許可下，警方可以先收走槍枝，然後再排定於十四天內召開可供當事人進行申訴的最終聽證。法官會根據法定的十五個標準來判定某人危不危險，包括這人是否威脅過了自己或別人，又是否犯下過任何暴力行為（比方為了暴力事件被捕），抑或是否曾有過嚴重的心理病史或是家暴前科。

一個重點是，法律並不要求當事人得對自己或旁人造成立即性的危險，才能成為被強制執行的對象。那樣的話，觸發紅旗法的門檻就會變高。不用滿足這個立即性門檻，對紅旗法的落實有很大的幫助，因為很多人確實不會造成立即性的危險，他們是定時炸彈，但也是危險期長於州級強制住院法所明定時間窗口的定時炸彈。

當然，這些紅旗法的生效惹得很多擁槍派人士非常不高興。佛羅里達律師艾瑞克·佛萊迪（Eric Friday）哀嘆說「每個投票給紅旗法的民意代表跟每個使用紅旗法的執法部門，都應該恥於說自己是美國人。」[3]

你就盡量吧，艾瑞克，就繼續向刑案的遇難者與遺族致上悼念與祈禱，其他什麼也不做吧。你們什麼時候才要去動腦，才要去思考真正的解決方案，好讓第二修正案獲得常識的制衡呢？紅旗法有效，一如由下而上的倡議行動也有效，只不過我們要先花時間去對民意代表施加有立竿見影而有意義的壓力，讓他們去做對的事情，也讓他們對所服務的社區展現出應有的擔當。他們從槍枝遊說團體那裡收了多少政治獻金，對比他們做了多少事情去增加選區的安全性，應該要成為他們能否繼續繼續擔任公職，能否繼續被印在選票格子裡，一項嚴格的衡量標準。

其他國家，似乎都不像美國有如此嚴重的槍枝暴力問題。即便是有些國家也發生大規模傷亡的事件，他們也都能劍及履及地立法遏止悲劇的重演。二〇一九年三月在紐西蘭，一名澳洲男性以火力強大的攻擊性武器侵襲了兩間清真寺，造成五十一人死亡。事隔不到一星期，紐西蘭總理潔馨達．阿爾登（Jacinda Ardern）就宣布所有該國將全面禁止軍事級的半自動與自動武器。

回顧美國的歷史，我們在一次又一次的槍擊案後看不到任何有意義的立法反制行動。但我想時代已經有所改變，因為草根運動在可靠的利害關係人發動下，已經顯得風起雲湧——我指的關係人是那些在校園槍擊中受創最深的孩子們。他們是我們未來的領袖！擁槍團體想要裝著雲淡風輕，想要顧左右而言他，想要用錢阻擋改革直到下一場危機來臨，已經不如以往那麼輕鬆寫意。

以上這就是我所謂的宏觀層面策略。至於在個人與微觀的層面上，包括在校園中、在職場上、在社區裡、在個別的家戶中，「看到了，就要說」的觀念仍是關鍵所在，安全仍必須要被視為所有人的共同責任。我們不能想著這問題自有別人去處理，我們都必須盡一己之力，都必須拿出道德勇氣。

我兒子在佛羅里達州帕克蘭的槍擊案後不久成為了高中的新鮮人，而我正好在協

3 作者註55。Jessica Lipscomb, "Florida's Post-Parkland 'Red Flag' Law Has Taken Guns From Dozens of Dangerous People," Miami New Times, August 7, 2018, https://www.miaminew-times.com/news/floridas-red-flag-law-has-taken-guns-from-dangerous-people-10602359.

辦他學校裡的一項校園暴力威脅管理訓練計畫。另一名槍擊演習的講師除了是學生家長，另外一個身分也是洛城警局中大都會分局的卸任菁英警員。校方的計畫主持人組成了一個安全委員會來確認有哪些領域需要精進，包括要增加監視錄影器，還有對校園門禁做更好的控管。這種種的努力都廣受教職員與學生的好評。

大約一個月後，我接到校長的一通電話。她表示沒什麼大事，但就是要通知我兒子涉入了學校裡的一個事件。我心一沉。噢喔，我心想，青少年果然很容易想不開。我為最壞的消息做好了心理準備。

「您的公子做了正確的事情，他主動告知了我們有名同學在校內進行威脅。」校長說。

我被打敗了。我兒子沒有跟我說，即便他知道我的工作內容，而我們父子也從他還是小學生起就討論過遇到校園出現槍手該如何反應。很顯然，他用手機錄下了某位同學進行威脅的畫面。

這位同學遭到了調查，所幸沒有被判定為危險人物。但由於其行為還是極為不當，所以這位同學還是被轉離了該校。

學校、企業、政府單位，還有所有人群聚集的公共場所，都必須要考量到自身面對攻擊與暴力行為的脆弱之處，都必須要依自身的環境設置物理性的安全措施，也都必須對員工進行教育訓練，讓他們知道在不同的情境下該做出什麼樣的回應。中小學、大學與各式各樣的職場，都應該要嚴肅思考在組織內部設置威脅評估團隊的可能性，而且當中最好要有心理衛生專家的編制。這些團隊的主要任務，是要調查組織內的暴力威脅，並過濾出哪些是虛驚一場，哪些又是必須要認真看待的潛在或急迫危害。這種調查可以包括訪問當事人與其家庭成員、同儕、教師或同事。如果確認有潛在風險的明顯徵兆，首先接到電話的往往是警方，也應該是警方，因為警察有管道取得搜索票去檢查住家、車輛、房間與電腦。

根據不同案件的狀況，有關當局的介入手段可以包括提供心衛服務或出動執法部門來進行逮捕或拘留。威脅評估團隊的成員會因其母單位的性質而異，但整體而言，威脅評估團隊的組成最好要盡量多元，也就是盡量納入行政人員、教員、執法人員、心衛專家與律師等各行各業的成員。其中心衛專家不論是直接對問題人物進行評估，還是間接對書面資料進行閱讀，都常在團隊中扮演要角，因為他們總是會負責通過資訊的梳理，來判斷與潛在暴力有關的變數是否存在。

家長與其他家庭成員必須與孩子保持暢通的溝通管道，必須強調遇事多開口、多通報的重要，也必須善盡責任來掌握自家孩子的身心穩定狀況。更重要的是，家長與家人必須要確保家中的武器存放在安全的地方。

接著我們來談談，在美國進步的路程中，某些文化與價值觀的調整必不可少。犯罪的光譜上有許多常見的行為主題，其中最關鍵的是想要成名，而且是成就惡名，想藉此惡名來永垂不朽。這種心態完全不限於特定的罪犯，反倒是在各類型罪犯的身上都無所不在，包含校園槍手、大規模傷亡槍手、連續殺人犯等皆然。我有一個其貌不揚、拿不出高深學位但非常腳踏實地而頭腦清晰的朋友，曾在多年前與我促膝對談時開釋過我。

「無名的墳墓，克里斯，」他在聊到大規模傷亡槍手時對我說，「把他們埋在杳無人煙的無名墳墓中，讓他們遭到遺忘，並絕口不再提起他們姓誰名啥。抹去他們曾存在於世間的蛛絲馬跡。」

對這看法，我在某個程度上是同意的。我們不要再把他們塑造成悲劇英雄了。我們還是可以把他們當成案例來學習，但也許我們是該停止親熱地叫著他們的名字，而應該改稱呼他們是嫌犯與凶手。我們可以分享其犯罪模式與動機，藉此來防範事件的重演，但凶手的名字則完全不是訊息中的關鍵。我們要以這些犯罪者為師，學習如何防患於未然，但不用把他們擁槍自重的照片或殺人如麻的影片公諸於世。

科倫拜效應仍持續在荼毒著有意犯罪者的心靈，包括近期有一個發生在美國以外的例子。二〇一九年三月在巴西，兩名年輕男子帶著斧頭、十字弓與槍枝衝進了他們的母校，蓄勢想要仿效科倫拜的前輩。最終他們殺死了五名孩童與兩名成人，然後也了結了自己。我們必須傳遞的訊息是「你膽敢殺人，你就會被世界遺忘」，我們要讓他們知道拿槍突襲手無寸鐵的無辜受害者，害得別人東南西北都搞不清楚就匆忙離世，並沒有什麼值得好驕傲的。我們要讓他們知道那其實是一種卑劣的懦夫行徑。

可是有待解決或釐清的困難與問題仍滿坑滿谷。充斥暴力的電影與電玩是否會有損於社會治安？具可塑性的、不穩定的、沉迷於暴力幻想中的心靈會對哪一種刺激產生反應？普遍的流行文化會對想像著邪惡行為的個體產生什麼樣的影響？所謂的「攻擊沉浸」（aggression immersion），包括讓心思浸淫在電影銀幕上的暴力中，是否會縱容這類幻想或想像，讓它們更加惡化？答案是暴力電影與電玩不會創造出暴力的衝動，但會被原本就有這種衝動或興趣的人追捧。

我並不認為攻擊沉浸的影響會直接導致暴力，但對於已經在幻想著犯罪的心理變態、心懷怨憤者，以及有暴力傾向的人而言，這類外來的影響會推他們一把，讓他們透過反覆的接觸而進一步縱情於相關的幻想中。甚至於他們會尋求複製在媒體上見過的場面。比方說研究顯示有些人會真的因為玩多了第一人稱視角的戰爭遊戲而變成神槍手，抑或會因為受到射擊遊戲的制約而對槍殺真人變得麻木。

如前所述，在一九八八年持 AR-15 步槍衝進加州高中母校的傑佛瑞．考克斯曾於犯案前因有自殺傾向而在療養院待過一陣子。在住院期間，護理師給了他一本講述憤怒學生如何持槍挾持整間教室的讀物。這，是一大錯誤。

考克斯後來自承此書滋養了他的原生想法與暴力衝動，但他並沒有因為那本書而變了一個人，他原本就是那樣的人。不過他確實因為閱讀該書而生出了膽子。他告訴我說他並不責怪書或電影，但也補充了一個很重要的心得是：「想法，你知道，它們來自於四面八方。所以我有了想法，我讀了那本書，我覺得裡面寫得不錯，你知道，我會淺移默化地把文字當成真理……。」他與那本書產生了共鳴，而書也讓他原本就想要去做點什麼的心意有了形體。

如果說考克斯受到了這本書的觸動，那啟發科倫拜槍手的就是電影《閃靈殺手》，但他們的衝動與暴力幻想是原本就已經如火如荼。我在教導人進行威脅評估時，攻擊沉浸就是我們在雷達上要鎖定的東西，因為你只要觀察到攻擊沉浸，就表示底下可能蘊藏著暴力幻想與偏差的興趣。

我並不是說誰看過庫柏力克的《發條橘子》（A Clockwork Orange）一兩遍或《魔鬼終結者二》兩三次，誰就是在攻擊沉浸，誰就有暴力幻想。我說的是有些人會對這些電影、電玩、書籍產生執念、並與其建立一種高度反覆且反映個人癖好的關係，由此他們會一再地看這些電影、玩這些遊戲、閱讀這些書籍。

一九九七年在阿拉斯加的高中槍殺校長與一名同學的艾凡・拉姆齊告訴我說，他一天要玩五個小時的第一人稱視角射擊遊戲《毀滅戰士》（Doom），一天五個小時！所以很顯然地，雖然我說電影或電視本身不會無中生有地創造暴力，但它們確實可以讓已經踏上死亡歧途的病態心靈變本加厲。這就像要跟特別的他或她共度浪漫的夜晚，你或許或想放點貝瑞・懷特（Barry White）的老歌來增添情調。但如果是有暴力傾向的人，他們可能會選擇比較刺激一點的東西，由當中的主題與場景來維繫、強化，或甚至於升級他們的負面與暴力心態。

論及連續殺人犯，我們可以透過幾種做法來避免殺戮的重演，或至少降低死亡的人數，包括（理所當然地）及早指認出並逮住他們。但預防措施還包括其他可以在事發前採取的行動，像是若有人反覆涉及性犯罪或殺害動物等相對較輕的犯行時，我們就應該要未雨綢繆地有所因應。

經手青少年的心衛專家必須更專精於對案主的日常幻想進行針對性的評估。而當性與暴力成為他們幻想的主軸，或是當權力慾的幻想成為他們內在恆定（internal homeostasis）的基礎時，避免這些衝動成為永久性印痕的干預手段，就應該要進一步開發與執行。

有些人懷著這些幻想，是因為童年的陰影，所以我們作為一個社會整體應該要盡量設法去保護孩子，不讓他們因為受到虐待而發展出對全能權力的飢渴，這對慘案的預防多少會有助益。

我們永遠不會確知自己阻止了多少人成為殺人凶手，能做的就只是盡其在我。

我們要牢記一件事，那就是大多數在兒時受到虐待或含辛茹苦的人，都不會因此變成連續殺人犯。確實，我們需要更多的研究，我們想知道的是絕大多數的正常人跟極少數的殺人犯有什麼不同。而且不用懷疑，天生的壞人絕對存在，他們的壞不是有外在影響力催生出某種暴力幻想，而是與生俱來。他們只是單純地嗜殺，單純地邪惡。

監獄的存在，是為了保護我們。而在某些案例中，我並不覺得死刑有什麼不對。納粹戰犯在紐倫堡大審後遭到處決，有讓這個世界變成一個更好的地方嗎？絕對有。犯下奧克拉荷馬州的聯邦大樓爆炸案，造成眾多傷亡的提摩西·麥克維在定讞後被正法，有讓世界變成一個更好的地方嗎？我相信有。馬路上少一個連續殺人犯會讓世界安全一點嗎？當然會。

這種話出自一名心理學者之口，似乎有點冷酷而不通情理。事實上在死刑與廢死的問題上，兩邊的立場我都站過。在生死辯論的法庭上，我曾經替檢方做過證，也當過辯護團隊的證人。案情歸案情，我的出席只是提供專業的意見供法庭做決定。我結識過後來被處決的人，包括偏執的連續殺人犯喬瑟夫．保羅．富蘭克林。他死有餘辜。

我在好幾幾個州見過不只一名關押中的死囚，認識了他們的受害者，也了解了他們的犯行對倖存者造成的陰影。能不能接受死刑，是個人道德信念的問題。我記得跟一名聘請我舉辦校園暴力威脅管理工作坊的女士討論過死刑的問題。她告訴我說她反對死刑。這沒問題，我尊重不同的意見。然後她似乎覺得有必要跟我說明一下理由。

「因為死刑並不能遏止犯罪。」

她說她反對死刑，或者不相信死刑，這我都可以接受，但最後這狗尾續貂的理由我實在聽不下去。「您這麼說就不對了。他死了就不能再殺人，不是嗎？」我反駁了那位女士。讓凶手不能再行凶，就已經是遏止了犯罪。

無辜者可能會因為死刑的存在而遭到誤殺，絕對是一種很有力的論點。但二〇一九年二月份，加州州長蓋文．紐森之所以發布行政命令來暫緩州內所有的死刑執行，真的是擔心冤案嗎？難道你要告訴我說，加州獄中沒有一群百分百罪有應得的死囚？要是你問我對冤案與死刑的看法，我會說那就把有爭議的案子拉出來從長計議，這叫勿枉，但同時把那些確定是冷血凶手的人早日正法，這叫勿縱。

外號「午夜跟蹤者」的連續殺人犯李察．拉米瑞茲有成山的鐵證讓他無法狡賴，最終卻能在等待死刑的過程中「壽終正寢」；李察・法爾利這名跟蹤狂兼狠奪七條人命的職場槍手，也毫無疑問地罪有應得。含這些人在內，我們有太多沒有冤案疑慮的死囚關在牢裡。伸張正義，不妨就從這些人做起。

有人會說就把這些人繼續關著，會有什麼問題嗎？有必要急著殺掉他們嗎？反正不管怎麼說，他們也不可能重見天日了。嗯，關於這一點，我想更有資格回答的是那些死者的遺族，他們每天都活在失落裡，活在知道自己深愛的親人已經永遠離開，而那些害死他們的惡煞卻還在呼吸的地獄裡。

更別說還有一種真正可怕的情境值得我們思考。想像一下你原本青春正盛的兒子或女兒遭到了禽獸不如的凶嫌虐待、性侵或殺害，讓你因為沒有能保護他們而痛苦不已，而那些變態卻還能在牢裡用餘生享受那些讓他們興奮的回憶，時不時甚至可以在獄中用那些不堪聞問的念頭自瀆。我會說那絕對不叫什麼正義。

社群媒體的爆炸性成長與網際網路的普及，助長了世界各地暴力的興起，主要是殺人犯之間不僅可以彼此交流學習，而且還可以把他們的萬言書發表到全球各隅，讓其一字一句接觸到無數雙眼睛。還是那句話，這讓他們可以在世上留下印記，而他們認為這就是通往不朽的捷徑。如二〇一九年的紐西蘭雙清真寺屠殺案，就是一個這樣的例子。槍手在臉書上直播了前十六分鐘的犯案過程，且在業者將影片緊急下架之前，那些畫面已經在YouTube等網路平台上存活了數小時。

臉書與YouTube等社群媒體在巡查自身網站與防止暴力思想流通的努力上，還有很大的進步空間。第一修正案並不保護過激的危險言論，在法律精神上是相當清楚的。這些科技巨擘必須站出來負起責任，用他們藉數十億平台用戶流量所賺到的大把鈔票，去做一點有益於社會的事情。他們該做的是多去延聘一些對威脅管理學有專精的學者，並持續開發更能主動即時發現問題的演算法。

這些科技公司如同社會每一分子，都必須要體認到防治犯罪人人有責，也都應該要為此動起來。在造成十四死二十二傷的聖伯納迪諾伊斯蘭瘋狂恐攻後，蘋果曾拒絕協助聯邦調查局解鎖嫌犯的iPhone手機。聯邦調查局最終只得借助第三方的力量來破解手機密碼。

你他媽的是在開玩笑嗎？這些足以一手遮天的科技強權必須站上打擊區，虛心接受自己作為地球村成員的責任。

在我們共享的這個世界上，寬容變得愈來愈過時，以瘋狂與偏執作為燃料而熊熊燃燒的冤冤相報，讓祈禱清修之所頻頻在遺憾中成為被攻擊的目標。二〇一二年，威斯康辛州橡溪（Oak Creek）的六名錫克教寺院成員被某白人至上主義者槍殺。大約三年後，包含一位牧師在內的九名黑人祈禱者在南卡羅來納州查爾斯頓的一間教堂裡，被又一名白人至上主義者殺害。

二〇一七年，一名槍手在加拿大魁北克市伊斯蘭文化中心中殺死了晚禱中的六人。二〇一八年，一個經查曾在網路上散播反伊斯蘭穢語的槍手硬闖入匹茲堡的生命之樹教區會堂開火，造成了十一名猶太教祈禱者枉死。

很多人堅信這些仇恨犯罪的興起跟川普總統的當選，以及接續的過激政治言論有很大的關係，主要是川普經常用推特貼文貶低或詆毀那些發言反對他的人。但這種脫序的發言並不限於總統，也能在政治光譜兩端的政治人物與意見領袖身上見到。還是那句話，我們每個人都有不容推卸的責任。

身為美國人，我們已經喪失了傳統的文明自律。君不見脫口秀上的口無遮攔，方向盤後一觸即發的路怒，更別說社群媒體上的亂象叢生。這種令人無法漠視且日益湧現於人際之間的敵意與攻擊性，怎麼看都是只增無減。我們應該回歸人際關係中起碼的文明規範了，即便是在敵對者之間。

有部我最最喜歡的電影是大衛．芬奇根據真人真事改編的經典之作《火線追緝令》（Seven），其內容講述的是一名連續殺人犯用帶有宗教色彩的七宗死罪來做為其殺人的主題。所有的暴力，特別是極端的暴力，都或多或少起源於人的原罪。世俗的刑法就很多方面來看，不就是將這些所謂原罪入法後的產物嗎？傲慢、貪婪、色慾、嫉妒、暴食、憤怒與懶散在宗教信仰裡是原罪，在俗世中就是社會所不能容的行為。

名聲大噪卻對社會毫無助益的那些人，像是校園或大規模傷亡槍手——那些把滿腔怒火轉換成冷血復仇計畫的凶手——往往就是因為自認受到傷害才萌生殺意，那是一種傲慢。不願意規規矩矩地去贏得真正的肯定，就是懶散。謀財害命就是貪婪。情殺就是色慾作祟。對權威懷抱敵意，因為無力感而產生怒氣，還有對神一般的全能慾念無法澆熄——其核心不就都是嫉妒在作祟？什麼也滿足不了其內心各式各樣的黑暗衝動，就是一種抽象的暴食慾望。

但在這一串罪孽行列中，我個人認為領頭的畢竟是自我的傲慢。凶手們做了那麼多，大半都是因為克制不住那種自我膨脹的傲慢。

我深深為了在一個生意盎然的小小星球上，自己只是將近八十億人口中微不足道的一點而感到無比的幸運，那讓我鬆了一口氣，因為那代表我可以輕鬆掙脫讓很多人遭到綑綁控制的自以為是。對於那些心懷黑暗衝動的人，我有解決之道要建議給他們。

相信自己並不孤單。世上多的是人有力也有心關懷你們。他們當中總有人能理解你們，引導你們走出絕望。你很重要，但你不是宇宙的中心。不要放棄，不要屈服於你黑暗的衝動心情。黑暗衝動的另一頭沒有勝利，也沒有重要到值得人紀念的事情在等你，再大的波瀾在世間也都終將風平浪靜，船過水無痕。學著在茫茫人海中做個好人，學著去體會人世間最了不起的事情，叫做為善不欲人知——看到人有需要的時候，你去安慰一聲或拉他一把，即便永遠不會有第三者知道或看到你做了什麼事情。

我們要死守住的底線，是絕對不可以對這種暴力變得麻木不仁，絕對不可以接受這種暴力成為我們永遠無法根絕的新現實。我們都有能力為改變出一分力，都有責任督促我們一票票選出來的民意代表盡到自身的職責。

我們確實需要領導者站出來多做一點什麼，但即便他們做得不夠，我們每一個人也可以疊出人肉的長城。我們可以用微笑面對眼前每一張臉，可以真心覺得跟他們萍水相逢是難得的緣分。我們可以去關懷別人究竟好或不好，並主動在能力範圍內去讓他們過得哪怕是好一點點、好一下下。

勿以善小而不為。大家都趕時間，但我們還是可以給打了方向燈但切不進來的駕駛一個方便，而不是加速關他的門。我們可以多想幾秒鐘，不要氣一來就馬上發作。這樣小小的善意不花你半毛錢，卻有著無比強大的威力，而且任何人任何時候只要還有呼吸，這種善意都不會超乎你的能力所及。我們可以回歸人性與愛的基本，進而察覺身邊那個更廣大的世界，想起我們都是這世界的其中一員。

金恩博士曾有過的願景，是四海一家，是他在一九六七年的聖誕節佈道中談到的和平：如果我們要在地球上擁有和平，我們的忠誠就必須要打破派別，成為不分教派的存在。我們的忠誠必須要超越自身的種族、部落、階級與國家藩籬；而這就意味著我們必須培養出世界觀去看待一切。

在加州，先前的乾旱已經結束，我年輕時所見的山丘已經恢復綠意。昨日的雲朵以形形色色的美麗造型飄盪在天際，伴隨和煦閃亮的陽光，一視同仁地照耀在生命與萬物上。亮紅與亮橙的光束如火焰一般，出落得無比燦爛，與我兒時的記憶如出一轍。只是人類世界裡的一切已經改頭換面，我兒時那對明亮雙眸的眼前，已經換上了陰暗許多的畫面。但我絕不許那畫面蒙蔽我的視線。

世界的樣貌已經不同，但我也知道在這世間，有些事會永遠不變地陪著我們，歲歲年年。

結語

有時我會回想自己從前的模樣，回顧來時路的起點。人一不小心就會只顧眼前，而忘記了自己是如何一路走到現在。但其實這一路上，里程碑一般的路標從未離開我們身旁。

我被鎖在房間裡，跟他一起，攝影機在錄影，鬆開了手銬腳鐐的他坐在桌子的另外一邊。郡警理論上在監看著現場的畫面，而他隔著一道門的律師也看得到且聽得到房內的動態。

他以看似冷血的手段殺了個人。案發時他走在某條公路邊上，合理推測是懷著怒氣。受害者看他醉醺醺的模樣，拒絕再賣酒給他，於是這人就擊發了手中的步槍。但事到如今，他竟然妄想以精神狀態為自己辯護。儘管非受迫性的酒醉與情緒控制問題，並不在加州刑責判定的減免因子之列。

事前我做足了書面功課，親自檢視了現場，也聽過了他告訴我的案情版本。而今天見面是為了面對面對質，釐清他所稱「斷片」的說法，跟他告訴警方且實際做過的行為之間滿滿的矛盾。我想他多半是以為我不會去讀警方的報告，或是想說他隨便也可以搬出他自說自話的版本——那個辯方心理醫生照單全收的版本——把之前的說法通通推翻。

我首先牛刀小試地質問了他一些情節兜不攏的地方，主要是一些與他的無稽之談顯然相左、但又不容任何人駁斥的事實。有個人死了，而他想要全身而退。嗯，屬實的事情，我也不會誣陷他說謊，問題是我掌握的一些矛盾處，看起來並不太利於他。對質不用都搞得場面很難堪；我的風格是單刀直入地問道，「那你為什麼要跟警察說是那樣？」或「那你這麼做的時候是什麼心態？」

他突然沉默了一會兒。原本盯著筆電的我抬起頭來，赫然發現他已經站起身來並怒視著我。

「王八蛋。你這個只讀過兩天書的渾蛋王八蛋。你以為你很懂嗎？那你告訴我啊，反正你什麼都懂嘛。」

我看著桌子，默默地把桌上的鉛筆移到靠我這邊的地方，然後靜候著看是有警力會進來，或是對講機會有人發出聲音。結果什麼都沒有，連辯方律師都一聲不吭。

他又說了一些大意是「去你的，我他媽現在就要教訓你一頓」的東西。

時間在我此刻的心裡似乎慢了下來，而這也讓我有了餘裕去掃描房間裡還有什麼除鉛筆以外可以當成武器的東西，並同時擬定了計畫A、B與C。計畫A：我扮演心理醫生的角色，看能不能用三寸不爛之舌讓他消氣；計畫B：他愈來愈失控然後嘗試徒手或持外物攻擊我，屆時我便可以用左手抓住他的手背，然後用右手把他的手肘往裡推，藉此來制伏他，必要時甚至可以弄斷他的手；計畫C：我先往側邊一閃避開他的攻擊，再用筆電砸他的頭，最後狠狠地將他壓制在地上。

這時心理醫生的思維入了檔，我開始分析起他投射在我身上的怒氣——被體制欺壓了多年之後，他累積在體內的怒火是如何一口氣爆發，還有他是如何看著擁有白人壓迫者外型的我，把我設定為出氣的對象。雖然他有所不知，且知不知道也沒有差別，但我跟他其實有著比他所知更多的共通點。

「瓊斯先生，請坐。我對你沒有不敬之意。先坐著吧。」我的聲音低沉、冷靜，一點也不驚慌。我收起了針鋒相對的眼神，讓視線變得溫柔了些。

他繼續狠瞪著我。

我把話又重說了一遍。

在如此對峙了幾分鐘後，他終於回到了座位上，而我也才得以繼續往下問。最終我順利結束了全程錄影的訪談，也擊潰了他說自己只有在斷片期間才顯得生氣與暴力的主張。憤怒與敵意，早已與他這個人融為一體。他後來接受了認罪協商——因為訪談時那短短幾分鐘的失控，早已讓他自稱精神異常的說法不攻自破。

被錄下的那一幕發生時，辯護律師在房間外頭嚇出了一身冷汗。那看起來一定就像電影裡的那樣：有人與怪物或殺人魔一起被困在密室中，外頭的人雖然自己逃過一劫，卻也束手無策，只能眼睜睜看著同伴非死即傷。

唯一的差別只在於，我知道誰能平安走出那個房間。

臉譜書房 FS0133

從邪念到暴行

跟蹤騷擾、人質挾持、校園槍擊、無差別殺人，鑑識心理學家的當代犯罪診斷書

Evil Thoughts: Wicked Deeds

原著作者	克里斯・莫漢迪（Kris Mohandie, Ph.D. ABPP）、 布萊恩・史柯洛夫（Brian Skoloff）
譯　　者	鄭煥昇
書封設計	張　巖
責任編輯	廖培穎
行銷企畫	陳彩玉、楊凱雯
業　　務	陳紫晴、林佩瑜、葉晉源
出　　版	臉譜出版
發 行 人	凃玉雲
總 經 理	陳逸瑛
編輯總監	劉麗真 城邦文化事業股份有限公司 台北市民生東路二段141號5樓 電話：886-2-25007696　傳真：886-2-25001952
發　　行	英屬蓋曼群島商家庭傳媒股份有限公司城邦分公司 台北市中山區民生東路141號11樓 客服專線：02-25007718；25007719 24小時傳真專線：02-25001990；25001991 服務時間：週一至週五上午09:30-12:00；下午13:30-17:00 劃撥帳號：19863813　戶名：書虫股份有限公司 讀者服務信箱：service@readingclub.com.tw 城邦網址：http://www.cite.com.tw
香港發行所	城邦（香港）出版集團有限公司 香港灣仔駱克道193號東超商業中心1樓 電話：852-25086231　傳真：852-25789337
馬新發行所	城邦（馬新）出版集團Cite（M）Sdn. Bhd. 41, Jalan Radin Anum, Bandar Baru Sri Petaling, 57000 Kuala Lumpur, Malaysia. 電話：603-90563833　傳真：603-90576622 電子信箱：services@cite.my
一版一刷	2021年8月
I S B N	978-986-235-994-5

城邦讀書花園
www.cite.com.tw

售價：390元
（本書如有缺頁、破損、倒裝，請寄回更換）

國家圖書館出版品預行編目資料

從邪念到暴行：跟蹤騷擾、人質挾持、校園槍擊、無差別殺人，鑑識心理學家的當代犯罪診斷書／克里斯・莫漢迪（Kris Mohandie, Ph.D. ABPP）、布萊恩・史柯洛夫（Brian Skoloff）著；鄭煥昇譯. -- 一版. -- 臺北市：臉譜出版：英屬蓋曼群島商家庭傳媒股份有限公司城邦分公司發行, 2021.08
面；　公分. --（臉譜書房；FS0133）
譯自：Evil thoughts : wicked deeds
ISBN 978-986-235-994-5（平裝）
1.犯罪心理學
548.52　　110010407